江苏师范大学博士学位教师科研支持项目（19XFRX015）
江苏高校优势学科建设工程三期项目

资助出版

订单农业的契约关系研究

基于行为经济学视角

RESEARCH ON THE CONTRACTUAL RELATIONSHIP OF
CONTRACT FARMING
BASED ON
THE PERSPECTIVE OF BEHAVIORAL ECONOMICS

侯晶 著

社会科学文献出版社
SOCIAL SCIENCES ACADEMIC PRESS (CHINA)

侯 晶

女，经济学博士，毕业于南京农业大学产业经济学专业，现为江苏师范大学商学院教师，主要从事实验与行为经济学、农业产业政策与环境经济研究。在国际、国内较高水平 SSCI/SCI/EI/CSSCI 等期刊发表学术论文 10 余篇，参与国家自然科学基金面上项目、国家社会科学基金重大项目、国家社会科学基金青年项目、教育部人文社科基金青年项目等多项。

序

从世界范围看，食品产业在发达国家已形成了较为完善的纵向协作系统。近年来，伴随中国农业产业化进程的推进和全社会对食品安全问题的关注，以"龙头企业+农户"型订单农业为主的农业产业链纵向协作模式在中国呈快速推进态势，且在促进小农户与大市场衔接、降低农户市场风险、节约交易成本、调整农业产业结构和保障农产品质量安全等方面发挥着积极的作用。然而，随着中国农业产业链的纵深发展，龙头企业与农户间契约关系的稳定性等问题日益突出，在订单农业实践中不断涌现出农户参与率低、违约率高、续约积极性不强等一系列问题。

本书基于行为经济学视角，从农户层面分析农业产业链契约关系的形成、践行和延续问题。作者在研究订单农业的契约关系时，根据龙头企业与农户间契约关系的发展过程，从契约签订、契约履行、契约延续三个方面，对农户的订单农业参与决策、履约/违约决策、续约决策进行深入分析。在梳理现有研究的基础上，提出了基于行为经济学的个体偏好视角，通过系统、深入的理论和实证分析，探究农户时间偏好和风险偏好对契约关系发展的影响机制与路径，剖析异质性农户行为决策的差异性特点，解释中国订单农业实践中农户参与率低、违约率高等问题，并据此提出优化契约机制设计的建议。

值得鼓励与肯定的是，作者在大量调查数据基础上，运用行为经济学、实验经济学和计量经济学等多种理论与方法，立足中国国情，研究我国订单农业的契约关系形成、践行与延续问题，为政府制定相关政策提供了有益的参考。特别是，国内现有文献鲜见以农户为实验对象测度其时间偏好与风险偏好，本书首先从实地实验中获取农户的个体偏好特征信息，然后构架融合准双曲线贴现函数与前景理论的贴现效用模型、采用最大似然技术同时估算农户的时间偏好与风险偏好,进而将实验结果扩展到现实中农户契约行为决策的分析中,在一定程度上提高了中国农户契约行为决策实证分析结果的科学性和准确性。

诚如作者所言,由于受到研究工具、研究资料以及时间的限制,目前本书尚存一些不足之处,尤其是由于人力、物力限制,仅从农户层面考察了契约关系的稳定性,未对龙头企业可能存在的违约行为进行深入分析。尽管如此,这部专著在探讨农户在订单农业框架下的参与、违约、续约等行为决策机理,基于农户个体偏好视角分析国内龙头企业与农户间契约关系方面得出了许多有益的成果。

祝愿作者继续努力,在农业产业组织理论、实验与行为经济学研究领域不断探索、砥砺前行,取得更大的成绩!

胡武阳

(胡武阳,美国俄亥俄州立大学农业、环境与发展经济学系教授、博士生导师,*Canadian Journal of Agricultural Economics* 等国际农业经济学领域权威 SSCI/SCI 期刊首席主编、特邀评委)

前　言

订单农业在促进小农户与大市场的衔接、降低农户市场风险、节约交易成本、调整农业产业结构、促进农户增收和保障农产品质量安全等方面发挥着积极的作用。然而，通过对中国订单农业的现实考察发现，实践过程中不断涌现出农户参与率低、违约率高等一系列问题。这些问题不仅成为制约中国农业产业化进一步发展的瓶颈，也凸显了当前订单农业模式的推广对正处于深度转型期的中国而言，更具复杂性和艰巨性，并再次引发人们的思考：龙头企业带动型订单农业为何在中国难以有效实施？影响农户订单农业参与率及违约率的内在原因是什么？这是中国农业产业化面临的现实问题。

通过对大量文献的梳理发现，影响农户订单农业参与、违约的因素包括农户的特征、所处的交易环境、与农户特征和交易环境相关的交易特性以及产品属性和契约形式等。已有文献的研究视角主要集中在市场风险、交易成本等外部因素的影响，而忽视了农户的个体内在特征（代理人的行为偏好、贴现、风险态度等因素）。由于心理特征测量有困难，尚缺乏从个体内在偏好等微观视角进行的专门分析，特别是缺乏基于农户行为动机背后的心理因素对农户订单农业参与、违约行为等作用机制的深入分析。事实上，农户的行为决策本质上可以视为心理因素和外部因素共同作用下的经济行为决策，其中心理因素是行为发生的内因，对行为决策的产生过程会产生系统性的影响。因此深入探究农户订单农业参与、违约等行为的决策机制，需要融合心理因素和外部因素来构建整体分析框架。

行为经济学是传统经济学和认知心理学相结合的学科，它仍将成本收益分析视为基本的逻辑分析方法，在此基础上引入心理"认知偏差"来分析行为主体的经济行为，试图在统一的逻辑分析框架下，探究心理因素和外部因素对个体行为决策的综合作用机制，能够较为有效地分析和预测行为主体的经济行为，提高经济学模型的现实解释力。基于以上考虑，本书立足行为经济学视角，以时间偏好理论、前景理论及有限理性下的成本收益分析框架为基础，通过系统、深入的理论和实证分析，探究农户时间偏好和风险偏好对其订单农业参与行为、违约行为与长期续约意愿的影响机制与路径，剖析异质性农户行为决策的特点，解释中国订单农业实践中的农户订单农业参与及契约关系稳定性问题，为制定订单农业相关政策、优化契约机制设计提供决策依据。

在研究内容方面，本书在全面考察订单农业实施效果的基础上，按照龙头企业与农户间契约关系的发展过程，从关系的形成、关系的稳定、关系的延续三个方面，深入剖析时间偏好和风险偏好对农户订单农业参与行为、违约行为、长期续约意愿的影响机制，进而建立了"订单农业效果—参与决策—履约/违约决策—续约决策"这一研究路径，为系统研究基于农户个体偏好视角的订单农业契约关系提供了较为完整的逻辑分析框架。特别是，本书采用实验经济学方法并构建贴现效用模型测度农户的时间偏好与风险偏好，在此基础上采用计量方法围绕农户契约决策展开了一系列实证研究，有助于实现农户个体偏好的精准量化，以及深入系统地阐释农户的时间偏好和风险偏好对契约关系形成、稳定及延续的影响。

由于作者水平有限，书中难免有疏漏之处，敬请广大同行和读者指正。

目　录

第一章　导论 …………………………………………………………… 001
　第一节　研究背景、问题及研究意义 ……………………………… 001
　第二节　订单农业契约关系的相关范畴 …………………………… 006
　第三节　订单农业契约关系的研究内容 …………………………… 009
　第四节　订单农业契约关系的研究方法与路径 …………………… 011
　第五节　可能的创新 ………………………………………………… 014

第二章　订单农业契约关系的理论基础与研究进展 ………………… 015
　第一节　订单农业契约关系研究的理论基础 ……………………… 015
　第二节　订单农业契约关系的研究进展 …………………………… 027
　第三节　相关研究的评述与启示 …………………………………… 037

第三章　订单农业契约关系的逻辑框架及理论分析 ………………… 040
　第一节　订单农业契约关系研究的逻辑分析框架 ………………… 040
　第二节　契约关系的形成：农户订单农业参与决策的理论分析 …… 048
　第三节　契约关系的稳定：农户订单农业违约决策的理论分析 …… 051
　第四节　契约关系的延续：农户订单农业续约决策的理论分析 …… 055
　第五节　数据来源 …………………………………………………… 059
　第六节　本章小结 …………………………………………………… 062

第四章　中国订单农业发展现状及实施效果分析 063
第一节　中国订单农业的发展现状与主要模式 063
第二节　订单农业对农户收入的影响分析 072
第三节　订单农业对农户安全生产行为的影响分析 084
第四节　订单农业对农户清洁生产决策的影响分析 088
第五节　订单农业对农户环境友好型技术采纳行为的影响分析 105
第六节　本章小结 112

第五章　行为经济学视角下的核心变量测度：基于实验经济学方法 114
第一节　农户时间偏好与风险偏好的实验设计 115
第二节　农户时间偏好与风险偏好的概念框架 122
第三节　农户时间偏好与风险偏好的估计方法 125
第四节　农户时间偏好与风险偏好的参数估计结果 126
第五节　本章小结 140

第六章　契约关系的形成：农户订单农业参与行为研究 142
第一节　农户订单农业参与行为研究的模型与变量设计 143
第二节　农户订单农业参与行为的实证分析 150
第三节　进一步讨论：农户对契约属性的选择偏好研究 165
第四节　本章小结 173

第七章　契约关系的稳定：农户违约行为研究 175
第一节　农户违约行为研究的模型设定 176
第二节　农户违约行为研究的变量选取 178
第三节　农户违约行为的实证分析 183
第四节　本章小结 206

第八章 契约关系的延续:农户续约决策研究 …… 208
  第一节 农户续约决策的理论模型构建 …… 209
  第二节 农户续约决策研究的变量与模型设定 …… 211
  第三节 农户续约决策的实证分析 …… 216
  第四节 异质性农户续约决策的差异性分析 …… 222
  第五节 本章小结 …… 226

第九章 研究结论与政策建议 …… 227
  第一节 主要研究结论 …… 227
  第二节 政策建议 …… 229
  第三节 不足与展望 …… 232

参考文献 …… 233
后　记 …… 261

图目录

图1-1	逻辑路线 ⋯⋯⋯⋯⋯⋯⋯⋯⋯⋯⋯⋯⋯⋯⋯⋯⋯⋯⋯⋯⋯⋯	006
图1-2	技术路线 ⋯⋯⋯⋯⋯⋯⋯⋯⋯⋯⋯⋯⋯⋯⋯⋯⋯⋯⋯⋯⋯⋯	013
图3-1	理论分析框架 ⋯⋯⋯⋯⋯⋯⋯⋯⋯⋯⋯⋯⋯⋯⋯⋯⋯⋯⋯⋯	044
图4-1	农户低碳生产行为决策机制的理论模型 ⋯⋯⋯⋯⋯⋯⋯⋯	093
图4-2	受访农户对低碳生产的了解程度 ⋯⋯⋯⋯⋯⋯⋯⋯⋯⋯⋯	096
图4-3	低碳生产行为研究中结构方程模型的路径 ⋯⋯⋯⋯⋯⋯⋯	099
图4-4	农户对农药、化肥、秸秆燃烧的环境危害认知 ⋯⋯⋯⋯⋯	107
图4-5	受访农户化肥施用类型 ⋯⋯⋯⋯⋯⋯⋯⋯⋯⋯⋯⋯⋯⋯⋯	108
图4-6	农户在购买化肥时考虑的因素 ⋯⋯⋯⋯⋯⋯⋯⋯⋯⋯⋯⋯	108
图5-1	风险偏好实验中的卡片图示 ⋯⋯⋯⋯⋯⋯⋯⋯⋯⋯⋯⋯⋯	118
图5-2	全样本农户时间偏好与风险偏好参数的核密度 ⋯⋯⋯⋯⋯	129
图5-3	全样本农户时间偏好与风险偏好参数的经验累积分布函数 ⋯⋯⋯⋯⋯⋯⋯⋯⋯⋯⋯⋯⋯⋯⋯⋯⋯⋯⋯⋯⋯⋯⋯⋯⋯⋯	130
图5-4	契约农户和非契约农户时间偏好与风险偏好参数的核密度 ⋯⋯⋯⋯⋯⋯⋯⋯⋯⋯⋯⋯⋯⋯⋯⋯⋯⋯⋯⋯⋯⋯⋯⋯⋯⋯⋯	132
图5-5	契约农户和非契约农户时间偏好与风险偏好参数的经验累积分布函数 ⋯⋯⋯⋯⋯⋯⋯⋯⋯⋯⋯⋯⋯⋯⋯⋯⋯⋯⋯	133
图5-6	履约农户和违约农户时间偏好与风险偏好参数的核密度 ⋯⋯⋯⋯⋯⋯⋯⋯⋯⋯⋯⋯⋯⋯⋯⋯⋯⋯⋯⋯⋯⋯⋯⋯⋯⋯⋯	135

图 5-7 履约农户和违约农户时间偏好与风险偏好参数的经验累积分布函数 ………… 136
图 5-8 愿意续约和不愿意续约农户时间偏好与风险偏好参数的核密度 ………… 138
图 5-9 愿意续约与不愿意续约农户时间偏好与风险偏好参数的经验累积分布函数 ………… 139
图 8-1 农户续约决策机制的理论模型 ………… 211
图 8-2 农户愿意与龙头企业长期签约的程度 ………… 215
图 8-3 农户愿意推荐他人与龙头企业签约的程度 ………… 215
图 8-4 农户续约意愿研究中的结构方程模型路径 ………… 219

表目录

表 3-1	调研地区及龙头企业	061
表 4-1	不同纵向协作模式的交易特性对比	071
表 4-2	农户订单农业收入效应模型中的变量描述性统计	076
表 4-3	契约农户和独立养殖户的特征比较	078
表 4-4	订单农业对农户收入影响的 OLS 和 Heckman 选择模型估计结果	079
表 4-5	订单农业对农户收入影响的分位数回归模型估计结果	082
表 4-6	农户安全生产行为研究中的变量描述性统计	085
表 4-7	农户安全生产行为实施情况	086
表 4-8	农户安全生产行为的多变量 Probit 模型回归结果	088
表 4-9	低碳生产行为研究中变量的描述性统计	094
表 4-10	低碳生产行为研究中受访者的人口统计学特征	095
表 4-11	低碳生产行为研究中变量的信度及效度检验	097
表 4-12	保留后变量的因子分析结果及效度检验	098
表 4-13	结构方程模型整体适配度评价标准及拟合结果	099
表 4-14	低碳生产行为研究中结构方程模型的估计结果	100
表 4-15	按生产规模分组的结构方程模型估计结果	102
表 4-16	按地区分组的结构方程模型估计结果	103
表 4-17	农户环境友好型技术采纳行为的估计结果	111

表 5-1	时间偏好实验的设计	116
表 5-2	风险偏好实验的设计	118
表 5-3	农户时间偏好与风险偏好参数估计结果的描述性统计	126
表 5-4	契约农户和非契约农户时间偏好与风险偏好特征对比	131
表 5-5	履约农户与违约农户时间偏好与风险偏好特征对比	134
表 5-6	生产阶段违约农户与销售阶段违约农户的偏好特征对比	136
表 5-7	不同续约意愿农户的时间偏好与风险偏好特征对比	137
表 6-1	农户订单农业参与行为研究中的变量描述性统计	150
表 6-2	时间偏好与风险偏好对农户订单农业参与行为影响的空间计量模型估计结果	152
表 6-3	考虑时间偏好异质性的农户订单农业参与行为的空间计量模型估计结果	154
表 6-4	考虑风险偏好异质性的农户订单农业参与行为的空间计量模型估计结果	157
表 6-5	农户订单农业参与行为的工具变量模型估计结果	159
表 6-6	农户订单农业参与行为研究中偏好参数估计方法的稳健性检验	163
表 6-7	农户订单农业参与行为研究中偏好测量方式的稳健性检验	165
表 6-8	不同类型契约属性的定义及说明	167
表 6-9	农户对契约属性选择偏好研究中的变量描述性统计	168
表 6-10	农户对契约属性选择偏好的多变量 Probit 模型估计结果	172
表 7-1	农户违约行为研究中的变量描述性统计	182
表 7-2	时间偏好与风险偏好对农户违约行为影响的双变量 Probit 模型估计结果	185
表 7-3	农户违约行为研究中双变量 Probit 模型的边际效应	187
表 7-4	考虑时间偏好异质性的农户违约行为双变量 Probit 模型估计结果	190

表7-5	考虑风险偏好异质性的农户违约行为双变量Probit模型估计结果 …… 192
表7-6	农户生产阶段与销售阶段违约行为的工具变量模型估计结果 …… 194
表7-7	农户违约行为研究中偏好参数估计方法的稳健性检验 …… 197
表7-8	农户违约行为研究中偏好测量方式的稳健性检验 …… 198
表7-9	排除未如实报告违约的农户样本的稳健性检验 …… 200
表7-10	农户未如实报告违约与其时间偏好和风险偏好的关系检验 …… 201
表7-11	农户违约行为研究中基于龙头企业聚类标准误的稳健性检验 …… 203
表7-12	排除与小型龙头企业签约农户样本的稳健性检验 …… 204
表7-13	农户生产阶段和销售阶段违约行为的Probit模型估计结果 …… 205
表8-1	农户续约意愿研究中的变量描述性统计 …… 213
表8-2	农户续约意愿研究中变量的信度和效度检验 …… 216
表8-3	农户续约意愿研究中的探索性因子分析结果 …… 217
表8-4	农户续约意愿模型的拟合优度检验结果 …… 218
表8-5	农户续约意愿的结构方程模型估计结果 …… 221
表8-6	异质性农户续约意愿模型的拟合优度检验结果 …… 223
表8-7	不同规模农户续约意愿的多群组结构方程模型估计结果 …… 225

第一章
导论

第一节 研究背景、问题及研究意义

一 研究背景

20世纪80年代以来,伴随着家庭联产承包责任制与农产品流通体制改革的推进,农户成为农业生产与农产品流通的基本组织单元。然而,分散小农户在卷入市场交易时,不可避免地面临着"小农户"与"大市场"的矛盾、抗市场风险能力弱等问题。当前正在推行的农业产业化经营正是帮助农业发展走出困境的重要途径。以家禽业为例,2013年3月至今,H7N9型禽流感疫情重创中国家禽业,独立养殖户难以承受市场风险,逐步退出了家禽养殖业;而"龙头企业+农户"的禽业一体化模式得以生存下来,签约养殖户的基本利益得到了保护(例如,江苏立华的"龙头企业+农户"养殖模式,使签约养殖户在H7N9禽流感疫情发生期间仍获得平均1.8万元/批的毛利)(周力,2016;黄泽颖、王济民,2017)。可见,在少量"大户"与大量"小户"长期共存的局面下,作为农业产业化实践的主要组织形式,订单农业在促进"小农户"与"大市场"的链接、降低农户市场风险、节约交易成本、保障农户收入等方面均发挥了积极的作用(郭红东,2005a;祝宏辉,2007;Miyata et al.,2009;刘晓鸥、邸元,2013;Wang et al.,2014;Otsuka et al.,2016;Maertens and Velde,2017;Gramzow et al.,2018)。近年来,随着中国农业产业化进程的推进和对食品安全问题的关注,以"龙头企业+农户"型契约为代表的农业产业组织模式在中国得到了快速发展。

然而,学者们通过对现实的考察发现,相当一部分地区的订单农业实践效果与人们的期望相去甚远,出现了农户参与率低、违约率高等一系列问题(刘凤芹,2003;郭红东,2005b;祝宏辉、王秀清,2007;杨明洪、李彬,2009;徐健、汪旭晖,2011;杨明洪,2011;王亚飞等,2014;谢欣、周向阳,2016;姚文、祁春节,2017)。经典文献指出规避市场风险是农户参与订单农业的首要动因(Johnson and Foster,1994;Hueth and Hennessy,2002;Ligon,2003;Bijman,2008)。现实中,农产品的市场价格是极具风险性的,特别是对于易腐烂产品(如蔬菜、茶、牛奶)以及需要更深层次加工的农产品(如牲畜、家禽),价格风险已经成为主要风险(Liu et al., 2004)。以肉鸡产业为例,自2000年以来,肉鸡产业面临市场风险的持续冲击,然而,参与订单农业的农户比重并没有增加。Wang等(2011)在对山东省青菜种植户的研究中指出,尽管中国有大量的小规模农户,但是加入订单农业的农户比例仅有5%。姚文、祁春节(2017)针对西南地区48个重点产茶县3000个茶农的调查数据显示,仅有33.79%的茶农参加了订单农业。在订单农业参与率持续走低的同时,违约率也面临居高不下的问题(万俊毅,2008;杨明洪,2011;黄梦思、孙剑,2017),有学者指出订单农业违约率高达80%(刘凤芹,2003;孙兰生,2006)。王亚飞等(2014)对中国91家农业产业化龙头企业的调查数据显示,农户履约率在75%以上的企业占比仅为67%。上述现象反映了龙头企业与农户之间契约关系的脆弱与不稳定。

事实上,订单农业实践中存在的参与率低与履约困难等问题,已经成为制约中国农业产业化进一步发展的瓶颈(周立群、曹利群,2001;生秀东,2007;杨明洪、李彬,2009;万俊毅、欧晓明,2010;王亚飞等,2014;黄泽颖、王济民,2017;黄梦思等,2017),同时也凸显了当前"龙头企业+农户"契约模式的推广对正处于深度转型期的中国而言,更具复杂性和艰巨性,并再次引发人们的思考:龙头企业带动型订单农业为何在中国难以有效实施?影响农户订单农业参与行为及契约关系稳定性的内在原因是什么?这是中国农业产业化面临的现实问题。

二 具体问题的提出

如前所述,订单农业有利于降低农户的交易成本和市场风险(Ligon,2003; Fukunaga and Huffman,2009),使小农户获得生产资料、资金、市场信息、生产技术等支持(Simmons et al.,2005; Brithal et al.,2005; Niu et al.,2016),控制农产品的质量安全(Hobbs and Young,1999; 王瑜、应瑞瑶,2007; Bijman,2008; Saenger et al.,2013; 陈竹,2014),以及有利于提高生产效率和农户收入(Simmons et al.,2005; 胡定寰等,2006; 祝宏辉,2007; Wang et al.,2014; Ragasa et al.,2018),但在我国多地区的契约实践中普遍出现农户参与率低、违约率高等一系列现实问题。对龙头企业和农户间契约关系的发展过程进行追踪研究后发现,农户有关订单农业的行为决策是沿着是否签订契约、签订后是否履约、下一期的契约关系是否延续这一连续的行为决策逻辑逐层展开的。学界对订单农业参与率低的原因已进行了多角度剖析,认为当地缺乏农业龙头企业(Guo et al.,2007)、企业对小农户排斥和"挤出"(Singh,2002)、农户对订单农业的认知不足、在实践中存在很多疑惑(郭红东,2005a)等,是农户订单农业参与率低的原因。但课题组通过对农业产业化发展较快的肉鸡产业的前期调研发现,即使是在排除上述原因之后(比如所选取的调研地点均有龙头企业且已经开展契约模式多年、选择的样本农户均具有一定规模),仍有相当一部分农户不参与订单农业。长期、稳定的契约关系对农户而言具有诸多好处,那么,在市场风险持续冲击且存在农业订单有效供给的背景下,为什么仍有相当大比例的农户选择不参与订单农业?影响农户订单农业参与行为的内在因素是什么?对于已经加入订单农业的农户,为什么有些参与者会选择不履行契约?哪些因素导致农户违约行为的发生?进一步地,对于一些已经参与订单农业且当期履行契约的农户,为什么他们不愿意续约?影响农户长期续约意愿的关键因素是什么?对于这一系列问题,需要科学规范地论证和系统充分地阐释。

挖掘影响农户签订契约、履行契约以及长期续约的因素,探索提高订单农业参与率及契约关系稳定性的方法是本研究的重要目的。因此,本研究试图在上述现实问题的基础上,进一步回答以下几个具体问题。

（1）中国农业生产是以家庭为基本单位，生产规模小、生产分散、抗自然和市场风险弱的农户是中国农业生产的主体。既然理论研究和国际运营实践均表明订单农业会带给农户正向价值，那么在存在农业订单有效供给的情形下，为什么有相当大比例的农户却没有选择参加能够降低市场风险的订单农业组织形式？影响农户订单农业参与行为的关键因素是什么？不同群体农户的订单农业参与决策是否存在显著差异？此外，前期调研发现，尽管有些农户与龙头企业签订了契约，但其对具体契约属性的偏好不同，农户的时间偏好与风险偏好是否影响其对契约属性的选择偏好？

（2）对订单农业实践效果进行现实考察还发现，龙头企业和农户间契约关系的稳定性令人担忧。本研究的前期调查结果显示，契约农户的违约率约为30%。从已有的违约案例看，完全直接违约的情形很少，多数是间接违约，即农户通常用隐瞒产量的方式违约，或者不按照合同约定进行标准化生产。对农户而言，短期的违约收益并不高，但是违约行为一旦被发现，其面临的违约成本将是巨大的，包括终止合同造成的价值损失，以及农户在当地企业或社会网络中的声誉损害（Ellickson，1994；Guo and Jolly，2008），即在客观上违约成本大于违约收益。那么为什么有些契约农户仍然会做出这种成本收益显然不对称的违约行为决策？此外，实践调查中还发现令人疑惑的情况是，在这些存在违约行为的农户样本中，超过90%的农户都表达了与企业良好的长期合作意愿。也就是说，他们认同订单农业的好处，能够清晰判断参与订单农业所带来的长远利益以及违约所造成的负面后果，但在现实中，这类农户屡屡出现违约行为。那么，对于这类已经参与订单农业的农户而言，他们违约的内在动机是什么？为什么农户的长期签约意愿与其短期违约行为间会表现出跨期不一致现象？

（3）合同当期履约和下一期的续约构成契约型交易关系稳定性与持续性的两个关键维度（邓宏图、米献炜，2002；张闯等，2011）。在对农业龙头企业和契约农户的实际调查中，除了发现订单农业参与积极性不高、违约率高的问题外，还发现契约农户的流失现象较为严重，即续约率并不可观，这严重阻碍了订单农业的稳定性和龙头企业进一步扩大生产。那么，对于一些已参与订单农业并履约的农户而言，他们为什么不愿意续约？影响农户长期续约意愿的内在因素有哪些？

（4）尽管从理论和国际运营经验看，订单农业具有降低市场风险、促进农户收入等作用,但在我国实践中订单农业的实施效果参差不齐,有待进一步验证。在影响农户订单农业参与行为及契约关系稳定性的诸多因素中,订单农业能否给农户带来最大化的预期收益是农户选择并履行契约,以及长期参与的重要因素之一。所以在分析农户的订单农业参与行为决策之前,有必要检验当前订单农业模式对农户绩效的影响,为深入理解农户订单农业参与过程中的行为决策提供基础和依据。此外,订单农业作为一种重要的现代农业发展模式,其关注方除了龙头企业和农户外,还有政府。农户希望通过订单农业促进增收,政府则希望通过订单农业模式推进农业现代化,促进新技术推广和食品质量安全控制。那么,当前中国农户参与订单农业的效果如何?订单农业到底能否有效提高农户的收入?对农户的生产方式选择和技术采纳等行为决策又有何影响?

通过文献梳理发现,影响农户订单农业参与及契约关系稳定性的因素包括农户的特征、所处的交易环境、与农户特征和交易环境相关的交易特性以及产品属性和契约形式等(刘凤芹,2003;Zylbersztajn and Nadalini,2004;郭红东,2005a;Guo and Jolly,2008;Miyata et al.,2009;赵翠萍,2009;应瑞瑶、王瑜,2009;Wang et al.,2011;徐家鹏、李崇光,2012;Abebe et al.,2013;严静娴、陈昭玖,2016)。然而,已有文献的研究视角主要集中在市场风险、交易成本等外部因素的影响,缺乏从个体内在偏好等微观视角进行的专门分析,特别是没有基于农户行为动机背后的心理因素对农户订单农业参与、违约等决策的作用机制进行深入分析。行为经济学和实验经济学的最新研究成果指出,个体具有"短视"、"损失规避"和"风险厌恶"等认知偏差(Loewenstein and O'Donoghue,2004;Liebenehm and Waibel,2014),且会对个体行为决策产生重要影响(Duquette et al.,2012;Brick and Visser,2015)。在农户"有限理性"和存在"认知偏差"等现实情形下,考虑个体内在的时间偏好与风险偏好是农户参与并履行契约的重要制约因素,将为深入揭示农户契约行为决策的内在规律及契约关系稳定性问题提供全新的研究视角。

因此,为了解答以上提出的具体问题,本研究将按照"订单农业效果—参与决策—履约/违约决策—续约决策"的研究路径,在检验订单农业实施效果的基础上,基于行为经济学的时间偏好和风险偏好视角,深入剖析农户订单农业参与行为的决策机制,然后从农户违约及续约两个维度对影响契约关系稳定性和延续性的制约因素进行深入分析：一是对于已经参与订单农业的农户，研究其发生违约行为的内在动机及行为机制；二是对于当期履行契约的农户，研究其长期续约意愿的影响因素及行为机制。最后，基于以上对农户行为决策的研究结果，提出优化契约机制的政策建议。对这些问题的研究，有助于准确把握中国农户订单农业参与、违约等行为决策的内在规律，科学评估订单农业的收入效应，为提升农户订单农业参与率和契约关系稳定性、基于中国实际完善订单农业机制设计提供科学的理论及实证依据。

本研究的逻辑路线如图 1-1 所示。

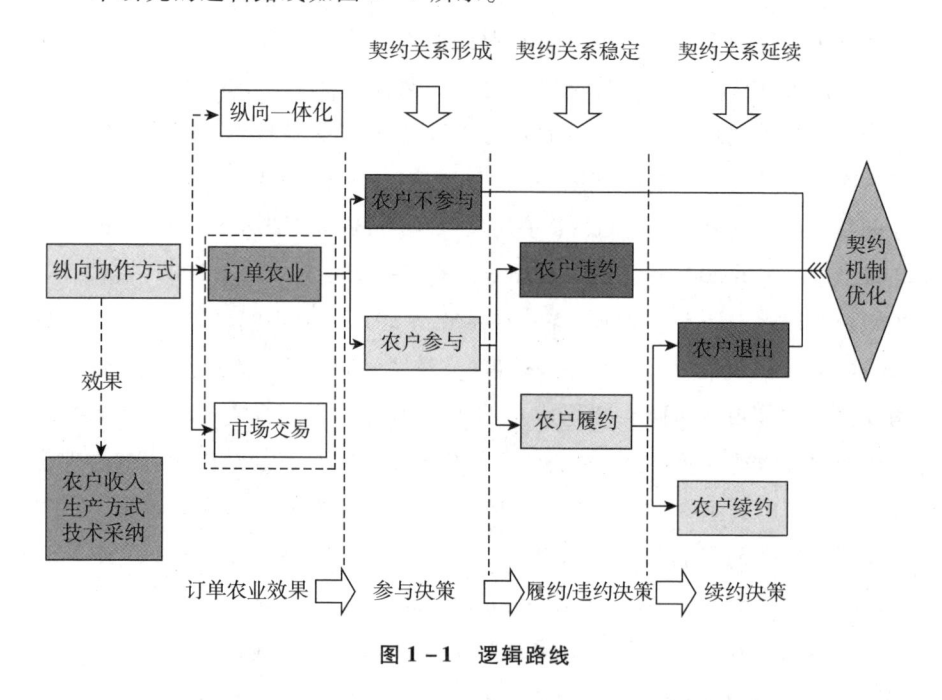

图 1-1 逻辑路线

第二节 订单农业契约关系的相关范畴

一 纵向协作、订单农业和"龙头企业+农户"型契约模式

纵向协作（vertical coordination）是指在某种产品的生产与销售垂直系统内协调相继各阶段的所有联系方式，具体包括市场交易、订单农业、一体化等各种形式。纯粹市场交易（spot market）、完全纵向一体化（vertical integration）是纵向协作的两个极端，尤其是完全纵向一体化在养禽业非常少见，故不在本书的考虑范围之内。

订单农业（contract farming）又称契约农业、合同农业，是纵向协作的主要形式，有助于向现代农业转变（Wang et al.，2014；Maertens and Velde，2017）。联合国粮食及农业组织（FAO）将订单农业定义为"农户和收购企业签订协议，对农产品的生产和销售规定一定的条件"（FAO，2017）。在中国，订单农业是农业产业化经营的重要组织形式，其中龙头企业带动型的订单农业在农业产业化模式中居于首位。据中国农业部对农业产业化经营模式的调查，"龙头企业+农户"型契约模式目前采用比例最高，约占总数的45%。在农业产业化经营的具体实践中，订单农业组织模式在不断地创新，由"龙头企业+农户"模式逐步向"龙头企业+合作社+农户"和"龙头企业+基地/经纪人+农户"等模式演进，但"龙头企业+农户"型契约模式在中国农业产业化经营中仍居首位（徐忠爱，2007；张春勋，2010）。从纵向协作关系来看，"龙头企业+农户"型契约模式是一种介于市场交易和纵向一体化之间的准纵向一体化组织（王亚飞、唐爽，2013；周力，2016）。现实中，龙头企业与农户之间的契约关系，主要为销售合同（即松散的契约关系）和生产合同（即紧密的契约关系）两种（周立群、曹利群，2001）。按照MacDonald等（2004）的定义，销售合同最简单的形式是龙头企业与农户签订收购合同、约定价格和数量，农户控制自有资产并自主生产；而在生产合同下，龙头企业将进一步控制生产环节的决策权，农户在企业监督的基础上进行生产，企业拥有剩余索取权和剩余控制权。

本书中订单农业主要指"龙头企业+农户"型契约模式，并且所论述的契约安排限定于生产合同。以肉鸡产业为例，"龙头企业+农户"模式下的生产合同具体是指肉鸡龙头企业与农户合作养鸡的模式，在该模式下，龙头企业负责提供鸡苗、饲料、药品、技术指导及培训工作，并负责统一收购成鸡，农户需要按标准建棚舍、向企业预付保证金并按企业要求进行饲养和管理（周力，2016）。

二 契约关系稳定性和农户违约行为

农业产业化背景下的农户与龙头企业之间的关系本质上是契约型交易关

系，契约的稳定性即契约关系的稳定性。邓宏图、米献炜（2002）和田敏等（2014）将订单农业中的交易关系不稳定分为两种情况：一是在合同当期违约；二是虽然在合同当期没有违约，但拒绝续约。这构成了契约型交易关系长期稳定的两个关键维度。因此，本研究主要关注的是农户引发的契约关系的不稳定，具体包括农户当期的违约行为以及农户长期的续约意愿。

理论上，农户和龙头企业都存在违约的动机。当市场价格上升时，农户倾向于违约，将农产品高价转售市场；而当市场价格下降时，企业倾向于违约，从市场收购低价农产品。事实上，当面临市场风险冲击时，龙头企业往往会由于专用性投资和声誉机制的约束而选择履行契约（钱忠好，2000；周立群、曹立群，2001；尹云松等，2003；万俊毅，2008；杨明洪，2009），但大量且分散的农户的违约现象屡禁不止（Wang and Xia，2007）。一旦外部市场价格高于契约的价格，很多农户就会倾向于违约，把产品出售给其他市场个体，来源于农户层面的风险成为订单农业中契约风险的根源（李彬，2009；杨明洪、李彬，2009；崔宝敏、胡冬亮，2013；温斐斐、王礼力，2014）。事实上，农户的违约行为已经成为订单农业中一个普遍的、重要的现象（李道和、陈江华，2015；张婷、吴秀敏，2015；Wang and Xia，2007；Guo and Jolly，2008；Wang et al.，2011）。因此，本研究对违约的分析侧重于"龙头企业+农户"型契约模式中农户违约的情况。

在以往研究中，学者通常探讨的是农户在销售阶段的违约行为，即当市场价格高于契约价格时，农户基于利益的驱动将农产品按市场价格卖出，以赚取市场价格与契约价格间的差价（Guo et al.，2007；Guo and Jolly，2008；Kumar et al.，2013）。值得注意的是，在生产合同模式下，龙头企业还规定农户不能通过外部市场渠道（如零售商）购买投入品。以肉鸡产业为例，龙头企业提供的投入品（如鸡苗、饲料、药物、疫苗）的价格和产出的价格往往是由企业决定的，而不是跟随现货市场价格，即实行"流程价格"或"虚拟高价"的定价机制[①]。在这种定价机制下，公司提供的饲料、兽药等投入品价格通常高于市场价格，因此降低生产成本是农户在

[①] 如在温氏公司，农户从公司领取的投入品以及公司回收肉鸡的价格都不会随行就市，而是基于公司计划确定。为了抑制农户投机行为，公司制定的价格通常高于市场价格，即同时提高肉鸡的饲料成本和回收价格，目的是将肉鸡产业链各环节的产品锁定在联盟内，使农户的转售行为在一定程度上无利可图（万俊毅、欧晓明，2010）。

生产阶段违约的动机之一。例如，农户可以从附近农资兽药店购买部分兽药，以降低养殖费用。农户在生产阶段违约的另一个动机是从外部市场渠道获取激素类药物，以增加家禽的重量并且使家禽生长更快。因此，农户使用激素或其他禁用药物促进家禽生长和缩短生产周期的现象也被视为违约。

此外，也有学者指出其他违约现象，包括产品延迟交付、交付产品质量不合格，以及将企业提供的投入品用作非签约产品等（Guo et al., 2007；Barrett et al., 2012）。但鉴于笔者在对农户的实际调研中很少观察到这些情形，本书仅考虑现实中普遍存在的两种典型违约行为，并定义如下：①生产阶段的违约行为，具体是指农户在生产阶段从龙头企业以外的渠道购买部分投入品；②销售阶段的违约行为，具体是指农户在销售阶段以隐瞒产量的方式，在外部市场上出售部分签约生产的产品。

第三节 订单农业契约关系的研究内容

一 研究目标

本研究的总目标是在检验订单农业实施效果的基础上，通过系统、深入的理论和实证分析，探究时间偏好与风险偏好对农户订单农业参与决策、违约决策、续约决策的影响机制与路径，剖析异质性农户行为决策的特点，解释我国订单农业实践中的契约关系形成及稳定性问题，为制定订单农业相关政策、优化契约机制设计提供科学决策依据。

本研究的具体目标如下。

目标一：考察中国订单农业的发展现状，并检验订单农业对农户收入、生产方式及技术采纳的影响。

目标二：构建时间偏好与风险偏好对农户订单农业参与决策、违约决策和续约决策影响的理论分析框架。

目标三：采用实验经济学方法，准确、科学地测度中国农户的时间偏好与风险偏好。

目标四：采用计量方法，实证检验农户订单农业参与行为、违约行为及长期续约意愿的内在决策机制，并挖掘异质性农户行为决策的特点。

二 研究内容

为实现前述研究目标,本书重点研究以下几方面的内容。

研究内容一:全面考察中国订单农业的发展现状,并实证分析订单农业的实施效果。首先,对中国订单农业发展的基本态势进行深入考察,具体是从国内外订单农业发展现状及当前中国契约实践中存在的问题、中国订单农业的历史演进及主要形式等方面阐述本研究的现实背景,为总体研究的开展奠定现实基础。其次,采用计量方法实证分析当前订单农业模式对农户绩效的影响。不仅基于 OLS 和 Heckman 选择模型从总体层面分析订单农业的农户收入效应,而且采用分位数回归模型分析订单农业对不同收入层次农户绩效影响的差异性,为深入理解农户参与订单农业的行为决策提供基础和依据。最后,进一步从农户安全生产、低碳农业生产、环境友好型技术采纳角度,考察订单农业对农户生产行为决策的影响。

研究内容二:构建时间偏好与风险偏好对农户订单农业参与、违约和续约决策影响的理论分析框架。首先,以认知心理学的信息加工理论为基础,将有限理性下农户行为决策的成本收益分析过程转化为行为决策信息的心理加工过程,为理解农户行为决策的内在机制提供一个一般化的理论基础。其次,基于行为经济学的准双曲线贴现函数和前景理论,通过分析农户契约行为决策信息的心理加工过程,提取对农户契约行为决策具有重要影响的心理因素——时间偏好和风险偏好,从而构建考虑时间偏好和风险偏好的农户契约行为决策模型。最后,系统剖析时间偏好与风险偏好对农户订单农业参与行为、违约行为、长期续约意愿的影响机制,并依据理论分析提出研究假设,为后文实证分析农户契约行为决策的影响机制提供理论支撑。

研究内容三:基于实验经济学方法测度农户的时间偏好与风险偏好。首先,分别设计农户的时间偏好实验和风险偏好实验,并对农户进行田野实验测试,以获取农户的时间偏好与风险偏好特征信息。其次,借鉴 Nguyen(2011)、Liebenehm 和 Waibel(2014)的方法,将时间偏好与风险偏好融合到同一框架中,构建基于准双曲线贴现函数和前景理论的贴现效用模型,并通过 Stata 软件进行相关编程,利用最大似然技术对衡量时间偏好和风险偏好的 5 个参数进行同时估计。最后,对基于实验获取的偏好特征与农户现实中契约行为决策之间的关系进行初步探讨。

研究内容四：实证分析时间偏好与风险偏好对农户订单农业参与行为的影响。首先，基于前文理论分析，采用空间计量模型实证检验时间偏好与风险偏好对农户订单农业参与行为的影响，以及农户订单农业参与行为决策的空间溢出效应。其次，运用聚类分析方法对不同偏好类型的农户进行分类，通过对子样本的计量实证分析，深入探讨异质性农户订单农业参与行为决策的特点。最后，进一步运用多变量Probit模型分析农户的时间偏好与风险偏好对其契约属性选择的影响，以帮助农业龙头企业设计出更具针对性的合同内容。

研究内容五：实证分析时间偏好与风险偏好对农户违约行为的影响。基于前文理论分析，采用双变量Probit模型实证分析时间偏好与风险偏好对农户生产阶段违约行为和销售阶段违约行为的影响，并进一步采用聚类分析方法对不同偏好类型的农户进行分类，通过对子样本的计量实证分析，深入探讨异质性农户违约行为决策的特点。

研究内容六：实证分析时间偏好、风险偏好和感知价值对农户长期续约意愿的影响。本研究借鉴感知价值理论框架，在考虑时间偏好与风险偏好的基础上进一步引入感知价值理论中的两个重要变量——感知利益和感知风险，采用结构方程模型检验并分析时间偏好、风险偏好等心理变量对农户续约意愿的影响机制和路径，以及感知价值在农户个体偏好与续约决策之间的中介作用。此外，以农户的生产规模特征为调节变量，通过分群组结构方程模型深入挖掘不同群体农户续约决策的差异。

第四节　订单农业契约关系的研究方法与路径

一　研究方法

根据以上研究内容，本书以行为经济学理论、农户行为理论、现代契约理论、实验经济学、感知价值理论等为主要依据，运用理论与实证相结合的分析方法，辅助定性与定量分析工具，揭示时间偏好与风险偏好等心理因素在农户签订契约、履行契约、持续签约等行为决策中发挥的作用。研究过程中所使用到的方法包括文献研究法、问卷调查法、经济学实验方法、计量分析方法等。

针对研究内容一，采用计量模型中的Heckman选择模型和分位数回归模型实证检验和分析订单农业对农户的收入效应；采用多变量 Probit 模型实证分析订单农业对农户安全生产行为的影响；采用结构方程模型实证分析订单农业对农户低碳生产决策的影响；采用 Logit 模型实证分析订单农业对农户环境友好型技术采纳行为的影响。

针对研究内容二，以行为经济学等理论为基础，构建考虑时间偏好与风险偏好的农户契约行为决策模型，采用文献研究和数理推导等方法分析农户订单农业参与、违约和续约等行为决策形成的内在机制，为相关决策分析提供理论框架。

针对研究内容三，采用实验经济学方法分别引出农户的时间偏好与风险偏好特征，进而构建融合准双曲线贴现函数和前景理论的贴现效用模型，并运用最大似然技术同时估计农产的时间偏好与风险偏好参数。

针对研究内容四，采用空间计量模型实证分析时间偏好与风险偏好对农户订单农业参与行为的影响机制，以及订单农业参与决策的空间溢出效应，并基于聚类分析方法考察异质性农户订单农业参与决策的特点。此外，进一步采用多变量 Probit 模型分析农户对契约属性的选择偏好。

针对研究内容五，采用双变量 Probit 模型实证分析时间偏好与风险偏好对农户生产阶段和销售阶段违约行为的影响，并采用聚类分析方法考察异质性农户违约决策的特点。

针对研究内容六，采用信度分析、探索性因子分析等方法检验测量题项的可靠性，采用结构方程模型实证检验和分析时间偏好、风险偏好和感知价值对农户长期续约意愿的影响，并进一步采用多群组分析方法探讨不同群体农户续约决策的差异特点。

二 技术路线图

本书以准双曲线贴现函数、前景理论及有限理性下的成本收益分析框架为基础，采用实验经济学方法测度中国农户的时间偏好与风险偏好，并通过系统、深入的理论和实证研究，探究时间偏好和风险偏好对农户订单农业参与行为、违约行为与长期续约意愿的影响机制与路径，剖析异质性农户行为决策的特点，为政府和龙头企业制定相关政策提供决策依据。本书将按照图 1-2 所示的路径和框架展开研究。

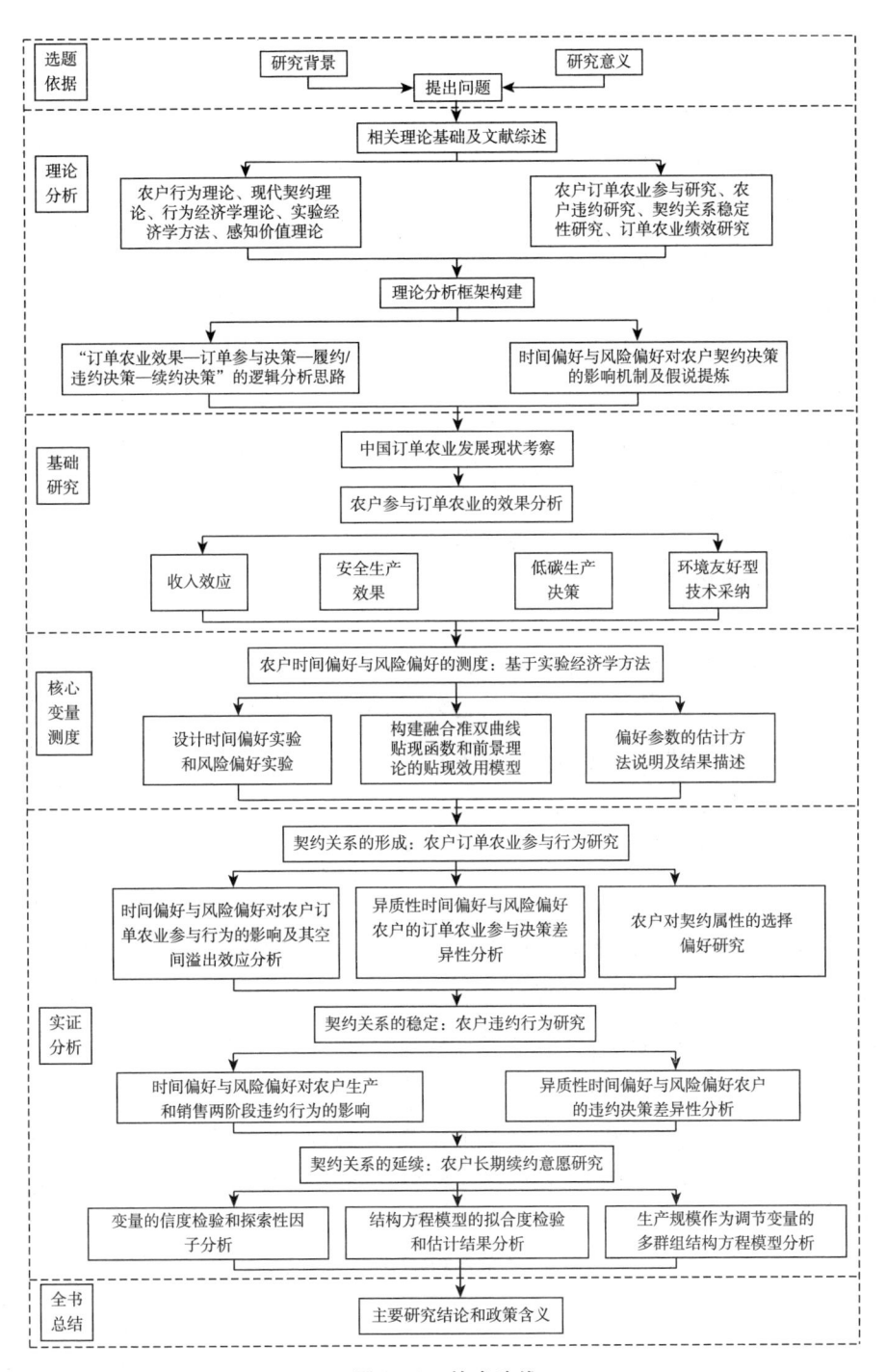

选题依据	研究背景 → 提出问题 ← 研究意义
理论分析	相关理论基础及文献综述 农户行为理论、现代契约理论、行为经济学理论、实验经济学方法、感知价值理论　　　农户订单农业参与研究、农户违约研究、契约关系稳定性研究、订单农业绩效研究 理论分析框架构建 "订单农业效果—订单参与决策—履约/违约决策—续约决策"的逻辑分析思路　　　时间偏好与风险偏好对农户契约决策的影响机制及假说提炼
基础研究	中国订单农业发展现状考察 农户参与订单农业的效果分析 收入效应　安全生产效果　低碳生产决策　环境友好型技术采纳
核心变量测度	农户时间偏好与风险偏好的测度：基于实验经济学方法 设计时间偏好实验和风险偏好实验　构建融合准双曲线贴现函数和前景理论的贴现效用模型　偏好参数的估计方法说明及结果描述
实证分析	契约关系的形成：农户订单农业参与行为研究 时间偏好与风险偏好对农户订单农业参与行为的影响及其空间溢出效应分析　异质性时间偏好与风险偏好农户的订单农业参与决策差异性分析　农户对契约属性的选择偏好研究 契约关系的稳定：农户违约行为研究 时间偏好与风险偏好对农户生产和销售两阶段违约行为的影响　异质性时间偏好与风险偏好农户的违约决策差异性分析 契约关系的延续：农户长期续约意愿研究 变量的信度检验和探索性因子分析　结构方程模型的拟合度检验和估计结果分析　生产规模作为调节变量的多群组结构方程模型分析
全书总结	主要研究结论和政策含义

图 1-2　技术路线

第五节　可能的创新

本书可能在以下几方面有一定的特色或创新。

第一，针对订单农业的契约关系，既有文献主要集中于交易成本、资产专用性、市场风险、契约条款等外部因素或客观因素方面，其分析范式和理论工具以新制度经济学为主，缺乏从个体内在偏好等微观视角进行的专门分析。行为经济学和实验经济学的最新研究成果指出，个体具有"短视"、"损失规避"和"风险厌恶"等认知偏差。在农户"有限理性"和存在"认知偏差"等现实情形下，考虑个体内在的时间偏好与风险偏好是农户参与并履行契约的重要制约因素，将为深入揭示农户契约行为决策的内在规律及契约关系稳定性问题提供全新的研究视角。

第二，既有文献对订单农业的契约关系研究通常仅聚焦于签约或违约层面，较少关注续约维度。本研究按照订单农业中龙头企业与农户间契约关系的发展过程，从契约关系的形成、契约关系的稳定、契约关系的延续3个方面，对农户订单农业参与行为、生产和销售违约行为、长期续约意愿进行深入分析，为系统研究基于农户层面订单农业的契约关系提供了较为完整的逻辑分析框架。同时，基于时间偏好与风险偏好的研究视角和系统的实证研究也丰富了农户行为理论、行为经济学、实验经济学等理论的应用空间，且在一定程度上强化了这些理论的现实解释力。

第三，国内现有文献鲜见以农户为实验对象测度其时间偏好与风险偏好的研究，本研究首先从田野实验中获取农户的时间偏好与风险偏好特征信息，然后构建融合准双曲线贴现函数与前景理论的贴现效用模型，采用最大似然技术同时估计农户的时间偏好与风险偏好，进而将实验结果扩展到现实中农户契约行为决策的分析中。特别是，本研究构建的贴现效用模型能够将时间偏好系数分解为短视认知偏差因子和贴现率，将风险偏好系数分解为风险规避、概率权重、损失规避，从而实现农户个体偏好的精准量化，也在一定程度上提高了中国农户契约行为决策实证分析结果的科学性和准确性。

第二章

订单农业契约关系的理论基础与研究进展

本章分为两部分,首先,对农户行为理论、现代契约理论、行为经济学的时间偏好理论和前景理论、实验经济学和感知价值理论进行简要的介绍和评述,为后文建立理论分析框架与农户契约行为决策模型做铺垫;其次,阐述与本研究主题相关的文献研究进展,对国内外有关农户订单农业参与行为及其影响因素的研究,有关农户违约行为和契约关系稳定性的影响因素研究,以及有关订单农业绩效研究等方面的文献进行梳理和综述,并对研究需要完善和发展的地方进行评述。

第一节 订单农业契约关系研究的理论基础

一 农户行为理论

(一) 组织与生产学派

俄国农业经济学家恰亚诺夫是"组织与生产学派"的代表人物,其经典著作为《农民经济组织》。该学派指出,不同于资本主义企业追求利润最大化的目的,小农户进行生产的主要目的是寻求家庭劳动供给与家庭消费之间的某种均衡(恰亚诺夫,1996)。组织与生产学派聚焦于分析农业经济结构与家庭农场生产组织等问题,劳动-消费均衡论及家庭周期理论是其理论基础。恰亚诺夫在对农户长期跟踪调查后指出,满足家庭成员的消费需求是家庭农场经济活动的动因,整个家庭全年的劳作受家庭生计需求的驱使,小农户的偏好是最大限度地提升生存率。所以小农户的最优化选择,受家庭消费和家庭劳动供给之间均衡的影响。随后,波兰尼和斯科特秉承了恰亚诺夫的观点，并分别从制度与道义视角进一步探析小农行为（Polanyi et al.，1957；Scott，1976）。特别是，斯科特提出了"道义经济"思想，指出小农经济坚持"安全第一"的原则，具有强烈生存倾向的农户更加偏好于避免经济灾难，而非冒险追求最大化的平均收入（Scott，1976）。鉴于该学派所坚持的小农的生存逻辑，其被称为"生存小农"学派。

（二）理性小农学派

美国经济学家舒尔茨是"理性小农学派"的代表人物，其经典著作为《传统农业转型》。该学派认为，农户作为理性经济人，追求利润最大化是他们的行为目标。其认为在竞争的市场环境中，农户与资本主义企业家的经济行为并无明显区别，能够促使生产要素达到最优配置（Schultz，1964）。波普金在《理性的小农》一书中也提出"农户是理性经济人，追求家庭福利最大化"（Popkin，1979）。学术界通常将两人的观点概括为"舒尔茨-波普金命题"。舒尔茨指出，如果想让传统农业成为贫穷社会经济增长的源泉，就必须对传统农业进行转型或改造，并提出转型或改造的关键在于引进新的现代农业生产要素。农户是否采用新的农业生产要素则取决于该要素是否有利可图。换言之，对传统农业进行改造，需要以合理的成本进行现代化投资，如若现代技术要素的投入可以确保在当前价格水平下取得利润，农户将会追求利润的最大化。所以，对传统农业进行改造应选择在现有的组织与市场中，以合理的成本供给现代农业生产要素。

（三）历史学派

"历史学派"的代表人物是社会学家黄宗智，其独特的小农命题形成于《华北的小农经济与社会变迁》（黄宗智，1986），并成熟于《长江三角洲小农家庭与乡村发展》（黄宗智，1992）。该学派认为，中国农户并不完全是前述两种类型的农户，受耕地规模的限制，农户在边际收益率较低的条件下，仍将继续投入生产和劳动力，主要原因在于家庭的剩余劳动力过多，缺乏其他就业机会。通过对中国20世纪30~70年代的小农经济进行调查，黄宗智指出中国农户不完全是"生计生产者"或"利润最大追逐者"，提出将追求效用最大化的消费者行为理论与追求利润最大化的企业行为理论相结合，来分析小农动机及行为。黄宗智通过对1949年之前华北及长三角地区农业发展的分析,指出中国农业是"没有发展的增长"及"过密型的商品化"。黄宗智提出"拐杖逻辑"这一小农命题,认为中国农户的家庭收入包括农业收入与非农雇佣收入,其中后者是前者的"拐杖"。黄宗智还对"半无产化"进行了细致刻画,指出由于过密化(源于农户家庭的剩余劳动力,使得中国的小农经济不会产生大量"无产-雇佣"阶层),多余的劳动力会继续依附于小农经济之上,而无法成为真正意义上的雇佣劳动者。

二 现代契约理论

契约的概念源自罗马法的"合同"(coneractus),它是现代社会政治领域的核心概念之一。查士丁尼于6世纪在《法学阶梯》中将契约定义为"由双方共同意愿产生的一种具有法律关系的协议",这奠定了现代契约理论的基础。后来的法学体系秉承这一思想,指出契约是双方或多方当事人达成的具有法律效力的协议。从20世纪70年代以来,学界涌现了大量有关契约的文献研究,信息不对称下的完全契约研究成为经济学研究的核心问题。完全契约具有个人理性、完全竞争市场、交易成本为零的前提假设。在完全契约关系下,交易主体上可以无成本地签订合约,合约中记载了所有可能影响到交易主体间契约关系的未来事件(Foss and Foss,2000)。然而,鉴于存在交易主体有限理性、个人机会主义倾向、资产专用性,以及无法观察到彼此的行为而不易实施监管等,道德风险及逆向选择风险会发生,交易主体之间不能保持最优状态。随后,文献研究开始关注契约对一般均衡或局部均衡的影响,分析内容涵盖了法律契约、市场交易、企业组织等方面。现代契约理论的理论体系主要有委托代理理论、不完全契约理论、交易成本理论等。

(一)委托代理理论

委托代理关系的概念最早由美国学者科斯于1937年提出,委托人和代理人之间的利益不一致以及信息不对称是委托代理问题产生的一般原因(Coase,1937)。委托代理理论是基于非对称信息博弈论,主要研究在信息不对称、利益相冲突的情形下,委托人如何设计最优契约以激励代理人。在非对称信息情况下,委托人无法观察到代理人的行为,只能观察到由代理人的行为和其他外生因素所决定的相关变量，因而委托人的问题是选择符合代理人参与约束及激励相容性约束的契约，以最大化其自身的预期效用。目前，委托代理理论常用的模型方法包括：①威尔逊、罗斯等学者所使用的"状态空间模型化方法"，该方法可以直观表示出各种技术关系，但缺陷在于不能获得经济上有信息的解；②由莫里斯最初使用，霍姆斯特姆进一步发展的"分布函数的参数化"方法，该方法已成为一种标准化方法；③一般分布方法，该方法的缺陷在于方法较为抽象，不能清楚地解释代理人的行为及产生的成本，但该方法的优势在于可以通过它获得较为精练的通用化、一般化模型。

（二）不完全契约理论

不完全契约理论由格罗斯曼、哈特和莫尔等共同创立，又称为 GHM 模型（Grossman-Hart-Moore 模型）。该模型的研究起点是契约的不完全性，目的是研究剩余控制权或财产权的最优配置。不完全契约理论指出，鉴于行为主体的有限理性、交易的不确定性及信息的不完全性等，事先明晰缔约方所有责任及权利的成本过高，这将导致完全契约无法实现。所谓契约的不完全性是指契约无法做到完备的程度。在现实中，契约的不完全性带来了一系列问题。一方面，这种发生在事后能够被双方观察到但无法被法庭等第三方证实的或有事件，会影响交易当事人事先的专用性投资，从而可能造成事后"敲竹杠"以及相应的利益分配和再谈判问题；另一方面，鉴于交易当事人能预期到事后可能存在"敲竹杠"问题，容易导致事先的专用性投资不足。为了最大限度地提高不完全契约关系下的交易效率，剩余控制权安排是一种直接、有效的途径（Foss and Foss，2000）。剩余控制权的选择受到专用资产特征、激励机制责任主体、专用资产对交易主体的重要性等多方面的影响。

（三）交易成本理论

科斯于 1937 年在《企业的性质》一文中最早提出交易成本的概念，后来由威廉姆森等学者进一步发展并完善了交易成本理论。科斯指出，企业与市场是两种可替代的资源配置机制，在有限理性、不确定性、机会主义等导致高昂市场交易成本的情形下，企业作为一种可节约市场交易成本的新型交易形式出现。交易成本包括搜寻成本、签约成本、执行成本和监督成本,即企业寻找交易对象、签约、执行、谈判和监督交易等方面的支出。威廉姆森将交易成本划分为事前交易成本与事后交易成本。前者是指在交易发生之前,明晰交易当事人的权利和义务所需要耗费的成本;后者是指交易行为完成之后需要花费的费用,包括交易当事人维持长期交易所产生的成本、变更交易事项的费用、取消交易协议所产生的费用和机会损失等。

(四)资产专用性

威廉姆森于1971年在分析垂直一体化时提出"资产专用性"概念,将其定义为"在不牺牲生产价值的情况下,资产可用于不同用途及由不同使用者利用的程度"。一旦投入了专用性资产,若契约不能履行或提前被终止,将导致该专用性资产无法收回。换言之,专用性资产投入所引起的沉没成本将形成一种"套牢效应",即专用性资产在一定程度上锁定了契约当事人的关系。通常,一方的资产专用性越强,则被另一方机会主义行为损害的概率就越高。在"龙头企业+农户"型契约模式中,农户按照合约规定投入的土地、资本、人力、物力等都具有高度的资产专用性。在龙头企业和农户的交易过程中,如若龙头企业利用这些资产的专用性对农户"敲竹杠"(即通过对农产品进行压级、压价而占有一部分本该由农户所得的租金),就在事实上违背了契约规定,构成了企业违约情形。此外,龙头企业在进行农产品加工时,会投入大量机械和设备,这些投入的资产也具有高度的专用性,即构成了租金。如若农户根据龙头企业的这些专用性资产对其"敲竹杠",如在寻租中不按照龙头企业规定的数量或价格向企业出售农产品,则构成了农户违约情形。

(五)契约执行机制

有关契约执行的文献识别了两种降低"敲竹杠"可能性的机制:公共执行机制(正式机制)和私人执行机制(非正式机制)(Telser, 1980; Klein and Leffler, 1981; Klein, 1996)。公共执行,也称作法律的执行,表示协议和契约可以在法律体系内有效执行,并且这种执行几乎是没有成本的;私人执行,是指契约的自我执行,表示双方当事人之间的契约可以由私人执行而不是由法院强制执行。Dixit(2003)指出,契约能够在一个相对较小的交易范围内自我执行,但是当交易范围扩大到一定程度时,契约的执行通过法律等正式机制会更具效率。然而，在发展中国家以及大多数转型经济体制中，并不存在保证契约执行的公共机制，或者缺乏有效的法律制度（Guo and Jolly, 2008；Kumar et al., 2013）。在这样的情形下，私人执行机制将会成为无效率的或缺失的公共执法机构的合适替代品（Gow et al., 2000；Beckmann and Boger, 2004；Guo and Jolly, 2008）。而且，与公共机构的契约设计相比，私人执行机制的契约设计具有更加灵活、可调整的特点，能够迎合农户的需要和要求（Kumar et al., 2013）。所以，一些学者认为公共执行机制和私人执行机制是替代关系。此外，还有学者认为两者的关系属于互补关系（即私人执行机制可通过正式契约条款的安排予以强化），或认为公共执行机制与私人执行机制的替代关系与互补关系均存在（但通常所侧重的角度是不同的）（Woodruff, 1998）。

三　行为经济学

根据西方经济学的"理性经济人"假设，追求个体利益最大化是每个从事经济活动的行为主体的经济行为的目标。但是，对现实的考察发现，行为主体的经济行为并非完全理性，即存在很多"非理性"情形，然而主流经济学理论不能对现实中出现的一些"非理性"现象做出较为合理充分的解释。在这种背景下，一些经济学家综合心理学、社会学、经济学等学科的相关研究成果，开始关注行为主体"非理性"经济行为的研究。理查德·泰勒作为行为经济学的先驱，率先将心理学纳入经济学的分析框架。卡尼曼与特维斯于1979年将认知心理学的研究成果扩展到经济学领域（Kahneman and Tversky, 1979），对新古典理性经济人的两大偏好公理——传递性和完备性进行证伪，并提出了前景理论，进而形成并发展出行为经济学理论。之后，随着史密斯等人对实验经济学的发展，行为经济学开始与实验经济学相结合，行为经济学家获取了许多新发现，如"时间贴现率递减"和"偏好逆转"现象。行为经济学的重要贡献在于将"有限理性"和"认知偏差"纳入经济学分析中，通过分析个体普遍存在的认知偏差所导致的决策误判和行为失常，能够解释现实中的许多异常现象。此外，行为经济学还考虑了个体的社会偏好，社会偏好激励人们偏离纯理性自利行为的路径，展示出个体的丰富性、多样性。

为突破现有经济理论的某些局限和提升已有理论的现实解释力，行为经济学借鉴认知心理学的基本原理,在有限理性假设的基础上,将心理因素纳入经济模型之中,研究在心理因素影响下的经济行为的特征与规律。在研究心理因素对经济行为的影响时,行为经济学基于认知心理学的信息加工理论,将个体的成本收益内在权衡过程(即心理决策过程)转化为对决策信息的加工过程,重点考察个体心理因素对信息加工过程的作用。个体行为决策信息的心理加工过程主要包括信息收集、信息编辑、信息评价、信息反馈等阶段。基于信息加工的思想,行为经济学中的前景理论将个体对风险决策的成本收益分析过程分解为信息的编辑与评价过程,通过分析心理因素对信息加工过程的影响,构建相应的经济模型。然而,前景理论仅涉及某一时间点下经济决策的分析,并未分析个体跨期选择下的时间处理过程,即忽略了时间偏好的影响作用。行为经济学中的时间偏好理论,能够分析个体在跨期决策过程中的信息时间处理特点,因而在前景理论的基础上引入时间偏好理论,能够对农户行为决策信息编辑过程中的时间处理进行分析(孔晨,2016)。

(一)信息加工理论

信息加工理论始于20世纪60年代,认知心理学家基于信息加工的方法分析个体的认知过程。信息加工方法将人类的认知与计算机信息处理进行了一种类比,认为个体的认知过程可看作大脑中信息的处理过程,并将信息加工过程划分为信息的输入、编码、储存、提取、使用及反馈(Galotti,2008)。其中,Gagné(1974)提出的信息加工学习理论最具代表性,该理论主要是应用信息处理模式来解释个体的学习过程。Gagné指出学习过程实际上是信息的接收与采用过程,学习实质上是个体与环境相互作用的结果。Gagné将学习过程分为信息的接收、编码、保存、提取、分析及反馈等阶段,并指出学习过程将涉及个体的感知系统、记忆系统、信息分析系统及反应系统等。感知系统负责接收来自外部环境的相关信息刺激,对采集到的信息进行编码后,相关信息将会被传输到中枢信息处理系统中的记忆系统,用于信息的存储和为个体提供信息支持功能。信息分析系统负责基于相关信息,将结果传递给反应系统,进而反应系统根据行为指令进行信息反馈,实施相应的行为活动。

(二)时间偏好理论

政治学家约翰·雷伊的著作《资本的社会学理论》的出版(Rae,

1834），标志着跨期选择成为经济学中的一个研究主题。Rae（1834）指出"有效积累的愿望"决定了一个国家的消费与储蓄，积累的愿望越强烈则个体在未来消费的意愿越强，相应地，社会的储蓄及投资水平就会越高。消费与储蓄实质上涉及跨期选择问题，是社会资源跨时期分配的结果。"有效积累的愿望"是指个体不断积累资产并将其留在未来消费的倾向，而个体的时间偏好决定了不同时期各种资源的分配，这种分配将以投资或储蓄的形式呈现。Rae（1834）还指出，个体的时间偏好可视为自我约束倾向、继承动机、生命的不确定性以及即时消激励效用的"混合体"，是各种跨期行为动机的综合结果。事实上，时间偏好被描述为"与未来相比个体更加偏好现在"的心理态度（叶德珠等，2010），新古典经济学通常用"贴现率"衡量个体的时间偏好。时间偏好因人而异，具体取决于个人的耐心程度（Shavit et al.，2014）。Samuelson（1937）在前人对跨期选择研究的基础上，提出了贴现效用模型来分析个体的跨期选择，并将影响个体跨期选择的心理因素提炼为一个"贴现率"参数，用贴现率描述个体的时间偏好，并假定每个时期的贴现率是恒定不变的。Samuelson 提出的贴现效用模型，因其数学表达形式的简洁性迅速被很多学者所接受，并被广泛用于理性经济人假定下跨期选择问题的分析。

随着实验经济学的兴起，大量实验与理论研究发现，个体的贴现率并不是恒定不变的，由于自我控制不足等原因，贴现率随着时间而递减（Loewenstein and O'Donoghue，2004；Wang et al.，2016），具体到时间偏好分析，行为主体会表现出短期的高度不耐心和长期理性这种认知偏差，反映了时间偏好的不一致现象。Laibson（1997）所提出的准双曲线贴现函数能够较好地描述这种贴现结构特征。该函数引入了短期贴现因子与长期贴现因子来刻画时间偏好的不一致。个体在进行跨期决策时，对长期成本收益进行贴现时，通常仅受到长期贴现因子的影响，个体表现出更近乎理性。Prelec（1989）指出，个体"远见"能力差异不大，因而对未来效用的不耐烦程度不会有太大改变，即人们对相对长远的计划更具理性。而个体对短期内发生的成本收益的贴现将会受到短期贴现因子和长期贴现因子的共同影响，对短期收益更加偏好或对短期成本更加厌恶，也就是说与未来效用相比，个体在短期决策时会更加重视当前的效用（即存在短视认知偏差）。在准双曲线贴现函数下，时间偏好通常采用两个参数进行描述：

一是用于衡量短期贴现因子的短视认知偏差参数（β），二是用于衡量长期贴现因子的贴现率（r）。此外，也有学者将时间偏好用短期的即时效用与长期的延时效用的比值进行衡量（陈艳等，2014；孔晨，2016）。

（三）前景理论

为解释现实中存在的行为悖论，提高经济理论的现实解释力，Kahneman 和 Tversky（1979）在期望效用模型的基础上，基于有限理性提出了前景理论。Kahneman 和 Tversky（1979）重点描述了前景理论的核心部分——价值函数与概率权重函数。

（1）价值函数。前景理论运用价值函数描述有限理性下个体进行效用评价的特点。与期望效用的差别在于主观价值的载体不再是财富的最终状态，而是基于决策参照点的利得与损失，即最终财富相对于决策参照点变化的部分充当了价值的载体。价值函数的解释变量是相对于参照点的变动值，个体一般会选择当前财富水平作为自身决策的基准，所以个体在信息编辑阶段需要将收益成本转化为利得和损失。价值函数的定义域分为利得和损失两个区间，前者的价值函数为凹函数，而后者为凸函数，这意味着个体在面临获益的情形下通常是风险厌恶型，而在面临损失的情形下通常是冒险型。这也解释了为什么个体在面临确定的收益时往往会放弃较大的风险收益，而在面临确定的损失时倾向于选择较大的风险性损失。此外，相对于利得区间的价值函数，损失区间的价值函数更加陡峭，即与一定量的收益相比，个体更加看重等量的损失，这种情形也被称为损失厌恶。

（2）概率权重函数。前景理论认为个体在风险决策下感知到的概率与客观环境中的概率存在差异，并构造主观概率权重函数分析个体对概率预测的特点。在前景理论下，决策权重不是客观状态下的概率，而是由行动者依据自身的经验或感知所推断。Kahneman 和 Tversky（1979）描述了权重函数的特征：权重函数呈单调递增，但整体变化范围相对平坦；在极低概率和极高概率附近，函数突然发生变化则表明个体评估概率事件的能力有限，倾向于高估小概率事件发生的可能性，而低估大概率事件发生的概率；互补事件发生概率之和小于1；在概率较低的区间，权重函数的赋值高于事件客观概率。

四 实验经济学

20世纪40年代末，一些经济学家开始尝试将实验方法应用到经济学中，随后以卡尼曼和史密斯为代表的经济学家不断探索，将实验方法系统地引入经济学研究中，开创了实验经济学的新领域。实验经济学是通过控制一定的条件，观察决策者的行为，分析可控实验环境下所得出的实验结果，来检验或完善相关经济理论，为相关决策提供依据（李爽，2015）。目前，实验经济学家除了继续深入研究传统的实验微观经济学以外，开始挑战更为复杂的经济现象：用可控的实验方法来了解整体经济现象，并检验宏观经济模型中的具体假设和预测，以构建行为宏观经济学（Akerlof，2002）。这是完整构建实验宏观经济学图景的一部分，预示着宏观经济学实验方法的创新（Duffy，2008；Ricciuti，2008）。经济学实验方法克服了传统经济学研究框架的局限，被广泛应用于行为经济学、发展经济学、劳动经济学、公共经济学等领域，通过实验方法对传统理论进行了验证和补充。

当前，经济学实验主要包括实验室实验（laboratory experiments）和田野实验（field experiments）。由Smith（1962）等人发展的实验室实验研究方法已成为经济学研究的一个重要领域。Smith（1982）构造出实验室微观经济系统，提出实验室与现实世界的联系。自此出现了理论与实验的互动，实验经济学开始成为解决经济问题的常用方法（Roth，1988）。实验经济学中的实验室实验吸纳了自然科学实验中的"控制"，但人类行为总会受到一些不可控因素的影响。例如，在研究社会偏好的经济学实验中，除了受到物质激励外，受试人员的行为还易受到决策时嵌入的情境、道德伦理和社会规范、博弈的初始禀赋等多种因素制约（Levitt and List，2007），且存在样本选择的代表性问题（罗俊等，2015）。这些因素的影响驱使实验研究人员使用田野实验。相较于实验室实验，田野实验更接近真实世界，在实验说明中设定或模拟真实情况而非抽象的术语，并且使用实物而非诱导价值（罗俊等，2015）。尽管田野实验在很多方面优于实验室实验，但实验室实验仍是帮助经济学家更科学地检验经济理论以及分析人类经济行为的重要工具，而且两者在很多时候可以互补。此外，实验研究人员经常在同一组受试者中进行实验室实验和田野实验，以测试情境因素是否能够影响人类的行为（罗俊等，2015）。

值得注意的是，实验经济学与行为经济学在一定程度上是密不可分的。后者重点关注不确定环境下个体的决策过程，而前者能够为研究人员在实验条件下研究个体行为倾向和行为决策提出一种有效途径，即实验方法能够较好地应用于行为经济学研究。许多行为经济学理论是以实验结果为基础的，例如，个体选择实验为前景理论奠定了基础，对禀赋效应、货币幻觉、心理账户等的实验研究都是实验经济学在行为经济学中的重要应用（李爽，2015）。作为一门新兴学科，尽管实验经济学已得到了较为广泛的应用，但在中国的许多研究尚不完善。这一方面体现在自主设计实验还不够成熟，国内经济学实验还停留在模仿阶段；另一方面体现在应用领域主要局限于微观领域，缺乏宏观经济领域的应用。尽管如此，随着实验经济学和行为经济学逐渐受到学者们的关注，未来相关研究文献会增多，对中国经济学领域今后的研究和发展也将产生更大的影响（李爽，2015；侯博，2018）。

五　感知价值理论

感知价值理论（Perceived Value Theory，PVT）由瑟摩尔于1988年率先提出，最初主要应用于产品营销领域中的顾客意愿及行为研究。感知价值是基于个体心理角度并建立在个体体验的基础之上，被定义为个体对获益与付出之间的主观比较与权衡（Gronroos，2000；Flint et al.，2002）。值得注意的是，受益与损失可进一步分为货币和心理上的所得或失去。Zeithaml等（1988）指出，感知价值的内涵主要包括低廉的价格（表明货币对感知价值的重要性）、个体从产品中所获取的效用、个体为获得产品所需要的付出（强调成本与效用的权衡）、个体付出所得到的所有利益。感知价值理论强调个体对感知利益与感知成本或感知风险之间的权衡，该理论提出后受到许多学者的关注。根据感知价值的概念，一些学者将感知价值划分为两个维度，即个体从产品、服务或行为中所获得的利益以及所需要付出的代价（Cronin et al.，2000），将感知价值定义为基于个体对感知利得和感知利失权衡比较所得出的一种综合评价。还有一些学者将感知价值划分多个维度，包括功能性价值维度、情感价值维度等。例如，Sheth等（1991）提出个体感知价值由认知价值、功能价值、情感价值、社会价值及情景价值 5 个维度构成。

感知价值研究模型主要有感知价值的层次模型和权衡模型。感知价值层次模型是基于个体对产品消费的认知逻辑,认为感知价值来源于个体对感知信息的处理,包括属性层、结果层、最终目的层 3 个层次。它还强调消费情境在个体感知价值评价中的重要影响,认为个体的感知价值来源于个体行为之前的期望与行为之后的所得之间的比较(Woodruff,1997)。感知价值的权衡模型认为感知价值是个体通过对感知利得与感知利失之间的比较而形成的一种主观综合评价。感知利得主要是指个体购买与消费产品或服务所获得的收益与满足,而感知利失主要包括个体在购买与消费产品或服务时所付出的所有成本,即感知风险(Monroe,1991)。个体的感知利得越大于感知利失,个体的感知价值水平就会越高。目前,感知价值理论的应用领域从顾客购买意愿等行为研究,逐步扩展到顾客对旅游景区、房地产等的价值评价,个体对新技术或新方法的使用价值评价、农户对农业政策的价值感知,农户行为决策等领域(许统邦等,2006;李文兵,2011;韦佳培等,2011;何可、张俊飚,2014;刘胜林等,2015;窦璐,2016)。

六　简要评述

本节梳理的农户行为理论、现代契约理论、行为经济学、实验经济学以及感知价值理论,为本研究建立分析框架及相应模型提供了坚实的基础,但是仍不足以清楚解释一些问题。

(1) 传统的农户模型大多是基于完全理性人,然而从现实中可以发现,农户是有限理性的,存在各种认知偏差。此外,现代契约理论基于交易成本和资产专用性等对契约执行机制的作用进行了详细分析,但是该理论重点强调了外部因素的影响。事实上,心理因素是行为发生的内因,对个体行为的产生过程会有系统性的影响,因此要探究农户订单农业参与、违约等行为决策机制,需要将心理因素和外部因素看作一个有机的整体,构建能融合心理因素和外部因素的统一的分析框架。行为经济学是传统经济学和认知心理学相结合的学科,它仍将成本收益分析视为基本的逻辑分析方法,在此基础上引入"认知偏差"来分析行为主体的经济行为,试图在统一的逻辑框架下,探究心理因素和外部因素的综合作用机制。通过增加考察心理因素对经济行为的影响，能够较为有效地分析和预测个体的经济行为，提高经济学模型的现实解释力。因此，本研究在传统成本收益分析的基础上，增加了对农户认知偏差等心理因素的讨论，试图对原理论进行补充和扩展。

（2）在经济学的实证研究领域，田野实验正被越来越多地提及。随着田野实验研究人员对实验方法的推进及应用领域的拓展，这一研究工具已被主流经济学界所接受，并已成为经济学领域非常重要的研究方法（罗俊等，2015）。目前田野实验方法在行为经济学、发展经济学、劳动经济学、公共经济学领域已有研究实例。然而，在国内鲜有基于田野实验方法所做的实证检验研究（罗俊等，2015），采用该方法测度农户个体偏好的研究更是罕见。因此，本研究将基于田野实验方法并借鉴经典文献（Andersen et al., 2008；Nguyen，2011），对农户进行实地的时间偏好实验和风险偏好实验，然后基于准双曲线贴现函数和前景理论构建贴现效用模型，采用最大似然技术同时估计时间偏好与风险偏好参数。

（3）顾客感知价值是基于个体认知的视角，从个体体验的角度出发，对某种具体产品、服务或行为的感知利益和感知成本（或感知风险）进行主观权衡和评价。感知价值理论很好地解释了顾客对某项产品或服务的重复购买意愿，这将被本研究所借鉴，用来分析感知利益和感知风险对农户长期续约意愿的影响，试图扩展感知价值理论的应用空间。

事实上，农户的订单农业续约决策就是对"龙头企业+农户"契约模式的重复选择行为决策，农户作为该契约关系中产品和服务的需求方，会对上一契约周期中龙头企业提供的农资、技术和服务中的感知利益和感知风险进行主观衡量和评价，从而做出是否续约的决策。将顾客感知价值研究置于我国订单农业推广的情景下，重复购买意愿可以相应转变为农户的续约意愿。因此从研究范畴上来看，农户的订单农业续约决策属于对契约交易关系的重复选择决策，遵循感知价值理论。

第二节　订单农业契约关系的研究进展

已有的理论基础无法直接阐述清楚某些现实情况，前人用实证研究进行验证与补充。从世界范围看，食品产业在发达国家已形成了较为完善的纵向协作系统（Wang et al.，2011）。近年来，随着中国农业产业化进程的推进和对食品安全问题的关注，以"龙头企业+农户"型契约模式为主的农业领域纵向协作模式在中国得到了长足发展，且在促进小农户与大市场的衔接、降低农户市场风险、调整农业产业结构及保障农产品质量安全等方面发挥了积极的作用。然而，学者们通过对现实的考察发现，当前中国农业领域的纵向协作水平与发达国家相比依然较低，农户的订单农业参与积极性并不高，市场交易仍是中国农产品产销环节的主要模式（祝宏辉、王秀清，2007；徐家鹏、李崇光，2012）。而且，随着订单农业的发展，订单农业实践中违约率居高不下、农户增收乏力等问题涌现，严重影响到中国农业和农村经济的发展（郭红东、蒋文华，2007；张洪，2014）。对此，学界围绕订单农业展开相应研究，且现有的研究成果颇为丰富。下文将从农户订单农业参与、农户违约、契约关系稳定性、订单农业绩效等方面进行梳理和综述。

一 农户订单农业参与及其影响因素的研究

很多文献研究了农户的订单农业参与动机。其中，市场风险被视为农户参与订单农业的首要动机（Johnson and Foster，1994；Allen and Lueck，1995；Lajili et al.，1997；Hennessey and Lawrence，1999；Besanko et al.，2000；Hueth and Hennessy，2002；Ligon，2003；Gray and Boehlje，2005；Bijman，2008）。农产品的市场价格是极具风险性的，易腐烂的、高附加值的产品尤其如此，农户参与订单农业能够规避市场价格下降的风险。对于农户而言，参与订单农业的另一重要动机就是降低交易成本（Hobbs and Young，1999；Bijman，2008）。由于农户直接在市场上出售商品时，市场交易的计划、实施及监管的成本都很高，为了降低这些交易成本，农户通常选择大公司作为其加工者和市场营销者（Hobbs and Young，1999；Bijman，2008）。此外，农户参与订单农业的动机还包括进入国际市场以获取较高报酬（Warning and Key，2002；Bellemare，2012；Niu et al.，2016）。

基于这些动机，很多学者对影响农户参与订单农业的因素进行探索和研究。国外文献研究指出影响农户对订单农业参与的决策因素包括产品属性、农场经营特点、农户特征、政府支持等。产品属性是指产品易腐性、质量等级、消费前必须加工的程度及其他属性。在订单农业中，蔬菜、茶叶、牛奶等易腐烂的、需要及时加工的产品，以及牲畜、家禽等在最终消费前需要深加工的产品，往往比谷物更加需要契约（Hobbs and Young，1999；Rehber，2000）。Lo（2010）构建了农业企业和农户纵向协作模式的模型，指出农户参与不同纵向协作模式取决于农产品生产周期：对于生产周期较长的农产品，农户倾向于选择市场交易模式；对于生产周期中等的农产品，农户倾向于选择生产合同模式；而对于生产周期较短的农产品，农户则倾向于选择纵向一体化模式。农场经营特点包括农场规模、专业化和商品化程度、农场与主要市场的距离等，这些都影响农户的订单农业参与决策。大规模农场比小规模农场更有可能需要采用契约，这是因为在不确定的开放市场下，大规模农场的高产出更需要一个确定的买家（Frank and Henderson，1992；Runsten and Key，1996；Sartwelle et al.，2000）。为了降低交易成本，农场与市场距离越远的农户越倾向于参与订单农业（Zylbersztajn and Nadalini，2004）。Ramaswami 等（2006）分析了印度家禽养殖的订单农业参与决策，发现专业化程度较低的农户选择契约生产的概率较大。此外，农户户主的受教育程度、年龄等个人特征也会影响农户参与订单农业的可能性（Key and McBride，2003；Miyata et al.，2009）。Wang 等（2011）以中国山东菜农为例，分析了不同契约类型下农户的契约行为决策，发现影响农户参与订单农业的决定因素涉及农户的风险态度、性别、产量、农场规模和可利用的劳动力。女性户主以及拥有更多劳动力的农户更倾向于不使用契约，拥有更大种植面积的农户更倾向于使用契约。但是，与大家普遍认为"契约对于风险规避型农户而言是一种风险管理工具"的看法相违背，该研究发现风险追求者更倾向于参与订单农业。Wang 等（2011）指出，中国农户使用契约的主要动机不是进行市场价格风险管理，而是寻求更好的报价和降低市场交易成本。

国内文献也涉及了大量有关农户订单农业参与决策的研究。例如，郭红东（2005a）分析了中国 13 个省（市）农户的订单农业参与行为，发现农产品类型、专业化和商业化水平、政府支持、农产品的目标销售市场等，是影响农户参与订单农业的主要因素。周曙东、戴迎春（2005）研究了江苏省养猪户的订单农业参与意愿，发现养猪户的年龄、养殖规模、养猪借贷情况、兼业情况、地区差异等是关键影响因素。王桂霞、吴文欣（2006）对吉林省、河北省养牛户的调查显示，市场价格的有保证程度和及时销售的风险程度正向影响农户的契约选择，而运输费用、运输的风险程度、销售损失负向影响农户的契约选择。唐步龙、周应恒（2007）研究了江苏省杨树种植户参与纵向协作的意愿，指出农户的年龄、受教育程度、树苗供应商的声誉、树苗的质量和价格、距离远近、非农就业情况等，是影响农户参与纵向协作意愿的显著因素。郭锦墉等（2007a）分析了江西省农户订单农业形式选择的影响因素，得出影响农户对农产品营销合作中的订单农业形式选择的因素包括农户受教育程度、风险态度、家庭特征、经营规模、农产品类型、农产品生产集中度、专用资产投入、价格波动、销售难度、距离市场远近及政府支持等。

黄祖辉等（2008）重点从交易成本角度研究了农户的契约选择，指出农户的信息成本、谈判成本及执行成本是影响农户选择不同契约方式的重要因素。应瑞瑶、王瑜（2009）对江苏省养猪户纵向协作的参与意愿分析显示，信息成本、谈判成本、产品销售频率、农户的年龄、养殖时间、料肉比等是显著性因素。此外，郭红娟等（2009）对肉鸡养殖的分析发现，农户的风险规避意识、受教育程度、政府补贴和优惠政策等有利于肉鸡契约生产的发展。卢昆、马九杰（2010）分析了黑龙江、吉林地区农户的订单农业参与行为，发现农产品类型、种植面积、定价与结算条款、生产专业化程度、过去的经历等，是影响农户订单农业参与行为的主要因素。孙艳华等（2010）对江苏省养鸡户纵向协作模式的参与意愿进行研究，发现影响养鸡户参与订单农业的因素主要包括农户风险态度、养鸡人数、养殖规模、与鸡贩子的关系等。毛飞、霍学喜（2010）通过分析影响果农订单农业参与意愿的因素发现，种植面积、劳动力数量、是否加入合作社、收购商违约情况等正向作用于农户的订单农业参与意愿，而苹果收入占比、果园平均树龄、非农就业以及遭受自然灾害等负向作用于农户的订单农业参与意愿，且不同地区农户的订单农业参与意愿存在明显差异。徐家鹏、李崇光（2012）分析了湖北省蔬菜种植户的紧密纵向协作参与意愿，结果表明价格的稳定程度对农户参与意愿具有负向作用，而产品销售难度、产品销售收入比例、生产的商品化率、经营规模、市场距离、资金和技术获取难度对农户参与紧密纵向协作的意愿产生正向作用。史冰清、钟真（2012）从外部环境特征、交易主客体特性等层面探讨影响农户对不同产销组织参与意愿的因素，研究结果显示，风险规避程度、资产专用性、交易频率、目标收益及价格波动正向作用于农户对紧密产销组织的参与意愿。陆迁、王昕（2012）研究了陕西省奶牛养殖户的订单农业参与意愿，得出养殖规模和技术支持正向影响农户的订单农业参与意愿，而年龄、受教育程度、养殖年限、劳动力人数、收购商违约等负向影响农户的订单农业参与意愿。

近年来，学者逐渐关注特定市场条件或特定背景下农户的订单农业参与决策，并进一步分析和比较参与意愿和参与行为的差异性。例如，董翀等（2015a）分析了买方寡头垄断市场条件下影响农户参与订单农业的因素，发现农户的家庭特征、经营特征、环境特征是关键影响因素。钟颖琦等（2016）分别探讨了影响农户参与合作社意愿和行为的因素，结果显示农户参与意愿受到行为态度、知觉行为控制与主观规范的影响，而农户的行为态度及合作社在降低生产风险中的功能是农户最终参与行为的决定因素。高媛、李红（2017）在农超对接发展背景下分析了乌鲁木齐农户的订单农业参与意愿，结果显示影响农户订单农业参与意愿的因素包括：农户的族别、性别、年龄、受教育程度、家庭人口数量、耕地面积、经济来源、社会身份、农产品滞销情况及农产价格。此外，刘建徽、张应良（2017）分析了订单农业模式下农户选择不同新型农业经营主体协作的影响因素，结果显示农户对订单农业的认知水平、订单参与时间、市场距离、市场价格波动、资产专用性、契约形式、契约价格类型及制度特征，是影响农户选择同市场化经营主体进行订单农业协作的因素，而影响农户选择同组织化新型主体协作的因素包括受教育程度、市场距离、务工经历、契约形式、资产专用性、融资担保制度。

二 契约关系稳定性及其影响因素的研究

尽管通过契约能对双方产生一种法律关系，但是现实中发现龙头企业和农户之间并不是稳定的契约关系，农业产业化的突出问题之一是契约履约率低，违约现象突出。特别是在农业产业化实践中，农户层面的违约现象大量存在（Wang et al., 2011；Guo and Jolly, 2008；Wang and Xia, 2007）。在发展中国家，相关法律制度的缺失或低效导致契约的执行无法得到保证（Guo and Jolly, 2008；Kumar et al., 2013），订单农业的农户履约率很低。近年来在一系列农业政策导向下，分散农户逐步退出，规模化农场（户）发展起来，而且农业企业加大了对农户违约行为的防控，使得违约率降低，但是农户违约的比例仍然很可观。例如，郭红东（2005b）对全国部分农产品的调查研究发现，有30.7%的农户没有履行合约。Guo等（2007）对中国浙江省农业企业的调查发现，72%的企业声称农户的履约率约为75%。Wang等（2011）将违约视为交货数量与合同数量的比例，发现中国山东省农户的合同违约率约为16%。张婷、吴秀敏（2015）调查了四川省的绿色食品生产农户，发现参与"公司+农户"型契约的农户的违约率达22.1%。李道和、陈江华（2015）对中国江西省农户的调查发现，存在32.1%的农户违约现象。

在探究农户违约行为的原因方面，目前学者们主要是从交易成本理论、不完全契约理论、博弈论、农户的理性行为论等角度进行分析，大多认为履约机制的不完善以及利益的驱动是订单农业中农户违约的主要原因。例如，周立群、曹利群（2001）调查了山东省"龙头企业+农户"型契约模式，认为契约的不完全性以及机会主义的存在，使得"龙头企业+农户"模式存在着契约约束的脆弱性以及难以协调的固有缺陷，导致该类型契约缺乏约束力及稳定性。刘凤芹（2003）对中国农产品销售契约的分析也是从不完全契约理论的角度进行，指出中国农产品销售契约违约率高的内在原因在于契约的不完全性，并从签约各方的机会主义行为、签约环境的复杂性、规范契约条款的成本、法院执行的困难等方面展开分析。张兵、胡俊伟（2004）指出，违约收益高于违约成本、契约的不完全性、风险分担机制不完善、信息不对称和资产专用性是"龙头企业+农户"模式下违约的根本原因。侯守礼等（2004）通过案例分析了龙头企业和农户间的契约类型和特征，并进一步分析影响契约的因素和不完备契约的演进规律，提出政府、制度及信任有利于促进契约制定与执行。赵西亮等（2005）分析了农产品市场波动性及农户特征对农产品契约履约率的影响，指出风险分担机制的设计是契约关系稳定性的关键。郭晓鸣等（2006）指出，多数契约属于短期的、非激励性的不完全契约，导致公司与农户间的利益联结不紧密，这是违约发生的内在原因。杨荫、蒋寒迪（2008）认为契约的不完全性、机会主义、风险分担机制不完善、资产专用性是龙头企业与农户契约关系不稳定的重要原因。徐雪高、沈杰（2010）指出契约交易双方不能对农产品价格波动带来的风险进行合理分配，是中国订单农业违约率高的根源。

针对我国订单农业违约率高的状况，学者们围绕影响农户履约或违约行为的因素展开分析。例如，史建民（2001）从法学角度研究农户的违约行为，指出提升履约率的基础在于契约条款的齐备、准确。尹云松等（2003）通过案例分析，指出在公司履约的前提下，产品专用性是影响商品契约稳定性的关键因素：当产品专用性强时，所有契约都很稳定；而当产品专用性不强时，与大规模农户签订的契约更加稳定。郭红东（2005b）对全国部分农产品契约的研究发现，契约类型、契约的形式影响农户的履约行为，生产合同的履约率显著高于销售合同的履约率。郭红东（2006）实证分析了契约条款对农户履约行为的影响，发现契约条款中实施保底收购价、预付定金支付方式、对农户有专门投入要求、对契约的履行有奖惩，以及契约合同期限，均对农户的履约率有影响。胡克敏、冷小黑（2007）基于博弈分析了农产品营销合作中的农户履约行为，发现影响农户履约行为的因素包括户主的受教育程度、风险态度、生产经营规模、农产品类型、契约条款、销售难度、距离市场远近、农产品价格波动、政府态度和合作伙伴类型等。郭锦墉等（2007b）分析了江西省农户的营销合作行为，指出农户的风险态度、受教育程度、经营规模、农产品类型、价格波动、市场距离、销售难度、契约条款等因素是影响农户履约行为的重要因素。赵晓飞、李崇光（2007）的研究认为，农户生产经营规模对契约关系稳定性具有显著影响，与数量众多且分散的农户相比，大规模农户的履约情况更好。俞雅乖（2008）将专用性投资分为产品专用性投资、人力资本专用性投资及技术专用性投资，指出在其他条件不变的情况下，农业契约的稳定性随着当事人各类专用性投资的提高而增强。杨明洪、李彬（2009）从农户、公司、契约、外部市场多角度分析了违约风险，指出农户的违约率高于公司违约率，来源于农户层面的违约风险最高，而导致农户违约风险的重要原因为农户生产技术缺乏、农户信誉差、农产品质量不高、专用性投资的利用率低、违约成本低等。

还有学者关注人际关系、信任等社会资本对农户履约或违约的影响。例如，徐健等（2010）从农户人际关系网络结构和交易成本角度分析了农户违约倾向，发现农户人际关系网络中心性及网络密度显著影响其监督成本及信息成本，进而显著影响了农户的违约倾向。徐健等（2012）还进一步从社会网络理论及渠道行为视角分析农户人际关系网络结构、企业权力应用方式与农户违约倾向的关系,发现三者之间存在显著的影响关系。曹艳爱(2013)的研究发现,农户人际关系、生产经营规模、合同条款的设计、"公司+农户"的运作模式、产品与资产的专用性等是影响契约稳定性的重要因素。王亚飞等(2014)从理论与实证两方面分析了订单农业中龙头企业与农户的履约效率及原因,指出信任和声誉等社会资本因素、要求农户进行专用性投资、专用性较强的农产品,以及"保底收购、随行就市"的价格条款等,有利于提高龙头企业和农户间契约关系的稳定性。

近年来,基于博弈论方法探讨契约关系稳定性的研究也逐渐增多。张玲等(2015)从交易成本角度,采用博弈论方法分析了影响肉鸡产业"公司+农户"契约稳定性的因素,发现违约金越高、加入契约模式所减少的交易成本越多,则公司和农户的履约率就越高;此外,市场价格变化对公司和农户的履约率均会产生不同的影响。焦民赤、薛兴利(2015)基于博弈论方法对农户与龙头企业互动行为选择机制进行分析指出:农户的风险偏好程度越大、农户违约未被发现的超长收益越多,则农户的违约倾向越高;而农户的信用损失越多、诚信奖励越大、所承担的惩罚金越多,则农户的违约空间越小。孙志红、王亚青(2016)运用效用函数博弈方法对订单农业创新模式("期货+订单农业"模式)的稳定性进行分析,指出期货市场的价格发现和套期保值功能,有利于规避传统订单农业模式的风险,对农户和龙头企业的收益进行提前锁定,从而促进契约的履行。

此外,黄梦思等(2018)从契约功能角度实证分析了农产品交易契约的弱稳定性问题,指出契约功能会通过伙伴合作来间接影响交易绩效。黄梦思、孙剑(2017)进一步分析了"龙头企业+农户"营销渠道关系风险对治理机制选择的影响,结果显示农户基于关系风险选择差异化的治理机制,进而对交易绩效的影响具有差异性。

在国外文献研究中,针对农户违约或履约决策的分析和讨论如下。Kreps 和 Wilson(1982)指出声誉机制对契约关系稳定性产生重要作用。Williams 和 Karen(1985)强调资产专用性对契约履行的重要影响,认为专用性投资越多的农户履约率越高。Tregurtha 和 Vink(2002)分析了南非农村农产品契约的履约情况,发现信任是影响订单农业履约率的重要因素,而正式的法律制度在保证契约履约方面的效率不足。Zylbersztajn 和 Nadalini（2004）定量研究了巴西西红柿生产农户的履约行为，指出农户的经营规模正向作用于契约履约率，而农场和市场的距离则反向作用于履约率。Guo 等（2007）的研究发现，契约条款对契约的履行具有显著影响，较长的契约期限、保底收购价机制、预付定金货款支付方式、直接激励和保障条款等契约条款设计能够提升契约的稳定性。Guo 和 Jolly（2008）从契约安排视角分析了中国农户契约履约率的影响因素，认为私人契约执行机制对农户的履约决策发挥重要作用，保底定价、要求农户进行专用性投资的契约安排能够显著提升农户的履约率。Wang 等（2011）分析了不同类型契约下中国农户的履约行为，发现市场价格、契约价格、定价方式、家庭规模是影响农户履约的重要因素。Kumar 等（2013）实证分析了印度耕作有机香米稻田的农户的履约情况，发现社会资本、契约设计中的保证价格、奖励条款、专用性投资能够降低农户违约的概率。

Kunte 等（2017）通过一个实验室实验，研究了在缺乏第三方强制执行但存在一个现货市场作为外部选择的订单农业博弈中的行为，研究行为如何通过关系契约和直接谈判沟通的机会改变潜在的私人订单执行情况，此外还调查了在缺乏其他正式和非正式的强制执行机制的情况下，买方是否提供价格溢价，以及农户履约是否与其诚实偏好和内疚倾向有关。他们的实验结果显示：在短期契约中农户和公司违约现象较为频繁，而关系契约可以显著减少双方违约，反映了重复博弈效应，但是直接谈判沟通并不能额外提高履约率；如果缺乏其他执行机制，公司收购价格溢价能够提高农户的履约率（即促进契约的自我实施），然而，这只是一个"诱饵战术"，因为公司并没有在最后支付溢价；从长远来看，农户和公司都能从以合同形成率和履约率高为特征的良好运作关系中获益，但在实验中很少形成这种良好的关系，即大多数受试者并不会为了长期利益而牺牲短期利润，这挑战自我执行契约理论；此外，研究结果还发现个体的诚实偏好与其在实验中的合同履行情况有关。

三 订单农业对农户绩效的影响研究

关于订单农业在农产品生产和供应链效率方面的作用，多数实证研究认为订单农业对农户福利具有显著的正向作用，指出订单农业能够使得小农户获得生产投入品、技术指导、信息、信贷和其他服务等，有效降低农产品销售中的价格风险，促进农户生产效率和收入水平的提高（Niu et al.，2016；Warning and Key，2002；Bellemare，2012）。例如，Tripathi 等（2005）、Miyata 等（2009）指出，发展中国家的农户与大公司签约后可以采用先进的设备和技术进行生产，获得规模经济，并得到更大的报酬，提高其福利水平。Brithal 等（2005）对印度奶农的研究发现，订单农业大幅降低了农户的市场销售成本及生产成本，显著提高了农户的净利润。Simmons 等（2005）研究了印度尼西亚的家禽养殖户和水稻种植户，结果显示农户参与订单农业能够显著提升其资本回报率。Mishra 等（2016）对尼泊尔高产品种水稻种植户的研究发现，订单农业能够显著提高农户家庭的收入、利润和产量，且小规模农户参与订单农业能够获得更高的收益。在国内方面，祝宏辉（2007）对新疆番茄种植户的实证研究发现，订单农业模式能够显著促进农户产量、收入的增加。徐健、汪旭晖（2009）及刘晓鸥、邸元（2013）的研究结果也表明农户参与订单农业能够显著提升其收入水平。张昆等（2014）发现，龙头企业和农户之间建立紧密的契约关系不仅能够直接提高农户的收入水平，而且还能通过向农户提供优质生产要素、先进生产技术、信贷支持等服务间接提高农户的收入水平。

与上述观点相反，一些学者因担心订单农业对小规模农户具有"挤出"效应、使农户缺失自主权和商业决策权、容易被龙头企业利用等，而对订单农业的农户增收效应持否定的态度（Runsten and Key，1996；Singh，2002；Maertens，2006；Schulze et al，2006；Cahyadi and Waibel，2016）。例如，Runsten 和 Key（1996）指出，订单农业会强化发展中国家非参与者的不稳定，破坏传统农户家庭文化的强大关系，过度依赖经济作物，可能更容易导致食物短缺，并被大企业利用。周立群、曹立群（2001）调查分析中国山东省农业产业化后指出，中国存在契约双方市场能力不对等、契约农户增收乏力等问题。Singh（2002）、Maertens（2005）等学者指出，小农户获得契约的机会较少，农业龙头企业倾向于与较大规模的农户签订契约，这将导致农村贫富差距的扩大。徐健、王旭辉（2009）分析了中国北方五省不同订单农业组织模式对农户收入的影响，结果发现不同模式对农户增收效果存在差异。董翀等（2015b）以内蒙古自治区生鲜乳市场为例，研究了买方寡头垄断市场条件下农户参与订单农业对其生产经营行为和获得服务效果的影响,结果显示在买方垄断市场下,订单农业并不能显著影响农户收入。Cahyadi 和 Waibel（2016）研究了印度尼西亚小规模棕榈树种植户及其陷入贫困的风险,发现尽管订单农业能够降低棕榈油价格冲击的负面影响,但参与订单农业的农户仍易陷入贫困。Mwambi 等（2016）对肯尼亚坎德拉地区的鳄梨种植户进行了案例研究,发现农户参与订单农业并不能有效提高其家庭收入、农业收入以及鳄梨种植收入。

由此可见,一方面,订单农业为农户提供了更好的生产条件和市场机会,从而促进了农户收入的提高;另一方面,农户的订单农业收入效应也可能会因为小农户在市场中的弱势地位而被削弱。因而,订单农业对农户收入的影响到底如何,学界并未达成共识。正如董翀等（2015c）指出,订单农业在不同市场条件下对参与农户的影响效果是否一致是一个有争议的问题。所以订单农业对农户绩效的影响具有复杂性,在实践中需要针对具体行业和情景进行相应检验和分析。

第三节　相关研究的评述与启示

市场波动是中国农业生产最明显的特征之一,农产品生产者常常面临着难以预料的产出价格或投入价格的变化,特别是易腐烂的、高附加值的产品。农户参与订单农业能够规避市场价格波动的风险和保障收益。但是现实中农户订单农业参与率并不高,而且违约现象较为严重。既有文献对农户订单农业参与决策影响机制的研究,从产品特性、农户家庭特征、农场经营特征、交易成本、契约条款属性、政府支持等多角度展开深入探讨。在有关农户违约和契约关系稳定性的文献研究中,多从资产专用性、交易成本、契约条款、声誉机制等视角切入,重点关注外部因素对农户违约的影响,且以理论分析或个案分析居多。

但是以上研究无法充分解释在市场风险持续冲击背景下,农户仍然选择不参与订单农业以及违约等行为决策的形成原因。单纯从交易成本、资产专用性、契约条款这些角度的研究,已难以在解释农户订单农业参与和违约等行为决策中得出新颖的见解。行为经济学和实验经济学的最新研究成果指出,个体具有"短视"、"损失规避"和"风险厌恶"等认知偏差,且会对个体行为决策产生重要影响。在农户"有限理性"和存在"认知偏差"等现实情形下，考虑个体内在的时间偏好与风险偏好是农户参与并履行契约的重要制约因素，将为深入揭示农户契约行为决策的内在规律及契约关系稳定性问题提供全新的研究视角，而这在既有的相关研究中鲜少被深入分析。虽然对风险偏好影响农户生产行为决策已有不少讨论，但是从时间偏好和风险偏好视角深入考察农户心理因素对农户行为决策的研究很少，针对这些心理因素对农户订单农业参与行为及契约关系稳定性的影响机制研究，更是缺乏系统分析及实证论述。

既有的有关订单农业中契约关系形成及稳定的影响机制研究分析框架中，其分析范式和理论工具以新制度经济学为主，内容维度方面大多仅分析订单农业参与决策，或是仅聚焦于契约关系稳定性问题，而且对契约关系稳定性的研究通常只关注契约的违约维度，探寻农户销售违约的动因，却鲜少关注农户的续约维度和生产阶段违约现象。对于农户订单农业参与、违约/履约、续约等一系列行为决策形成的理论机制及行为路径，缺乏系统、规范的研究。对时间偏好与风险偏好在农户契约行为决策中的作用及影响路径，更是缺乏科学的论证。

前人研究虽然对风险偏好或时间偏好有所讨论，却多为模型构建中的理论分析或简单实证，很少考虑个体偏好的实际表达形式，即缺乏对时间偏好和风险偏好的准确测度和量化研究。由于个体偏好测量具有复杂性，当前研究鲜少同时关注农户个体的时间偏好和风险偏好特征，如何较为准确地测量农户的时间偏好和风险偏好是一个相对困难的问题。而本研究通过实验经济学方法，对农户进行实地的时间偏好实验和风险偏好实验，并基于准双曲线贴现函数和前景理论构建贴现效用模型，采用最大似然技术对衡量时间偏好和风险偏好的 5 个参数进行同时估计，实现个体偏好量化上的尝试，能够更具体、更科学地分析农户心理因素对其行为决策的影响。

时间偏好与风险偏好是否能很好地解释现实中农户订单农业参与及契约关系稳定性问题，是否构成了农户订单农业参与及履约等行为决策的重要制约？其理论上的影响机制和路径是怎样的？对于这一系列问题，需要科学规范地论证和系统充分地阐释。因此，本书将从农户时间偏好与风险偏好视角切入，以认知心理学和行为经济学等理论为基础，从理论上分析农户的时间偏好与风险偏好对其订单农业参与行为、违约行为、长期续约意愿的影响机制与程度，并提出可检验的理论假说，然后通过计量经济模型对相关假说进行实证检验和分析，以期为制定订单农业相关政策和完善契约机制设计提供科学决策依据。

第三章
订单农业契约关系的逻辑框架及理论分析

本章旨在构建考虑时间偏好与风险偏好的农户行为决策模型，系统地剖析农户的时间偏好与风险偏好对其订单农业参与行为、违约行为、长期续约意愿的影响机制，并依据理论分析提出相应研究假说，为后文的实证分析做铺垫。

第一节 订单农业契约关系研究的逻辑分析框架

如导论所述，本书的研究目标就是探寻在中国提高订单农业参与率、降低农户违约率、促进契约关系稳定的路径和政策，努力为完善中国订单农业相关政策及龙头企业契约监督和激励机制提供理论和实证支撑。对龙头企业与农户间契约关系的发展过程进行追踪后发现，农户有关订单农业的行为决策是沿着农户是否参与订单农业，参与后是否履约，以及下一期的契约关系是否延续这一连续的行为决策逻辑逐层展开的。为此，本书在对中国订单农业发展的基本态势进行深入考察的基础上，按照"订单农业效果—参与决策—履约/违约决策—续约决策"的逻辑思路展开分析：首先，检验当前订单农业模式对农户收入、生产方式、技术采纳等的影响；其次，重点根据订单农业中龙头企业与农户间契约关系的发展过程，分别从关系的形成、关系的稳定、关系的延续3个方面，对农户的订单农业参与决策、违约决策、续约决策进行深入分析。

通过对大量文献的梳理发现，影响农户订单农业参与及契约关系稳定性的因素包括农户的特征、所处的交易环境、与农户特征和交易环境相关的交易特性、产品属性和契约形式等。然而，已有文献的研究视角主要集中在交易成本、专用性投资、市场风险、契约条款等外部因素，其分析范式和理论工具以新制度经济学为主，缺乏从个体内在偏好等微观视角进行的专门分析。行为经济学和实验经济学研究成果指出，个体存在"有限理性"和"认知偏差"，个体内在的时间偏好与风险偏好是农户参与并履行契约的重要制约因素，将为深入揭示农户契约行为决策提供一种新颖的研究视角。已有的研究鲜少从融合时间偏好和风险偏好的角度深入分析农户的契约行为决策，一些探索性研究文献也仅限于讨论风险偏好对农户生产行为决策的影响。

事实上，农户订单农业参与、违约、续约等行为决策是心理因素和外部因素共同作用下的经济行为决策，其中心理因素是行为发生的内因，对个体行为的产生过程会产生系统性的影响，因此要深入探究农户订单农业参与、违约、续约等行为决策机制，需要将心理因素和外部因素作为一个有机整体，构建融合心理因素和外部因素的统一分析框架。行为经济学是结合传统经济学和认知心理学的交叉学科，成本收益分析仍是基本的逻辑分析方法，但与传统经济学不同的是，行为经济学是在成本收益分析的基础上引入"有限理性"和"认知偏差"来分析行为主体的经济行为，也就是通过构建融合心理因素和外部因素的系统分析框架，来探究个体行为背后的决策机制。当然，增加有关心理因素的个体行为决策研究结果，将更有效地分析和预测行为主体的经济行为，提高经济学模型的现实解释力。综上分析，本书将基于行为经济学视角，立足"认知偏差"之实，通过构建有限理性下的成本收益分析框架，来分析心理因素对农户订单农业参与决策、违约决策及续约决策的影响机制。鉴于行为经济学现有的理论并未为本研究提供清晰完整的农户有限理性下的成本收益分析框架，故笔者首先基于认知心理学的信息加工理论，将有限理性下的成本收益分析框架转换为信息的心理加工过程，分析并提取影响决策的关键心理因素，以此作为核心变量分析农户订单农业参与决策、违约决策、续约决策的影响机制。

信息加工理论认为个体的行为决策过程实质上是一种信息加工过程，即当行为动机产生后，在认知心理的影响下，行为主体有意识地从内外部信息源获取、贮存、提取、编辑、评价、反馈相关决策信息的过程（Gagné，1974）。本研究涉及的农户订单农业参与、违约和续约的行为决策也遵从信息加工理论，当农户的行为动机产生后，在认知心理的作用下，其会有意识地从内外部信息源获取、贮存、提取、编辑、评价、反馈相关信息，以做出各项行为决策。基于有限理性下的成本收益分析框架，农户行为决策所需的信息包括相关决策的成本信息、收益信息和概率权重信息。农户在进行契约行为决策时，会基于成本收益分析法对决策成本和决策收益的大小进行比较，进而做出最终的行为决策。基于研究的便利，农户的契约行为决策信息加工过程的关键环节可简化为信息的获取阶段、信息的编辑阶段、信息的评价阶段及信息的反馈阶段。

本研究的逻辑起点是农户具有行为动机。在农户订单农业参与决策中，农户参与的动机包括订单农业有利于降低市场风险、削减交易成本、促进收入增长等。契约农户违约的动机则体现在两个阶段：一是在生产阶段，鉴于龙头企业的"虚拟高价"定价机制，农户从外部市场购买部分药品等投入品可在一定程度上节约生产成本，特别是，激素类药物等违禁药品的使用会增加产品重量和缩短生产周期；二是在销售阶段，当出现有利的市场行情时，农户为了获取投机利润而将部分签约产品转售至外部市场。农户续约的动因主要源于前期参与订单农业获得的感知收益大于感知风险。事实上，农户之所以愿意续约，一方面是有了前期的订单农业参与经历后，对与龙头企业合作的绩效价值感知水平较高；另一方面是农户预期未来与该龙头企业合作的风险或成本较小，能够继续获得利益价值。所以，农户对订单农业的正向价值感知是农户愿意续约的重要内驱力。

由于农户的行为动机产生于信息的获取阶段之前，因而农户的上述信息加工过程是在有意识下进行的，会占用一定的认知资源，即会受到农户个体心理因素的影响。换言之，农户在获取相关行为决策信息之后，并不能直接对决策信息进行效用反馈，在此之前还需经历信息的编辑阶段与评价阶段。前者需要基于个体的认知属性，编辑决策所需的相关信息，使相关决策信息的形式符合信息评价的要求（Kahneman and Tversky，1979）。相关决策信息在经过信息编辑处理后，会进一步进入信息评价阶段，在该阶段个体会基于自身知识结构对相关决策信息的主观效用进行评价（Boone，2002）。在对决策信息进行评价之后，个体对信息的最终分析结果会传输给反应系统，反应系统将按照决策结果实施相应的行为活动，这就是决策信息的反馈阶段（Gagné，1974）。

综上分析可知，农户在具有相关行为动机的前提下，需要先从外部信息源获取有关订单农业参与、违约、续约等行为决策的各种成本收益信息，并将这些信息贮存在短时记忆系统之中。事实上，农户的订单农业参与、违约、续约均属于跨期成本收益决策，与决策相关的成本信息和收益信息通常会散落于不同时间点。因而，在获取客观决策信息之后，农户需要利用时间处理工具，将收集到的处于未来时间点的成本收益信息贴现到当期进行比较。在时间偏好理论的准双曲线贴现函数作用下，短期贴现因子和长期贴现率将会影响农户行为决策的信息编辑过程。对于短视认知偏差较大或贴现率较高的农户，他们在做出短期决策时更加缺乏耐心，更看重眼前的订单农业参与成本或当期的违约收益，而低估订单农业参与的长期效用或者低估违约所造成的惩罚和声誉损失等长远后果，进而更倾向于不参与或者发生短期违约行为。所以，时间偏好对农户订单农业参与、违约、续约等决策具有显著影响。进一步，农户将根据一定的标准对经过时间编辑后的决策信息进行主观效用评价。基于前景理论的效用函数特征表明，农户在面临收益的情况下是风险规避型的，在面临损失时是风险追求型的，并且与等量的收益相比，等量的损失对农户的心理影响程度更大。所以农户在信息的效用评价阶段，将会受到风险规避、损失规避、概率权重等因素的重要影响。对于风险规避程度和损失规避程度较高、评估概率信息较准确的农户而言，他们通常更加重视订单农业的风险规避功能，不会低估生产风险和市场风险发生的概率或者违约行为被发现的概率，并且与同等收益相比，农户更倾向于规避由独立生产或者违约所造成的潜在损失，从而使得农户参与订单农业、履约及长期续约的可能性较大。可见，风险偏好对农户订单农业参与决策、违约决策、续约决策均具有显著影响。经历了信息的编辑与评价阶段后，农户会明确其订单农业参与、违约、续约等决策的总效用。当最终决策收益高于决策成本时，农户将会实施相应行动。此外需要说明的是，农户的续约决策不同于初始订单农业参与行为，续约是农户亲身体验现有契约关系后做出的与企业继续签订合约的决策，所以除了时间偏好与风险偏好影响外，农户对过去参与订单农业的价值感知可视为农户续约决策的重要动机，其将作用于续约决策信息的编辑和评价阶段。通常而言，农户对订单农业参与的利益感知度越高，或者对订单农业参与的风险感知程度越低,则其长期续约意愿越强烈。

本研究的理论分析框架如图3-1所示。

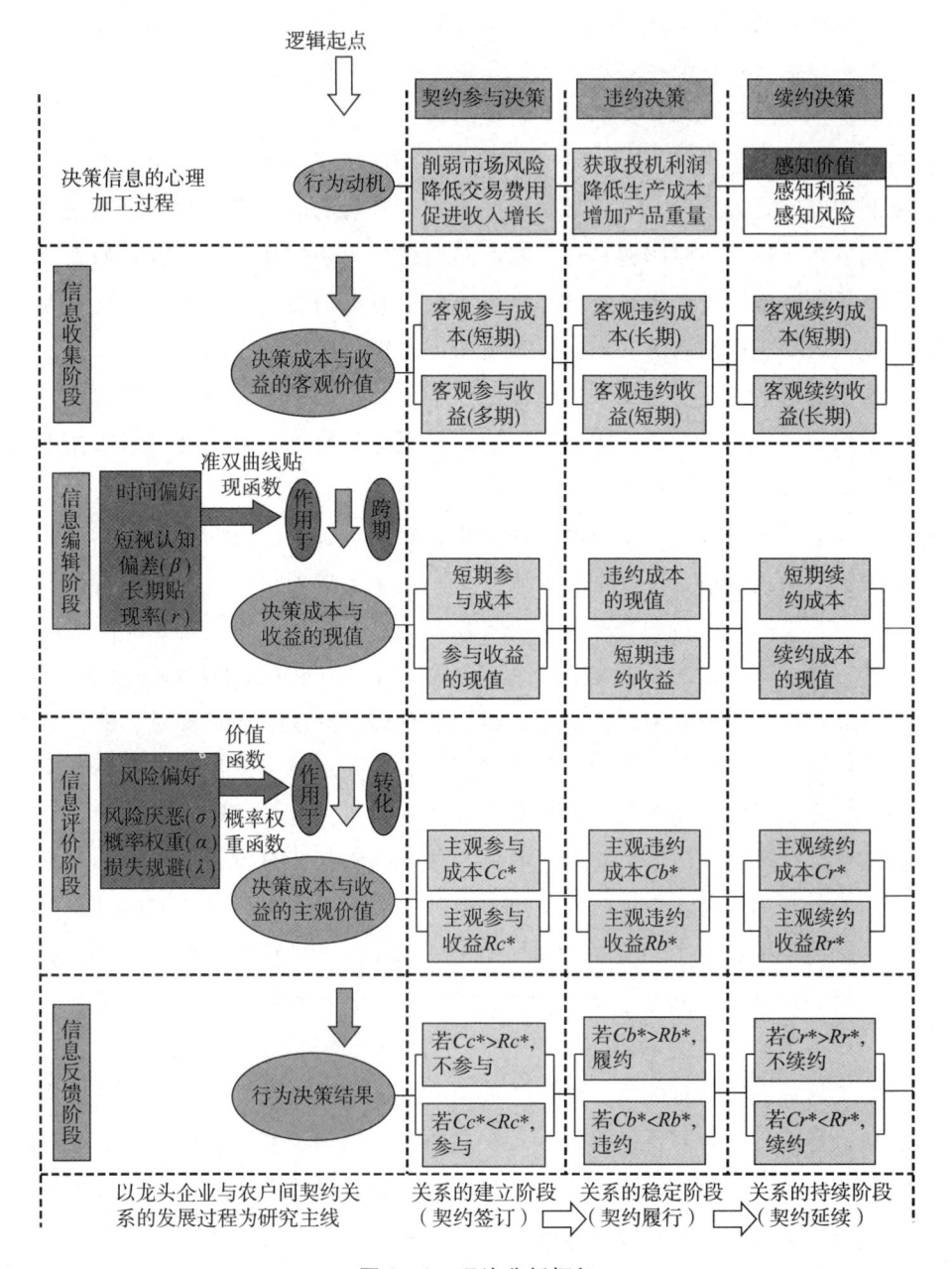

图3-1 理论分析框架

一 农户契约行为决策信息收集阶段

信息收集阶段主要是初步获取用于农户契约行为决策分析的成本信息和收益信息等。针对农户的订单农业参与决策，农户参与的成本主要包括初始加入订单农业时的专用性投资和签约成本等，比如按龙头企业标准建设农舍、采购相关设备、事先缴纳保证金，这些成本通常发生在签约当期，专用性投资往往也是一次性的，因而可视为短期参与成本。参与订单农业的收益主要包括获取龙头企业提供的信贷支持、有效信息、新技术指导和培训，以及降低交易成本和收入波动风险、提高技术效率等，但这些益处往往需要多期才能逐渐体现出来，可视为长期参与收益。针对农户的违约决策，农户违约的收益主要为当期的投机利润，可称之为短期违约收益，违约的成本主要包括终止合同造成的损失价值（即稳定的销售渠道破裂所造成的损失、保证金损失、违约金等惩罚），以及农户在当地企业或社会网络中声誉的损害等，可称之为长期违约成本。农户违约被发现的概率主要涉及的因素包括监管制度运行效率、法律制度效率、内部控制等，即农户需要通过对上述因素的分析，判断其违约行为被发现的可能性。在农户的续约决策方面，续约的收益包括农户长期参加订单农业所获得的所有正向收益，例如规避市场风险和生产风险，获得稳定的收入，而且长期续约能够促使龙头企业和农户建立信任，进而农户能够获取来自龙头企业更多的资金、信息、技术支持等益处，因此可视为长期续约收益。对于契约农户而言，相对于长期续约收益，续约成本较小且仅发生于当期，可视为短期续约成本。此外，农户退出订单农业的收益主要来自市场价格高于契约价格所获得的差额收益，但是此时的高收益往往是短期的，对于长期生产过程而言，其无法预测且无时不在的市场风险和生产风险将会导致农户收益的不稳定性增加，降低了农户的效用。

通过上述分析，农户在信息收集阶段将会获得相应行为决策所需要的成本收益信息，并将这些信息贮存在短时记忆系统之中，随后这些信息会被传输到信息分析系统中，在信息编辑系统和信息评价系统的处理下，得到最终的决策结果。

二 农户契约行为决策信息编辑阶段

通常情况下，农户行为决策的相关成本收益信息位于不同时间点，因而在对决策信息进行效用评价之前，农户需要利用时间处理工具（如贴现率）将不同时间点上的成本收益信息转化到同一时间点。通过上一阶段对订单农业参与、违约及续约决策的客观成本收益分析可知，与农户订单农业参与、违约、续约相关的成本收益发生期均具有一定的时间间隔，在这种情况下农户的时间偏好会影响贴现因子的选择，只有当某个行为决策的收益现值高于成本现值时，农户才有可能实施该行为。

换言之，在决策信息编辑阶段，时间偏好被认为是影响个体行为决策的关键心理因素，将会对决策信息的心理加工过程产生系统性的影响。在该阶段，农户需要对相关决策信息进行时间编辑，将不同时间点的成本信息和收益信息转化到同一时点，而这一过程会受到行为主体时间偏好的影响。时间偏好被描述为行为主体偏好现在甚于将来的现象（叶德珠等，2010），新古典经济学通常用"贴现率"衡量个体的时间偏好。但大量实验与理论的研究发现，行为主体的贴现率并不是恒定不变的，自我控制不足等原因导致贴现率随着时间而递减（Loewenstein and O'Donoghue, 2004; Wang et al., 2016）。这种贴现结构特征可以通过准双曲线贴现函数描述。与未来效用相比，个体在进行短期决策时会更加重视当前的效用，即存在短视认知偏差。所以，本研究将时间偏好作为影响农户订单农业参与、违约、续约等决策的关键心理因素。

三 农户契约行为决策信息评价阶段

经过农户契约行为决策信息的时间编辑阶段，农户将不同时间点的成本收益信息转化为同一时间点的成本收益信息，接下来将会根据自身标准对相关决策信息进行主观效用评价。在决策信息评价阶段，笔者将基于有限理性下的前景理论进行分析。前景理论认为个体的心理因素会影响其对概率的主观判断，并且与一定的收益相比，个体更加重视同等价值的损失。前景理论的决策模型包括价值函数和权重函数两部分：前者是用于对决策成本信息、收益信息进行效用评价，从而获取相应主观效用；后者是对决策概率进行评价，从而获取相应的主观概率。

本研究中，当订单农业参与、违约、续约决策的相关成本收益信息经过时间编辑处理后，需要利用价值函数对这些决策信息进行主观效用评价。农户契约行为决策价值函数的定义域为：相对于参照点，参与行为与不参与行为（或违约行为与履约行为）净收益的变动值。对市场风险出现或违约被发现的概率信息，将采用权重函数将其转化为主观概率，该主观概率也称作决策权重。当市场风险发生的概率或者违约被发现的概率处于正常区间时，函数的整体变化较为平缓，且为反 S 形，说明农户对相关概率的判断不能随着市场风险或契约执行效率的变化做出及时准确的调整，即农户通常会低估大概率事件而高估小概率事件。

在农户契约行为决策信息评价阶段，农户需要对决策信息进行主观效用评价，其风险偏好将会对决策信息的效用评价过程产生重要的作用。风险偏好是指个体在心理上对待风险的一种态度。已有研究表明，个体的风险偏好会通过影响其决策信息的评价过程而对其行为决策产生显著影响（姚宏等，2006；龚光明、曾照存，2013；侯麟科等，2014；Liu，2013；Liu and Huang，2013）。根据风险收益模型，个体在风险决策过程中，风险偏好影响个体对预期成本收益相对应的风险进行效用评价的过程（Weber，1988）。在高风险情形下，个体的风险偏好程度越高，其行为决策风险的承受能力越大，决策风险的主观效用就越高，在预期收益主观效用相等的情形下，行为决策的总效用也就越高。而个体的风险偏好程度越低，其决策风险的承受能力越弱，则满足风险溢价的可能性越小，决策风险的主观效用就越低。农户独立生产或农户违约在一定程度上属于高风险经济行为，农户在决策过程中需要考察独立生产或违约风险的主观效用，所以风险偏好程度会对契约相关行为决策信息的风险评价过程产生影响，并作用于最终的决策结果。基于上述分析，本研究将风险偏好作为影响农户订单农业参与、违约、续约决策的关键心理因素。

四 农户契约行为决策信息反馈阶段

当农户的契约行为决策信息经历了编辑与评价阶段之后，农户会明确其订单农业参与决策、违约决策、续约决策的总效用，并将决策结果传输给反应系统，进而实施相应行动。当最终决策收益高于最终决策成本时，行为结果将会发生，否则将不会发生。具体而言，针对农户的订单农业参与决策，当农户短期参与成本的主观价值高于长期参与收益现值的主观价值时，农户将会选择不参与订单农业，否则将会参加；针对农户的违约决策，当农户短期违约收益的主观价值高于长期违约成本现值的主观价值时，农户将会选择违约，否则将会履约；针对农户的续约决策，当农户短期续约成本的主观价值高于长期续约收益现值的主观价值时，农户将不愿意与企业续约，否则将愿意长期续约。

综上所述，本节梳理了农户契约行为决策信息加工过程关键环节的功能及信息处理特征，并基于时间偏好理论和前景理论深入分析了农户契约行为决策的信息收集、编辑、评价及反馈等关键阶段的一般规律，在此基础上构建了订单农业中农户行为决策的分析框架，为后文实证研究心理因素对农户契约行为决策的影响机制奠定了理论分析基础。更重要的是，基于上述对农户契约行为决策信息的心理加工过程分析，笔者提取了影响农户决策信息心理加工过程的关键心理因素——时间偏好与风险偏好，并以此作为本书核心解释变量研究农户订单农业参与决策、违约决策、续约决策的影响机制。

第二节 契约关系的形成：农户订单农业参与决策的理论分析

一 时间偏好对农户订单农业参与决策的影响

农户在做出订单农业参与决策时会比较订单农业的参与收益和参与成本。农户参与订单农业需要按照龙头企业的要求进行专用性投资，当期付出的成本较高，而参与订单农业的收益（比如降低农户收入波动风险、削弱市场和生产风险、获得新技术指导和培训、技术效率提高等）往往需要多期才能逐渐体现出来，因而农户的订单农业参与决策可视为一种跨期成本收益决策。订单农业带来的正向价值显现需要一定时间周期，且由于受到外界自然因素和疫病等因素的影响，农户实施龙头企业要求的标准化养殖技术后的效果不确定性较大，这导致农户对订单农业的评价不一致。

基于上述分析，农户订单农业参与决策的成本和收益位于不同的时间点，在对订单农业参与决策信息进行效用评价之前，农户需要利用时间处理工具将不同时间点上的订单农业参与成本收益转化到同一时间点。也就是说，由于订单农业参与决策具有跨期特点，农户做出参与决策时需要考虑参与的预期收益，并将未来多期收益贴现到当期，与当期的成本进行对比。只有当订单农业参与的收益现值高于成本现值时，农户才有可能选择参与订单农业。其中，农户对贴现因子的选择关系到自身的时间偏好程度，将会对其订单农业参与行为产生重要影响。

本研究应用准双曲线贴现函数描述农户的时间偏好，该模型考虑了个体的系统性认知偏差，能够更精确地模拟个体在现实情境下的认知过程（Laibson，1997）。对当期（$t=0$）和延期（$t>0$）收益的贴现因子定义如下：

$$D(\beta,r,t)=\begin{cases}1, t=0\\ \beta\delta, \delta=\exp(-rt), t>0\end{cases} \quad (3-1)$$

式（3-1）中，$\beta\delta$ 表示当前和下一个时期之间的贴现系数，δ 表示未来任何两个时期之间的长期贴现系数。参数 β 表示短视认知偏差，反映对当前效用的偏好程度，β 值越小，表示越偏好当前的效用，即短视或不耐心程度越高。参数 r 表示固定贴现率，r 值越大，表示贴现率越高。较高的贴现率与低估长期决策中的未来效用有关（Tanaka et al., 2010; Liebenehm and Waibel, 2014）。

短视认知偏差较大的农户，在做出短期决策时表现出的不耐烦程度更高，并更加看重眼前的参与成本而低估订单农业参与的长期效用。贴现率较高的农户，在做出长期规划时会更加看重参与订单农业所付出的成本，而对订单农业参与的长期收益缺乏耐心，进而会表现出较低的订单农业参与倾向。因此，本研究预期时间偏好对农户订单农业参与行为具有显著的负向影响，即时间偏好程度越高的农户越不倾向于参与订单农业。具体而言，农户的短视认知偏差程度越高（即 β 值越小）、贴现率越高（即 r 值越大），则其参与订单农业的概率越小。

二 风险偏好对农户订单农业参与决策的影响

当把不同时间点的订单农业参与成本信息和收益信息转化为同一时间点的信息后，农户订单农业参与行为决策所需的相关信息就完成了信息编辑，接下来将进入信息评价阶段，即农户会根据一定的标准对订单农业参与决策信息进行主观效用评价。通过前文对信息加工过程的分析可知，个体的风险偏好是影响决策信息评价过程的关键心理因素。笔者进一步分析风险偏好对农户订单农业参与行为的影响机制。

经典文献指出，农户参与订单农业的首要动机是规避市场风险（Allen and Lueck, 1995; Lajili et al., 1997; Besanko et al., 2000; Hueth and Hennessy, 2002; Ligon, 2003; Gray and Boehlje, 2005; Bijman, 2008）。为了降低市场风险，风险规避程度较高的农户更倾向于参与订单农业。例如，Johnson 和 Foster（1994）研究发现，对于美国生猪养殖户而言，风险厌恶者更愿意采用契约养殖方式；Marenya 等（2014）对马拉维小农户的研究表明，风险厌恶的农户更偏好于选择具有"保险功能"的合同。尽管发展中国家农户的风险偏好总体呈现风险规避的特征，但是农户之间的风险规避程度仍然存在较大差异（陈新建、韦圆圆，2019），不同类型个体的风险偏好会表现出异质性和多元性的特征（周业安等，2012），农户异质性的风险偏好态度是产生农户不同的生产行为和风险管理策略的重要原因（陈新建、韦圆圆，2019）。因而，本研究预期风险偏好是影响农户订单农业参与行为的关键因素。

在实证研究时，具体采用前景理论中的3个指标衡量风险偏好：风险规避（σ）、概率权重（α）、损失规避（λ）。参数 σ 表示价值函数的曲率，可视为风险规避的替代指标（Liebenehm and Waibel, 2014），σ 值越大表示农户的风险规避程度越低。在生产和销售过程中，农户面临着包括生产风险、市场风险、疫病风险在内的大量风险，而订单农业具有规避风险的功能，所以对于风险规避程度高的农户而言，其风险承受能力较低，往往倾向于参与订单农业以规避外部风险。参数 α 是概率权重的一种替代指标（Prelec, 1998），衡量个体对概率事件预测或评估的准确性。α 值越大，表示越能准确评估概率信息（即越不会高估小概率事件、低估大概率事件）。现实中，农产品的市场价格是极具风险性的，参与订单农业可视为降低风险或稳定收入的预测性策略，而无法准确评估概率信息的农户往往会低估自己在独立生产情形下风险发生的概率，从而更倾向于不加入订单农业。参数 λ 用于衡量农户对损失的厌恶程度，λ 值越大表示损失规避程度越高。对于损失规避型农户而言，规避一定的损失比获取同等数量的收益更为重要。因此，为了规避独立生产情形下因市场风险和生产风险等造成的潜在损失，损失规避程度越高的农户越倾向于参与订单农业。

基于上述分析，本研究预期风险偏好对农户订单农业参与行为具有显著的负向影响，即风险偏好程度越低的农户越倾向于参与订单农业。具体而言，农户的风险规避程度越高（即 σ 越小）、损失规避程度越高（即 λ 越大）、评估概率信息越准确（即 α 越大），则农户参与订单农业的概率就越大。

第三节　契约关系的稳定：农户订单农业违约决策的理论分析

一　时间偏好对农户违约决策的影响

在违约决策中，农户是否违约取决于其对违约成本和违约收益的权衡（Gow et al.，2000；Guo et al.，2008）。在有利的市场条件下，农户违约会获得短期的投机利润（即违约收益），但其违约行为可能会被龙头企业发现，从而造成重大损失（即违约成本）。值得注意的是，从现实中已有的违约案例看，完全、直接违约的现象很少，多数是间接且部分违约，即农户通常用隐瞒产量的方式违约（徐健等，2010），或者不按照合同约定进行标准化生产（例如不规范用药）（刘云茹，2016）。课题组于2016年对江苏地区签约农户的预调研也初步佐证了此观点：养殖户最常见的违约方式是向外部市场销售部分签约产品或从外部市场购买部分药品等投入品。因而，对于契约农户而言，其当期违约的收益并不高。从长远角度来看，违约行为一旦被发现，将对农户未来的经济活动产生不可避免的负面影响和利益损失，包括终止合同造成的价值损失（即稳定的销售渠道破裂所造成的损失、保证金损失、违约金等惩罚），以及农户在当地企业或社会网络中的声誉损害（Ellickson，1994；Guo and Jolly，2008）。从这个角度看，长期违约成本在客观上可能大于短期违约收益①。那么令人疑惑的是，为

---

① 如导论所述，笔者在调查中发现了一个特别的现象：90%的违约农户表示希望续签合同并与龙头企业长期合作。据这些违约农户所言，他们能够清楚地认识到参与订单农业的长期好处，包括增加收入、保证投入的供应和质量以及降低疾病风险等。这些细节表明，农户似乎对自己的违约行为表示遗憾，并能够认识到违约的实质性后果（即失去合同履行的长期利益）。

什么农户会偏离利润最大化的行为而违约，特别是在考虑到潜在违约成本很高的情形下。

在现实中，由于龙头企业对农户的行为监督不力以及相关法律执行低效，农户的违约行为在短期内很难暴露，相应的处罚也很难立即执行。换言之，违约收益和违约成本的发生期通常具有一定的时间间隔。在这种情况下，农户将会对违约所带来的短期利益与未来成本的贴现值进行比较，在这过程中农户的时间偏好会影响贴现因子的选择，只有当预期违约成本的贴现值低于违约收益时，农户才可能实施违约行为（Guo and Jolly, 2008）。可见，未来的效用值（如违约的潜在损失）对贴现因子较为敏感，这将影响违约决策。因而本研究预期时间偏好是影响农户违约行为的关键因素。下文将从微观层面，利用准双曲线贴现函数进行详细分析。

假设农户违约决策涉及 4 个时期（T_i, $i=0, 1, 2, 3$）。在 T_0 时期，农户与龙头企业签订生产合同；T_1 时期和 T_2 时期分别为农户实际生产期和销售期，同时也是违约收益的发生期，即农户在 T_1 时期、T_2 时期需分别决定是否进行生产违约、销售违约；假设违约成本发生于 T_3 时期，即农户违约行为被发现和惩罚的时期。

对于农户而言，在 T_1 时期或 T_2 时期违约会产生即期收益（R_b），但在 T_3 时期则会形成违约成本（C_b）。根据准双曲线贴现函数可知，农户在 T_0 时期的贴现因子结构为 $\{1, \beta\delta, \beta\delta^2, \beta\delta^3\}$，此时违约成本期（$T_3$ 时期）与生产违约收益期（T_1 时期）之间的贴现系数为 δ^2，与销售违约收益期（T_2 时期）之间的贴现系数为 δ，这意味着在签约时期农户对未来违约成本和收益之间的贴现因子只受到长期贴现因子（δ）的影响。然而，当农户实际进行生产时（即 T_1 时期），其贴现因子结构变为 $\{1, \beta\delta, \beta\delta^2\}$，此时 T_3 时期与 T_1 时期之间的贴现系数为 $\beta\delta^2$。与此类似，当农户实际进行销售时（即 T_2 时期），其贴现因子结构变为 $\{1, \beta\delta\}$，此时 T_3 时期与 T_2 时期之间的贴现系数为 $\beta\delta$。这意味着在实际生产或销售时期，农户对未来违约成本和当期收益之间的贴现因子除了受长期贴现因子（δ）的作用，还会受到短视认知偏差因子（β）的作用。可见，由于短视认知偏差的存在，农户在不同时期对同一时间间隔内的成本收益表现出不同的贴现因子结构，比如未来违约成本与生产违约收益之间的贴现因子由签约时期（T_0 时期）的 δ^2

变为实际生产期（T_1时期）的$\beta\delta^2$，未来违约成本与销售违约收益之间的贴现因子由签约时期（T_0时期）的δ变为实际销售期（T_2时期）的$\beta\delta$。这一现象反映了长期计划与短期实际行为之间的时间偏好不一致（叶德珠、蔡赟，2008；Li et al.，2016）。

农户在进行跨期成本收益权衡时，只有当短期违约收益高于预期违约成本的贴现值时，才会计划进行违约行为。以销售阶段违约为例，农户在签约时期（T_0时期）需要将未来违约成本（T_3时期）和违约收益（T_2时期）都贴现到T_0时期再进行比较，因此农户在T_0时期计划销售阶段违约的必要条件为：

$$R_b\beta\delta^2 > C_b\beta\delta^3 \qquad (3-2)$$

该式可简化为：

$$R_b > C_b\delta \qquad (3-3)$$

通常而言，R_b小于$C_b\delta$，即农户在签订契约时并不计划违约，其认为订单农业能够削弱市场价格波动的风险、降低交易成本、提高收入，否则农户很可能在T_0时期就不选择参与订单农业。然而，当农户实际进行销售决策时（即T_2时期），此时T_3时期（违约成本收益发生期）与T_2时期（违约收益发生期）之间的贴现因子为短期贴现因子（$\beta\delta$），即未来成本的贴现值同时受长期贴现因子（或固定贴现率）和短视认知偏差因子的影响。因此，农户在T_2时期进行销售违约的条件为：

$$R_b > C_b\beta\delta \qquad (3-4)$$

当$\beta=1$时，有$C_b\beta\delta=C_b\delta$，此时农户进行违约的条件无论是长期还是短期都是一致的；当$\beta<1$（即农户存在短视认知偏差时），有$C_b\beta\delta<C_b\delta$，此时农户的长期与短期的违约条件具有显著区别。可见，由于短视认知偏差（β）的存在，农户在签订契约时期与实际行为发生期的违约条件存在差异，由此导致农户的长期计划行为与短期实际行为存在时间偏好不一致的可能。

根据上述讨论，我们可以推断出，在准双曲线贴现函数下农户在实际生产和销售中的决策是短视或缺乏耐心的，这可能是违约发生的重要原因。换言之，农户面临着长期理性（如因违约成本较高而不违约）和短期利益诱惑（如为获取投机利润而违约）之间的矛盾。农户在制订长期的生产或销售计划时，往往容易对违约的短期收益和未来成本做出更加清晰的判断，从而更加趋于理性。然而，由于短视认知偏差的存在，农户对短期决策呈现较高的不耐心程度，倾向于低估违约所造成的潜在损失。而且，农户的短视程度越高，对当前时间的偏好越强烈，就越会关注眼前的利益而轻视未来事件造成的后果，由此导致违约成本的贴现值大幅缩小，进而产生较高的违约倾向。尤其是在我国目前执法效率不高且公司治理体系不够健全的现实情形下，违约行为实施后相应的惩罚措施不能及时跟进，导致违约收益期和成本期的间隔较长，时间偏好的作用也会加大，从而更加强化了农户的违约倾向。

基于上述分析，本研究预期时间偏好对农户违约行为具有显著的负向影响，时间偏好程度越高的农户越倾向于违约。具体而言，农户的短视认知偏差程度越高（即 β 值越小），以及贴现率越高（即 r 值越大），则农户违约的概率就越大。

值得注意的是，由于生产阶段在销售阶段之前，可能会导致农户在生产阶段所面临的未来违约成本的贴现率更大，即农户生产阶段的贴现率高于销售阶段的贴现率，从而使农户在生产阶段具有更高的违约倾向。由此，本研究进一步预期，与销售阶段的违约行为相比，农户在生产阶段的违约行为受到时间偏好的影响更为显著。

二 风险偏好对农户违约决策的影响

根据前文对决策信息加工过程的分析，当把不同时间点的违约成本和收益信息转化为同一时间点后，农户的风险偏好将会对违约行为决策信息的主观效用评价过程产生重要的作用。比如，如果农户为风险追求型，表明农户爱好冒险且容易低估违约被龙头企业发现和惩罚的概率，则会导致违约成本被低估，进而产生较高的违约概率。此外，违约收益可视为风险状态下的不确定收益，由于风险偏好不同，农户面对相同违约决策时所要求的风险溢价也会有所差异。

通常而言，农户的风险偏好程度越高，其对违约成本的感知和赋值越小，从而越易满足公式（3-3）和（3-4）中的违约条件。

在开展农户违约行为的实证研究时，仍采用前景理论中的风险规避

（σ）、损失规避（λ）、概率权重（α）3个参数衡量风险偏好。参数σ为风险规避的替代指标，σ值越小表示风险规避程度越大。违约对于农户而言属于冒险行为，一旦违约行为暴露，农户将遭受较高的违约惩罚。而且农户违约后进入市场，不仅面临市场风险，还面临着信誉损失所产生的交易难度增加的风险，所以风险规避程度越高的农户，其违约可能性越低（郭锦墉等，2007b）。参数α反映农户对概率事件评估的准确性，σ值越大表示农户越能准确评估概率信息。评估概率信息不准确的农户往往容易低估违约行为被龙头企业发现并惩罚的可能性，从而具有较高的违约倾向。参数λ反映了损失规避的程度，λ值越大表示损失规避程度越高。前景理论认为，一定量的损失给人们带来的效用降低要超过相同的收益给人们带来的效用增加（Tversky and Kahneman，1992）。对于损失规避程度高的农户而言，相对于违约带来的短期收益，他们更看重违约所造成的潜在损失。

基于上述分析，本研究预期风险偏好对农户违约行为具有显著的正向影响，即风险偏好程度越高的农户越倾向于违约。具体而言，农户的风险规避程度越低（即σ越大）、损失规避程度越低（即λ越小）、评估概率信息越不准确（即α越小），则农户违约的概率就越大。

第四节 契约关系的延续：农户订单农业续约决策的理论分析

一 时间偏好对农户续约决策的影响

农户在做出续约决策时会比较续约的收益和续约的成本（或退出契约的收益）。退出契约的收益来自市场价格高于契约价格时所获得的较高收益，但是此时的高收益是短期的，对于长期养殖过程而言，其无法预测且无时不在的市场风险和生产风险将会导致农户收益的不稳定性增加。尤其是对于生产规模小、抗自然和市场风险弱的分散农户而言，哪怕遭受一次市场风险或生产风险冲击，其一时的收益波峰也许就会被立马熨平。

此外，续约的收益来自农户长期参与订单农业所获得的所有正向收益，如规避市场风险和生产风险、降低交易成本、获得长期的收入保障，更为重要的是，稳定的契约关系有利于龙头企业和农户建立信任，农户能够获取来自龙头企业更多的资金、信息、技术等支持。所以，农户在做出续约决策时需要考虑续约的长期预期收益，并将下一个契约周期中的未来多期收益贴现到当期，与当期退出契约时的短期收益进行对比。在比较过程中，农户的时间偏好会对其续约决策产生重要影响。时间偏好程度越低的农户，越看重订单农业带来的长期收益，从而越愿意和企业建立持久的合作关系。因此，本研究预期时间偏好对农户的续约意愿具有显著的负向影响。农户的时间偏好程度越低（即耐心程度越高），则其长期续约意愿越强烈。

二 风险偏好对农户续约决策的影响

农户的风险态度会对其续约意愿产生价值判断约束，具体是通过风险规避参数、损失规避参数、概率权重参数产生影响。农户面临着诸如养殖风险、市场风险等大量风险。通常认为，订单农业具有规避风险的功能，对于风险规避程度较高的农户而言，其风险承受能力较低，更倾向于长期参与订单农业以规避市场风险和生产风险。对于损失规避型农户而言，规避一定的损失比获取同等的收益更为重要。因此，尽管退出契约可能会获取更高的利润（当市场价格高于契约价格时），但从长远看，为了避免独立生产情形下市场风险和生产风险所造成的损失，损失规避程度越高的农户越倾向于长期参与订单农业。此外，农户通常把参与订单农业作为降低市场风险和生产风险或稳定收入的预测性策略，因而能够更好地评估概率信息的农户更加能够意识到订单农业带来的诸多好处，从而更倾向于与龙头企业保持良好的长期合作关系；而不能准确评估概率信息的农户往往会低估独立生产情形下风险发生的概率，从而更倾向于退出契约而追求一时的高收益。因此，本研究预期风险偏好对农户的续约意愿具有显著的负向影响。农户的风险偏好程度越低（即风险规避程度越高），则其长期续约意愿越强烈。

三 感知价值对农户续约决策的影响

农户续约决策不同于初始的订单农业参与决策，是农户基于现有交易关系而愿意继续签订契约的决策。农户之所以愿意续约，一方面是基于前期的订单参与经历，对与龙头企业合作的绩效价值感知程度较高；另一方面是农户预期未来与该龙头企业合作风险或成本比较小，能够继续获得利益价值（田敏等，2014）。因此，针对农户续约决策的研究，笔者进一步引入感知价值理论中的两个重要变量——感知利益和感知风险，分析时间偏好、风险偏好、感知利益、感知风险对农户长期续约意愿的影响机制。

渐进适应模型将绩效反馈视为目标设定的决定性因素，将个体的学习过程纳入目标设定过程，因此个体将会基于前期目标的实现程度来制定并调整后期的目标（Levinthal and March，1981）。根据渐进适应模型，农户并不会直接地或孤立地考虑是否继续签约或退出契约，而是会基于前期目标设置的绩效反馈——对参与订单农业的价值感知程度，判断订单农业是否有效提高了自身的效用（朱新华、蔡俊，2016）。从效用最大化的角度，农户感知价值对其续约意愿具有显著正向作用。基于前期的体验和经历，如果农户对订单参与的感知价值程度较高，那么农户认为持续参与订单农业是利大于弊的，这将会提高农户的续约意愿。在感知价值稳定及效用最大化假定下，农户会倾向于持续获得这种价值，即通过继续参与订单农业来确保已有价值的持续和累积，从而进一步强化了其续约意愿。已有研究从感知价值角度考察了农户对参与农业组织的评价和行为决策，例如：王延中、江翠萍（2010）的研究发现，农村居民对新农合价值的感知是影响其满意程度的重要因素；方黎明、顾昕（2006）发现农村居民的感知获益小于期望，这是农户不积极参加新农合的关键因素；张明月等（2017）采用结构方程模型分析和检验农户参与"农超对接"的满意度内在作用机制，结果发现感知价值对农户参与"农超对接"的满意度有显著正向影响。

通过本书第二章的相关理论回顾可知，感知价值包括感知利益和感知风险（或感知成本）。在本研究中，感知利益是指农户参与订单农业之后，所体验到的订单农业在提升收益、降低风险、供应投入品和保障质量方面的功能，侧重于农户的经济满意程度，即农户对契约型农产品交易关系经济方面的评价。通常而言，对渠道伙伴绩效的满意度影响渠道关系长期存续的概率和质量。所以在契约型农产品交易关系中，农户的绩效感知程度或满意度较高会增强农户的续约倾向。Pennings 和 Leuthold（2000）以及孙亚范和余海鹏（2012）的研究也证实了农户的绩效感知对合作意愿的促进作用。由此，本研究预期感知利益对农户续约意愿具有显著的正向影响。农户对参与订单农业的利益感知程度越高，则其长期的续约意愿越强烈。

本研究中的感知风险或感知成本是指农户对与龙头企业合作的门槛及合作程序的成本感知，以及对企业机会主义行为的风险感知。此处的机会主义行为包括龙头企业的"显性违约"和"隐性违约"。在"龙头企业+农户"型契约交易过程中，龙头企业和农户均需要按照合同上明确规定的条款内容进行生产与交易，合同中明确规定的条款即为"显性契约"的内容。以扬州立华的"公司畜禽委托养殖合同"为范例，该合同规定企业需要"按时、按量回收乙方饲养的、符合上市标准的家禽，并及时支付结算款项"。在现实中，尽管大多数龙头企业会由于专用性投资和声誉机制而选择履约，但鉴于契约的不完全性，合同中对于收购价格所包含的一些实质性内容往往并没有明确列示，即存在"隐性契约"内容。当面临市场风险时，由于龙头企业和农户的实力不对等，企业有可能会凭借其在契约关系中的主导地位，通过调整相应结算价格的方式将成本转嫁给农户（生秀东，2007），这意味着可能会发生书面未列明的、有损农户福利的"隐性违约"。课题组对温氏公司江苏地区契约农户的调研也初步佐证了此观点：在禽流感疫情影响下，温氏公司面临巨大亏损，公司虽然向农户履行契约，却提高了合同中未明确列示的赊鸡苗的费用和饲料费用，并减少了合同中未明确列示的农户补贴。由此可推断，农户对龙头企业这种机会主义行为的感知会影响农户对当前收益的判断，且会降低农户感知的互惠水平，导致信任被弱化（张春勋，2009）。同时，由于农户无法确认龙头企业的行为，信任必然伴随着农户风险的承担，企业的机会主义行为强化了农户的风险认知，从而不利于农户做出续约的决策。基于上述分析，本研究预期感知风险对农户的续约意愿具有显著的负向影响。农户对参与订单农业的风险感知（或成本感知）程度越低，则其长期的续约意愿越强烈。

值得注意的是，风险偏好和时间偏好可能会影响农户对订单农业的感知利益和感知风险。农户对参与订单农业所感知到的利益和风险，是农户基于主观认知的判断，受农户风险态度的影响（Taylor，1974）。面对同样的订单农业模式，风险态度不同的农户感知的利益和风险大小是不同的，例如，风险追求型农户承受风险的能力通常较高，而风险规避型农户承受风险的能力则相对较低，所以风险规避程度较高的农户更加能够意识到订单农业分担风险的作用，更有动机借助契约降低市场风险和生产风险，这类农户参与订单农业能获取更大的边际心理效用，从而感知到的参与利益较高。此外，风险规避程度较高的农户通常对市场风险和生产风险具有较高的敏感程度，他们预期退出契约而独立养殖所面临的风险较高，从而对加入订单农业所面临的风险或成本的感知程度相对较低。因此，本研究预期风险偏好对感知利益和感知风险具有显著影响。具体而言，农户的风险偏好程度越低，则其对参与订单农业的利益感知程度越高，且对参与订单农业的风险感知（或成本感知）程度越低。

除了风险偏好，农户的时间偏好也会影响其对订单农业的感知利益和感知风险。例如，耐心程度高或短视程度低的农户更能够意识到订单农业分担风险的作用，且更加看重订单农业所带来的长远收益（即对订单农业持更积极的态度），从而对参与订单农业利益的感知程度较高。此外，时间偏好程度较高的农户相对缺乏耐心，对不确定事件表现出更焦急的状态，从而对订单农业中的风险或成本的敏感程度更高。而且与订单农业带来的长期收益相比，订单农业参与的成本往往是短期的，短视程度越低的农户越重视订单农业参与所带来的长远收益而忽略短期的感知成本，即农户感知到的契约风险或成本就越低。因此，本研究预期时间偏好对感知利益和感知风险具有显著影响。具体而言，农户的时间偏好程度越低，则其对参与订单农业的利益感知程度越高，且对参与订单农业的风险感知（成本感知）程度越低。

第五节　数据来源

一　调查样本说明

为检验上述理论机制和研究假说，本研究主要选取江苏省肉鸡养殖农户为案例展开实证分析。相关计量分析所用数据来自课题组于2016年春季对江苏省11个县（市、区）肉鸡养殖农户进行的问卷调查和经济学实验。

肉鸡产业作为中国农业与农村经济的支柱产业，也是中国农业产业化发展最迅速、最典型的行业（辛翔飞、王济民，2013）。当前，中国已经成为继美国之后的世界第二大肉鸡生产国。2015年中国肉鸡产量达1340万吨,占世界肉鸡总产量的15.11%;同时,2015年中国肉鸡消费量达1327万吨,占世界肉鸡总消费量的15.26%,位居世界第二;此外,2015年中国肉鸡产品出口达34.4万吨,占中国肉类产品出口的72.93%。可见,以中国肉鸡产业为例展开相关研究很有现实意义。本研究选择江苏省为调研地区基于以下考虑:江苏省是中国农业产业化发展水平最高的省份之一,同时也是中国禽肉生产大省,在禽业养殖的规模化水平、家禽出栏量、农业政策扶持力度等指标方面排名靠前。江苏省除了有温氏集团、江苏立华牧业股份有限公司等知名的家禽龙头企业,还有许多中小型家禽企业,这些龙头企业之间的契约安排和执行存在差异,为本研究展开实证分析提供了丰富的、良好的观测样本。特别是,受地理位置、资源禀赋以及文化传统的影响,江苏省南部和北部地区的社会经济发展极不平衡,而苏南、苏中和苏北的差距亦是中国东部、中部和西部西三大区域发展差距的缩影。因此,针对江苏省肉鸡产业的研究结论应具有一定普适性。

需要说明的是,本研究选择具有一定生产规模的农户为调查对象,而且调研地点均有龙头企业且已经开展契约模式多年,这主要是为了防止出现农户没机会参与订单农业的现象,从而避免影响本研究的分析。经济的发展与技术的进步,加速了小农户的退出,肉鸡规模化养殖将是养殖业未来发展的模式。根据我国畜牧统计资料的统计口径,将年出栏量大于2000只肉鸡的养殖场(户)作为规模化肉鸡养殖场(户)。

本研究具体选取江苏省的11个县(市、区)为调研地点,调查样本分布于江苏的南部、中部和北部,所在地均有运行"龙头企业+农户"型契约模式的肉鸡龙头企业。具体调研地点包括苏南地区的苏州太仓、常州金坛、镇江,苏中地区的南通海门、泰州姜堰、扬州高邮,以及苏北地区的宿迁宿豫、徐州邳州、连云港东海、盐城大丰、淮安盱眙。本研究调研地区与涉及的主要肉鸡企业名单如表3-1所示。

确定了调研地点和目标企业后,调研人员在每个采样地点随机选择35个符合要求的农户进行一对一访谈。受访农户包含了契约户与非契约户。根据龙头企业提供的契约户名单,以及当地行政村村委会或畜牧兽医站提供的符合一定规模要求的农户户主(即独立养殖大户)名单,分别随机抽取契约户和非契约户。问卷内容涵盖了农户的个体和家庭基本信息，以及2015年的生产经营及订单参与情况等信息。课题组还收集了每个受访农户及企业的经纬度地理信息。特别是，课题组在问卷的最后涉及了农户的时间偏好和风险偏好实验，调研人员按照实验程序进行一对一实验，并基于实验结果给予农户真实现金支付。本次调查共收回有效问卷359份，其中，参与生产合同的契约农户有290户。在这290个契约样本中，共有79个农户涉及违约行为，农户违约率达27%。

表3-1 调研地区及龙头企业

区域	市	县	龙头企业	级别
苏北	宿迁	宿豫	中粮肉食有限公司	省级
	徐州	邳州	徐州立华畜禽有限公司	市级
	连云港	东海	连云港温氏畜牧有限公司	省级
	盐城	大丰	盐城温氏畜牧有限公司	省级
	淮安	盱眙	淮安温氏畜牧有限公司	省级
苏中	南通	海门	江苏京海禽业集团有限公司	国家级
	泰州	姜堰	泰州和盈畜牧有限公司	省级
	扬州	高邮	高邮立华畜禽有限公司	省级
苏南	苏州	太仓	太仓温氏家禽有限公司	省级
	常州	金坛	江苏三德利牧业发展有限公司	省级
	镇江	镇江	镇江温氏畜牧有限公司	省级

二 主要数据来源

本研究主要数据的具体来源如下。

（1）第四章关于订单农业对农户收入和安全生产行为的影响分析，第五章关于农户时间偏好与风险偏好的测度，以及第六章关于农户订单农业参与行为的研究，所用到的样本数据来自江苏省11个县（市、区）359户肉鸡养殖农户，包括290个契约农户和69个独立养殖户（即非契约农户）。

（2）第六章关于农户对契约属性的选择偏好研究，以及第七章关于农户违约行为的研究，所用到的样本数据来自江苏省11个县（市、区）290户已与龙头企业签订契约的肉鸡养殖农户。

（3）第八章关于农户续约决策的研究，所用到的样本数据来自江苏省11个县（市、区）211户已与龙头企业签约并且当期履约的肉鸡养殖农户。

（4）此外，第四章关于低碳生产决策和环境友好型技术采纳行为的研究，所用到的样本数据来自江苏省水稻种植户的问卷调查。水稻种植户样本的详细描述将在相关章节列明。

第六节 本章小结

本章首先从整体上描述了本书的逻辑思路和分析框架，然后对具体的影响机制和相关假设进行详细阐述，最后描述了本研究所用到的数据来源。首先基于认知心理学的信息加工理论，整合认知心理学的"信息处理框架"与传统经济学的"成本收益框架"，将有限理性下农户行为决策的成本收益分析过程转化为行为决策信息的心理加工过程。然后基于行为经济学的准双曲线贴现函数和前景理论，通过分析农户行为决策信息的心理加工过程，提取了对农户契约相关行为决策具有重要影响的心理因素——时间偏好和风险偏好，从而构建了考虑时间偏好与风险偏好的农户契约行为决策模型。最后根据订单农业中龙头企业与农户间契约关系的发展过程，分别从关系的形成、关系的稳定、关系的延续3个阶段系统地剖析了农户的时间偏好与风险偏好对其订单农业参与行为、违约行为、长期续约意愿的影响机制，并依据理论分析提出研究假设，为后文实证分析农户契约相关行为决策的影响机制提供理论支撑。

第四章
中国订单农业发展现状及实施效果分析

把脉中国订单农业发展的基本情况，有助于为后文的农户订单农业参与行为及契约关系稳定性研究奠定现实基础。所以本章首先对中国订单农业发展现状、订单农业的功能和当前存在的问题进行分析，然后进一步分析中国订单农业的历史演进及主要形式。在此基础上，重点从农户收入、生产方式、技术采纳等角度，实证检验了中国当前订单农业模式的实施效果，为深入理解农户参与订单农业的行为决策提供现实基础和实证依据。

第一节 中国订单农业的发展现状与主要模式

一 订单农业在国内外的发展现状

（一）国外订单农业发展

订单农业的发展最早可以追溯到1885年，当时日本殖民者通过订单农业模式向台湾地区农户收购甘蔗进行糖业生产。20世纪30~40年代，订单农业发展迅速，特别是在北美的蔬菜加工业以及西欧的饲料行业，契约生产模式是较为常见的。20世纪60年代之后，伴随商品农业的不断发展，企业和农户之间的经济联系越来越紧密。为适应发展生产及时代经济的需求，订单农业在发达国家迅速发展起来。然而在亚洲地区，订单农业的发展则较为滞后。直到20世纪70年代，订单农业才开始出现在泰国某些地区。

当前，订单农业已在欧美、日本等发达国家和地区广泛实施，在加强小农户和大市场的衔接方面发挥着越来越重要的作用（Acemoglu and Robinson, 2012; Barrett et al., 2012; Wang et al., 2014)。国外订单农业的成功经验主要有以下几点。第一，契约内容透明、易懂。由于农产品的属性多样化，不同的农业企业在收购不同的产品时采用特定格式的契约，契约文本详细地规定了交易双方的权利及义务。同时鼓励在法律网站、协会网站等渠道发布契约文本，实现信息共享并接受社会监督。第二，充分发挥协会的作用。各类协会的存在，使得社会信用记录、信用档案系统能够有效约束交易当事人的行为。在处理交易纠纷时，当事人可以向相关协会组织反映和投诉。通过加入协会，农户也能提升谈判能力，并保证自身利益。第三，政府监管积极。在发生合约纠纷时，政府颁布的法律与具体合同条例为交易当事人提供了法律依据。通常法律条文更加倾向于保护生产者的利益。第四，利用期货市场功能，为订单农业提供风险避口。第五，实行制度创新，制定合理的土地管理制度。

（二）国内订单农业发展

20 世纪 80 年代，订单农业首先出现在中国东南沿海地区，主要是与日本等周边国家进行蔬菜与水产加工贸易。进入 90 年代以后，伴随着我国农业改革的实施，订单农业在我国各地区的贸易中发展起来，贸易品种越来越多，涵盖了农林牧渔业的各种产品。从文献记载角度看，订单农业首先出现在 1998 年农业部下发的文件中，次年下半年农业部颁布的文件又一次强调了发展订单农业、实施预约生产的措施。就订单农业所覆盖的地区和订单农业参与者的数量来看，订单农业已成为中国农业企业与农户交易的主要模式，并得到了长足的发展。

目前，中国订单农业一直保持着较好的发展势头，但与其他国家订单农业的发展相比较，中国的订单农业依然处于发展阶段。中国的订单农业通常具有以下特征。第一，订单农业所覆盖的品种数量持续增加。如今已经从少数经济作物（如油料等）扩展到大宗农产品（如小麦、大豆等），由种植业拓展到养殖业及农产品粗加工等方面。通常，适于采用契约进行生产和销售的农产品为易腐商品、具有特殊品质的高质量农产品、市场不稳定或生产技术复杂的农产品等。第二，订单农业的规模持续壮大。由于订单农业发展迅猛，农户参与订单农业的利润及经营面积等迅速增加。第三，订单农业的贸易范围不断扩大。目前订单农业已由东部向中西部扩展,订单农业在沿海城市迅速发展,推动了陕西、山东等地区订单农业的发展。许多城市的契约逐渐拓展到省外,很多沿海城市甚至已和其他国家签订契约,贸易范围不断扩大。第四,订单农业的形式更加多样化。当前我国订单农业主要有"龙头企业+农户"、"龙头企业+合作社/专业协会+农户"和"龙头企业+基地/大户+农户"等若干农业产业化经营模式。

二 订单农业在农业生产中的功能及存在的问题

(一) 订单农业在农业生产中的功能

订单农业起源于发达国家,虽然农业企业可能更倾向于选择大规模农户作为契约交易的对象,但来自发展中国家的研究表明,针对小农户的订单农业在一定情形下也可能取得成功。从农业企业的角度来看,尽管与小农户签约会增加订单农业的交易成本,但其存在以下优势:一是众多分散小农户的农产品供给能够降低供应风险,且保证农产品供给的多样化;二是小农户的生产结构更易调整,即能够及时根据消费者需求的变化进行调整;三是鉴于小农户具有较低的谈判能力,因此能够更好地满足质量要求;四是由于小农户以家庭劳动力为主,劳动不需要监督,所以劳动力成本较低,有利于降低农产品购买者的收购价格。

对于农户而言,订单农业能够降低市场风险和交易成本,有利于克服信贷约束和获取先进技术,以及提高收入水平及生产效率等(马小勇、周博,2011)。

(1) 帮助农户降低市场风险。降低市场风险被认为是农户参与订单农业的首要动机(Johnson and Foster, 1994; Hueth and Hennessy, 2002; Bijman, 2008)。农业生产者通常面临着不可预测的产出价格或投入价格的变化,由于农产品的供给和需求缺乏弹性,其价格变动往往高于一般商品。在供给方面,农产品一经种植或养殖就很难调整生产计划;在需求方面,人们往往较难调整对食物的需求。也就是说,农产品市场的供给和需求通常是缺乏弹性的,从而导致农产品市场价格波动较大,农户面临着较高的市场风险。在这种背景下,订单农业能够按约定价格销售农产品,帮助农户规避市场价格下降的风险,而且在生产合同中,农户所面临的投入品价格波动的风险也会通过龙头企业统一提供投入品的方式得到较大程度的缓解。

（2）有利于节约交易成本。降低交易成本被认为是农户参与订单农业的另一大动机（Allen and Lueck，1995；Hobbs and Young，1999；Fukunaga and Huffman，2009）。在农产品市场交易过程中会产生交易成本，包括寻找合适买方或卖方的搜寻费用、确定产品质量的测量费用、监督以约定方式进行交易的监督费用等。现实中，农户直接在市场上出售商品时，市场交易的计划、实施及监管的成本都很高。为了降低这些交易成本，农户通常会选择农业企业作为其加工者和市场销售者。

（3）帮助小农户进入外部市场。受市场信息获取、运输条件等方面的约束，发展中国家的小农户往往无法进入外部市场。而农业企业的规模往往较大，其获取市场知识与经验、进行农产品加工及运输的成本较低。小农户参与订单农业后，龙头企业通过引导小农户的生产方向，为其提供生产技术指导与培训等，帮助小农户生产的产品进入外部市场。小农户与农业企业签订契约，同时也将一部分市场决策权转让给农业企业，这能够使小农户规避其在市场决策方面的劣势，集中精力开展生产活动。

（4）有利于小农户克服信贷约束。通常而言，发展中国家的小农户用以投资的资金储备不足，同时由于信息不对称及抵押品缺乏，其面临着信贷市场上的信贷约束问题。而在"龙头企业+农户"的契约模式下，农业企业会向农户提供投入品赊账服务或信贷资金，将有助于小农户克服信贷约束问题。

（5）帮助小农户获取新技术。如前所述，农户往往面临较大的信贷约束，在这种情况下，小农户难以负担新技术采用所需要的信息收集及学习成本，因而他们面对新技术、新作物时通常会采取保守态度。而农业企业通过利用其规模优势，能够有效降低新技术的信息收集及学习成本，农业企业通过对小农户进行指导和监督，将这些信息低成本地传递给农户。在订单农业中，农业企业向小农户提供投入品，并按约定数量与价格出售产品，能够分散小农户的生产风险和市场风险，进而有利于促进小农户积极采纳新技术。

（6）促进农业生产效率的提升。由于农户经营规模较小以及管理能力缺乏，中国当前农业生产的效率低下。经营规模小的农户难以进行专业化分工，且在信息、技术、资金等投入品获取及产品销售谈判方面处于弱势。这无疑增加了生产和销售过程中的交易成本，不利于农户生产效率及收入的提升。此外，由于许多小农户不具备经营才能，缺乏独立决策能力，往往盲目"跟风"，因此农业资源配置效率低下。而订单农业有助于缓解上述问题。一方面，农业企业对农业投入品的大规模采购和对农产品的销售，以及农业技术员在生产过程中给予农户的技术指导服务，能够在一定程度上弥补当前农业经营方式在规模经济方面的不足，使农户获得规模经济效益；另一方面，在订单农业模式下，农户主要负责从事农业生产活动，将销售决策权交给经营管理良好的农业企业，这种分工能够提高双方的效率，有助于缓解农户市场决策能力不足所造成的效率损失问题。

（7）保障农产品质量安全。农产品的质量安全是当前中国农业面临的重要问题之一。鉴于农产品的非标准化、多样性和易腐性特征，在市场交易过程中检测农产品质量的成本很高，这也是我国农产品质量监控存在困难的主要原因。大型农业企业基于其自身长期利益的考虑，有足够的动力向市场和消费者提供安全的农产品。农业企业通过生产合同开展农业生产活动，要求农户按照标准化的流程进行生产，这可以在一定程度上利用合同控制生产过程，不仅减少了其在现货市场上判定质量的困难，降低了交易成本，而且能保证农产品的质量。

（8）促进高质量及差异化农产品的生产。当前，消费者对高质量与差异化农产品的需求量逐渐增加。然而，鉴于高质量与差异化农产品的市场需求相对较小，对这类产品的投资属于专用性投资。由于小农户经济力量薄弱，谈判能力低下，农户在销售产品时面临被"敲竹杠"的风险。这种潜在的风险会在一定程度上阻碍农户根据市场需求积极对新型农产品或差异化的农产品进行投资。如此一来，不仅会使消费者难以获得他们所需要的特定产品，而且会使农户丧失许多增加收入的机会。与大型龙头企业签约，可以在一定程度上保证农户投资于优质与差异化农产品获得稳定的收益，从而鼓励农户进行相关投资与生产。从长远看，不仅能够满足市场消费者的多元化需求，促进农户收入的增长，还将有利于现代化农业的发展。

（二）订单农业在中国农业发展中存在的问题

当前，订单农业在中国实践过程中主要存在以下问题。

（1）订单农业的参与率不高。订单农业作为农业产业化经营的主要模式，多年来已在农业发达的美国、德国等国家普遍实施，然而中国的订单农业参与率仍然很低。全国农村固定观察点调查数据显示，采用订单农业模式销售农产品的农户仅有3%。Wang等（2011）对山东省蔬菜种植户的研究指出，仅有5%的种植户加入了订单农业。姚文、祁春节（2017）对西南地区茶农订单生产情况的调查数据显示，参与订单农业的茶农仅占33.79%。农户订单农业参与率低已经成为制约中国农业产业化发展的重要因素。

（2）订单农业的违约率居高不下。在现实中，契约稳定性令人担忧，有学者指出契约违约率甚至高达80%（刘凤芹，2003；孙兰生，2006）。受利益驱动，当市场价格高于契约价格时，农户倾向于将产品转售到市场上以获取较大的差额利润，来源于农户层面的风险成为订单农业中契约风险的根源（李彬，2009）。当到期日不能按时交货或者违约率过低时，订单农业不但不会起到应有的作用，反而会加剧农产品的供销矛盾，损害交易当事人的利益，甚至拖慢农业结构调整的速度，对农户的收入以及农业的发展起到反作用。所以，履约困难与违约率高等问题，已经成为制约中国农业产业化进一步发展的瓶颈。

（3）契约的不完全性。鉴于外在环境的不确定性及复杂性，以及合同主体的机会主义倾向和有限理性等因素的存在，交易当事人在签订契约时无法准确详细地列明双方责任以及未来潜在发生的事情等。由于契约中的具体内容未详细规定、签订程序不完善等，尤其是对利益分配和责任分工规定不明确，以及对具体品种、质量、规格等的描述不明确，因此契约内容缺乏一定的规范性、科学性。契约的不完全性，意味着交易当事人可能产生合同纠纷或违约。此外，因农产品在流通中信息不透明，在制定契约价格时缺乏参考依据，农户通常不容易获得较高的利润。这些问题给订单农业的发展埋下了隐患，限制了其快速发展。

（4）法律制度不健全。目前我国还未给予订单农业合同具有针对性的法律规范，尽管它在一定程度上适用于合同法的规定，但缺乏明确性和针对性。由于尚未建立有关订单农业实施的法律法规和实施细则，因而在处理订单农业中的违约行为，以及由谁承担违约造成的直接经济损失等问题时，往往缺乏相应的法律依据。而这将会使得相关部门难以对订单农业合同的履行进行有针对性的监督，导致契约执行效率低下。这也是订单农业违约成本相对较低、违约率居高不下的重要原因之一。

三 中国订单农业的发展历程及主要形式

在中国农业产业化经营实践中，农户与龙头企业或其他组织形成契约关系，通过契约条款进行相对稳定的重复性交易。根据中国农业产业化发展阶段，可将农户与龙头企业或其他经济组织的契约关系演进分为自由市场阶段、订单农业初始阶段、订单农业发展阶段、订单农业成熟阶段和纵向一体化阶段（郭晓鸣、廖祖君，2010）。

（1）自由市场阶段。在自由市场阶段，农户直接通过市场购买饲料、药品等投入品，进行独立生产，并在销售期通过市场出售产品，价格随行就市。市场交易属于最松散的纵向协作模式，即在自由市场阶段产业整合程度很低，农户与龙头企业在自由市场进行商品交易，两者之间是一种极其不稳定的临时性商品契约关系。

（2）订单农业初始和发展阶段。在订单农业初始和发展阶段，以"龙头企业+农户"型的农业产业化经营模式为代表。"龙头企业+农户"模式主要是指在龙头企业的带动下，企业与农户以某种方式签订合同，进行特定形式的合作，形成规模生产的模式。在销售合同模式下，龙头企业和农户在农产品销售前就对价格、质量、数量等达成书面或口头协议，企业不会对农户的生产决策进行控制，价格一般随行就市。由于龙头企业不能对农户的生产行为进行约束，农户具有一定的自主权，因而在这种商品契约模式下，龙头企业和农户的利益联系不太紧密，属于松散的纵向协作形式。

鉴于销售合同无法对农户的生产过程和农产品质量标准进行较好的约束和控制，后又出现了生产合同，并开始呈现纵向一体化的某些特征。在生产合同模式下，龙头企业与农户就生产和销售达成协议，生产资料的采购和最终产品的销售均由龙头企业负责，而农户则需要向企业预付一定金额的保证金，并按企业的统一要求进行生产和管理。农户的报酬通常根据平均相对绩效进行结算，一般会设置最低利润保证。为了获得一定规格和质量的农产品，龙头企业对农户的生产决策进行控制，两者之间的利益联系非常密切，属于紧密的纵向协作形式。值得注意的是，"龙头企业+农户"的生产合同模式仍不能改变农户劣势群体的地位，而且违约现象时常发生，契约签订和执行的交易成本也较高。

（3）订单农业成熟阶段。中介组织的引入所产生的"龙头企业+合作社/专业协会+农户"或"龙头企业+基地/大户+农户"等契约形式，为订单农业成熟阶段的农业产业化经营模式。在该契约模式下，龙头企业与中介组织签订契约，然后再由中介组织与大量分散的农户签订契约。例如，肉鸡合作社由当地的肉鸡养殖大户带动小户所成立，合作社为农户统一提供鸡苗、饲料、药品等生产资料，并为农户联系买家统一销售成品鸡。通常情况下，生产投入品的价格要低于外部市场的价格，成品鸡销售价格随行就市。此外，兽药供应商还为合作社社员免费提供技术培训、上门诊断等服务。合作社通常不规定具体的数量和质量，农户拥有较大程度的自主权。

合作社或大户有助于提升农户在与龙头企业交易时的谈判地位，进而能够在一定程度上保障农户的利益。而且，合作社或大户帮助龙头企业组织生产和收购等，有利于减少契约的签订、执行和监督等环节的交易成本。所以在龙头企业与农户之间引入合作社或大户，能够有效降低小农户的分散性所导致的潜在负面影响，有效降低龙头企业和小农户的交易成本（赵志龙，2008）。此外，相比于龙头企业，当地的经纪人或大户通常能够更加准确地获取和掌握农户的生产信息等，并且能充分利用农村社会中的社会网络关系，有效监督和约束分散农户的机会主义行为（徐健、汪旭晖，2009）。可见，合作社或大户的引入能够有效促进龙头企业和养殖户交易的稳定性。由此，龙头企业和农户的关系逐渐转变为合作竞争的关系，纵向一体化程度得到有效提升。

合作社等中介组织的介入尽管在一定程度上抑制了龙头企业与农户的机会主义行为，但仍存在一些制度缺陷。比如，由于中介组织与龙头企业的利益并非完全一致，以及中介组织与农户之间的联系较为松散，中介组织不能真正发挥对农户的监督作用。"龙头企业+中介组织+农户"型契约模式难以使龙头企业对上游产业实施有效控制，也无法有效保障原料安全、质量安全和品牌安全等。此外，对于农户而言，他们在合同签订和执行时仍处于弱势地位，如若龙头企业在市场行情不好时单方面毁约，养殖户也只能选择被动接受。由此可见，"龙头企业＋中介组织＋农户"型契约模式，并不能使农户真正与龙头企业分享延伸产业链所增加的利润（郭晓鸣、廖祖君，2010）。弥补这些缺陷，改进流程，是农业产业组织演变和创新的动力。

（4）纵向一体化阶段。在该阶段，龙头企业将农产品生产过程完全纳入企业内部，从产品生产、加工到流通等实现了一体化的流程，纵向一体化得到深入发展。在完全的纵向一体化模式下，龙头企业对农产品生产环节进行整合，并将农产品供应链纳入其管理范围，实现了对农产品生产各环节的绝对控制，能够保障原料供给及质量安全。龙头企业可与农户形成紧密的利益联盟，共同分享产业链创造的利润。龙头企业不仅需要延伸至产业链的前端，供应饲料和药品，还需拓展战略合作伙伴，联合更多的饲料和药品生产商，从而实现纵向和横向的一体化。龙头企业通过契约高价收购按企业要求生产的农产品，不仅能够有效地激发农户生产积极性和忠诚性，而且还能对农产品生产环节进行有效监督和控制（郭晓鸣、廖祖君，2010）。

此外，还存在龙头企业领办型合作社这一混合一体化经营组织模式。龙头企业领办型合作社以农产品的购销关系为纽带将各成员联合起来，对农产品生产过程中所涉及的具体技术标准和产品的最终形式进行详细规定，以及对农产品生产过程进行监督并对最终的农产品进行检测。通过合作社加强对农户生产环节的直接控制，有利于从源头上保障农产品质量安全并塑造良好的企业品牌。

表4-1 不同纵向协作模式的交易特性对比

纵向协作模式	交易特性
市场交易	龙头企业和农户之间属于一次性买断关系，价格随行就市
销售合同	双方约定交货数量或质量，龙头企业负责收购农产品，价格通常随行就市

续表

纵向协作模式	交易特性
生产合同	龙头企业赊账给农户投入品，提供技术指导等，并负责收购农产品
合作社	社员从合作社购买投入品等，合作社负责联系买家收购农产品
纵向一体化	农产品生产、销售、加工和流通等都在同一个企业内部

通过上述梳理和分析可知，农产品的纵向协作形式包括市场交易、销售合同、生产合同、合作社、纵向一体化5种形式（见表4-1）。目前中国完全纵向一体化的形式在农业领域非常少见。近年来以生产合同和合作社为代表的契约模式已逐渐被农户采用，但市场交易的形式仍占据主导地位（孙艳华，2007）。

第二节　订单农业对农户收入的影响分析

在影响农户订单农业参与行为及契约关系稳定性的诸多因素中，订单农业能否给农户带来最大化的预期收益是农户选择并履行契约的重要因素之一。所以在分析农户参与订单农业的行为决策之前，有必要检验当前订单农业模式对农户经济绩效的影响，以期为深入理解农户参与订单农业的行为决策提供现实基础和依据。

尽管从理论和国际运行经验看，订单农业具有降低市场风险、增加农户收入等作用，但在实践中订单农业的实施效果不一。事实上，订单农业对发展中国家农户的影响已引起学术界广泛的理论探讨。订单农业的支持者认为，参与订单农业能够降低农户的市场风险和交易成本，使小农户获得生产资料、资金、市场信息和生产技术等支持，起到促进农户增收、减少绝对贫困的作用（Warning and Key，2002；Niu et al.，2016；Bellemare，2012）。然而，还有一些学者因担心订单农业对小规模农户具有"挤出"效应、使农户缺失自主权和商业决策权、容易被龙头企业利用等，而对订单农业的农户增收效应持否定的态度（Singh，2002；Schulze et al，2006；Maertens，2006；Cahyadi and Waibel，2016）。由此可见，订单农业一方面为农户提供了更好的生产条件和市场机会，从而促进了农户收入的提高；

另一方面，农户的订单农业收入效应也可能会因为小农户在市场中的弱势地位而被削弱。因而，关于订单农业对农户收入的影响到底如何，学界并未达成共识，订单农业的实施效果有待进一步验证（侯晶等，2018）。

事实上，现有文献对订单农业的农户收入效应的分歧，也反映了订单农业对农户收入的影响具有复杂性。通过对文献的梳理发现，以往对农户收入效应的研究普遍采用最小二乘估计（OLS），即仅分析条件均值下的农户收入效应，忽略了收入分布顶端和尾部的情况。而农户收入水平的差异反映了其资源禀赋的异质性（温涛等，2015），如果充分考虑农户的收入差别，那么同样的订单农业组织模式对不同收入水平农户的绩效可能会具有不同的效果，这可能也是订单农业对农户影响的研究结论具有差异性的原因。但从已有的文献来看，当前针对订单农业收入效应的研究仍局限在总体效应方面，尚缺乏对不同收入层次农户的收入影响的系统分析及实证检验；且在研究方法上，大多忽略了未观测到的农户特征（如经营能力、勤奋、创新精神等）和订单参与变量可能存在内生性所导致的测量偏差问题。因此，采用单一的 OLS 进行估计将导致结果有偏，而引入能够测度收入分布差异效应的分位数回归模型和充分考虑内生性偏误的 Heckman 选择模型进行订单农业的农户收入效应研究，则更为科学、有效。

本节将以江苏省 359 户肉鸡养殖户为案例，对订单农业的农户收入效应展开实证分析。与以往研究不同的是，本研究引入了 Heckman 选择模型和分位数回归模型，在解决内生性偏误问题的同时，进一步基于农户收入的条件分布，深入分析订单农业对不同收入层次农户的影响差异，以期填补国内相关研究的空白，制定更具针对性的农业产业化政策以实现优化农户增收效果的目的。

一 理论机制与计量模型设定

本节的研究目的是检验农户参与订单农业的收入效应，主要通过农户是否参与订单农业对其家庭人均养殖净收入的影响效果进行检验。在"龙头企业＋农户"的生产合同模式下，鸡苗、饲料、药品等生产资料的采购和最终产品的销售均由龙头企业负责，而农户则需要按照龙头企业的统一要求进行防疫及饲养管理，并预付保证金。本研究假设订单农业在整体上能够促进农户增收，其影响机制主要在于：在生产合同模式下，龙头企业为农户提供生产要素、资金、技术推广和指导等，能有效提高农户的生产效率，降低农户的交易成本和市场风险，从而提高农户生产效益。具体分析如下。第一，龙头企业为契约农户提供生产资料乃至信贷，有利于提升农户的生产效率，进而促进农户增收。第二，农户参与订单农业本身可能就是为了获取更好的生产技术，龙头企业往往具备技术创新能力，向农户推广自己的新技术有利于农户生产技术水平的提高，从而增加农户的收入。第三，龙头企业为契约农户提供技术指导和养殖培训，这能够提高农户的养殖能力，增加其管理经验，并使农产品质量得到提升，进而有利于增加农产品的销售价格，在一定程度上促进了农户增收。而且，龙头企业对契约农户提供技术指导和养殖培训，也有助于强化龙头企业与农户之间的关系，提高订单农业的履约率，从而促进农户增收。第四，从新品种采纳角度看，生产合同这一紧密的纵向协作关系有利于提升农户的创新能力及先发优势价值，这提升了农户采纳良种后的利润率。同时，紧密的纵向协作关系能够削弱供应链上下游的抗衡力量，增强自身的市场力量，这将有利于提升农户的盈利水平，强化农户品种改良行为的利益激励。第五，在农业产业化发展到一定阶段，尤其是进入"工业反哺农业"阶段，销售合同向生产合同转变，在这一演变过程中，农户通过参与农产品价值链上下游各环节的整合分享价值重新分配带来的附加值，从而实现增收。

考虑到不同农户家庭自身资源禀赋及所处区域不同，可能导致其订单农业参与的收入效果存在明显差异，因此本研究预计订单农业对不同收入层次农户的收入效果存在差异。

首先构建OLS回归模型，其模型形式如下：

$$\ln(Y) = \alpha + \beta X + \gamma Z + \varepsilon \tag{4-1}$$

其中，Y为被解释变量，表示农户家庭的人均养殖净收入（在进行模型回归时，为减小异方差影响，取自然对数形式），即养殖户全年肉鸡总产出的增加值；自变量中，X为核心解释变量，衡量农户是否参与订单农业，Z表示农户个体和家庭特征、养殖特征等一组控制变量向量；ε为随机扰动项。

为了更好地考察订单农业对农户收入的影响，在模型（4-1）的估计过程中，需要注意两个关键性问题。

第一，内生性问题。一方面，由于未观测到的农户特征因素（如个人能力、勤奋程度、创新精神等）可能会与农户的订单农业参与行为具有相关性，遗漏变量和测量误差会导致模型的内生性（Miyata et al.，2009）；另一方面，养殖大户有可能存在"自选择"行为，即"大户选择企业、企业选择大户"的马太效应循环（周力，2016）。因此，若采用单一的 OLS 回归模型，估计结果可能会存在内生性偏误。为解决这一问题，本研究拟同时采用 Heckman 选择模型对样本选择或自选择偏误加以矫正。借鉴周力（2016）等学者的研究，选取农户养殖场是否位于签约公司的覆盖区域（距离公司 30 千米之内）、农户从事肉鸡养殖的机会成本（包括种植业收入和非农收入）、农户从事肉鸡养殖的预算约束（即养鸡借款）为工具变量。上述几类变量会显著影响农户的订单农业参与决策，但对农户肉鸡养殖收益的影响是不确定且间接的。

第二，农户收入的实际情形难以满足模型（4-1）对随机误差项做出同方差与服从正态分布的假定，进而会导致模型估计结果产生偏误。Koenker 和 Bassett（1978）提出的分位数回归模型，能够放松样本均值回归对随机误差项独立同分布的假设，故本研究拟进一步运用分位数回归模型研究订单农业的农户收入效应。相较于样本均值回归，该模型具备以下优势：一是能够克服随机扰动项强假定的偏离所导致的估计偏误；二是估计结果不易受收入离群值的影响，稳健性较好；三是分位数回归对条件分布的刻画更为细致，便于探讨订单农业对不同收入层次农户效用影响的差异性。本研究定义 $Q_q[\ln(Y)]$ 代表 q 分位上的农户收入水平，对于任意的 $0 < q < 1$，构建如下的分位数回归模型：

$$Q_q[\ln(Y)] = \alpha_q + \beta_q X + \gamma_q Z + \varepsilon_q \qquad (4-2)$$

综上所述，本研究的计量分析主要包括三部分：一是通过 OLS 多元回归模型检验农户参与订单农业是否显著提升了他们的人均养殖净收入；二是运用 Heckman 选择模型，选择工具变量以检验 OLS 模型是否存在内生性问题；鉴于前述回归模型的结果只能描述平均水平，本研究计量的第三部分是采用分位数回归模型，深入剖析订单农业对不同收入层次农户的人均养殖净收入的影响差异。

二 自变量说明及描述性统计分析

本研究关心的核心解释变量为订单农业参与变量，采用如下方式度量：若农户和龙头企业签订了生产合同，该变量取值为 1，否则取值为 0。在生产合同模式下，鸡苗、饲料、药品等生产资料的采购和最终产品的销售均由龙头企业负责，而农户则需要按龙头企业的统一要求进行防疫及饲养管理，并预付保证金，这类农户被称为"契约农户"。而在市场交易模式下，农户自主采购生产资料并销售最终商品，价格随行就市，这类农户被称为"独立养殖户"。

文献研究表明，农户的个体特征、生产特征、家庭资产等也是影响农户收入的因素（徐健、汪旭晖，2009；辛翔飞、王济民，2013）。因此本研究加入了一系列控制变量：①年龄，用养殖户户主的实际年龄表示；②受教育程度，用养殖户户主的实际受教育年限表示；③家庭人口规模，度量指标为养殖户家庭总人口数；④养殖人数，通过家庭人口中专门从事肉鸡养殖的劳动力人数来衡量；⑤养殖规模，度量指标为 2015 年全年肉鸡出栏量；⑥养殖经验，通过农户从事肉鸡养殖的年限来衡量；⑦养殖品种，按照黄羽鸡和白羽鸡分类，设置虚拟变量，1 为黄羽鸡，0 为白羽鸡；⑧专用性投资，本研究将养殖户的鸡舍及养鸡设备投资额作为专用性投资，并按照每年 3.33% 的折旧率进行计算（其中，养鸡设备主要包括自动喂养设备、自动喷雾设备、通风设备、加温设备等）；⑨家庭资产，根据 2015 年末农户资产调查情况，本研究选取耕地面积、房屋面积、空调数量及汽车数量衡量农户的家庭资产情况，代表其家庭生活状况及财富。值得说明的是，考虑到家庭收入本身可能具有内生性，本研究没有用家庭收入（生产性资产）来衡量财富，而是采用非农固定资产（消费类资产）来衡量。

表 4-2 农户订单农业收入效应模型中的变量描述性统计

变量	变量定义	平均值	标准差	最小值	最大值
自变量					
订单农业参与	若农户参与订单农业，取值为 1，否则取值为 0	0.808	0.395	0	1

续表

变量	变量定义	平均值	标准差	最小值	最大值
年龄	户主年龄（岁）	48.738	9.610	27	69
受教育程度	户主受正规学校教育年限（年）	7.510	2.800	0	15
家庭人口规模	家庭常住人口数量（人）	4.404	1.652	2	10
养殖人数	家庭人口中专门从事肉鸡养殖的劳动力人数（人）	1.798	0.568	1	6
养殖规模	2015年全年的肉鸡出栏量（万只）	5.389	5.224	0.32	45
养殖经验	从事肉鸡养殖的年限（年）	7.426	5.751	1	30
养殖品种	1=黄羽鸡；0=白羽鸡	0.834	0.369	0	1
专用性投资	鸡舍和养鸡设备投资额（万元）	23.109	26.397	0	173.8
耕地面积	自有耕地面积（亩）	4.098	4.058	0	20
房屋面积	房屋总面积（百平方米）	2.620	2.200	0.2	18
空调数量	家中空调数量（台）	1.819	1.367	0	12
汽车数量	家中使用的汽车数量（辆）	0.507	0.693	0	5
工具变量					
公司覆盖区域	1=养殖场与公司的距离在30千米以内；0=其他	0.899	0.301	0	1
种植业收入	家庭种植业收入（万元）	0.282	5.405	0	29
非农收入	农业以外的收入（万元）	3.443	4.942	0	35
养殖借款	养鸡借款额（万元）	4.893	11.676	0	100
因变量					
人均养殖净收入	家庭人均养殖净收入（万元）	2.447	2.631	-3.33	26

注：家庭常住人口包括在家居住6个月以上且经济和生产与本户连成一体的人口，以及在家居住6个月以下但收入主要带回家的外出从业人员。

变量的描述统计详见表4-2。本次调查中，受访农户的平均年龄接近49岁，平均受教育年限为7.5年，说明平均而言，从事肉鸡养殖的农户年龄较大，且受教育程度较低。受访农户从事肉鸡养殖年数平均为7.4年，肉鸡养殖规模平均为5万只/年，说明农户的养殖经验较为丰富，规模化程度较高。此外，平均来看，受访农户家庭的人均养殖净收入为2.4万元，专用性投资为23万元。

表4-3呈现了独立养殖农户与契约农户的特点以及各变量差异的t检验结果。结果显示，两类样本农户在养殖规模、专用性投资、人均养殖净

收入等方面均具有显著的区别。从表4-3看,独立养殖户的人均养殖净收入和平均专用性投资都明显高于契约农户,这说明独立养殖户平均而言拥有更多的营运资本。

表4-3 契约农户和独立养殖户的特征比较

变量	独立养殖户(N=69) 平均值	标准差	契约农户(N=290) 平均值	标准差	t检验 Prob. > | t |
年龄	48.696	9.331	48.748	9.69	0.186
受教育程度	8.362	3.258	7.307	2.646	***
家庭人口规模	4.493	1.633	4.383	1.658	0.863
养殖人数	1.696	0.577	1.834	0.564	0.620
养殖规模	7.457	7.847	4.897	4.248	***
养殖经验	11.783	8.793	6.390	4.144	***
养殖品种	0.478	0.503	0.775	1.321	*
专用性投资	33.372	39.517	20.667	21.556	***
耕地面积	3.610	3.646	4.214	4.147	0.550
房屋面积	2.821	2.49	2.572	2.127	0.599
空调数量	2.449	1.875	1.669	1.171	***
汽车数量	0.826	0.804	0.431	0.642	***
公司覆盖区域	0.884	0.323	0.903	0.296	*
养殖借款	10.855	20.207	3.475	7.923	***
非农收入	5.459	7.556	2.963	3.952	***
种植业收入	0.622	6.808	0.201	5.025	0.643
人均养殖净收入	2.875	3.898	2.345	2.223	***

注:*、**、*** 分别表示在10%、5%、1%的水平下通过显著性检验。

三 实证结果分析

(一) OLS 回归模型的估计结果

OLS 回归模型的估计结果如表4-4左栏所示。在估计过程中,本研究采用了 White 异方差来校正截面数据所带来的异方差性。此外需要说明的是,考虑到净收入数值存在负数的情况,取自然对数后该类样本会因出现缺失值而被剔除，本研究通过观察样本数据的描述统计值，在不影响分析结论的情况下，将上述样本取对数后的收入值用 0 进行替代（下同），以规避大量样本的缺损现象。

表 4-4 订单农业对农户收入影响的 OLS 和 Heckman 选择模型估计结果

变量	OLS 回归模型 因变量：人均养殖净收入	Heckman 选择模型 因变量：订单农业参与	Heckman 选择模型 因变量：人均养殖净收入
订单农业参与	1.886***	—	1.434**
年龄	0.002	0.018	0.004
受教育程度	-0.008	0.004	-0.009
家庭人口规模	-0.311***	-0.027	-0.312***
养殖人数	0.109	0.194	0.121
养殖规模	0.034***	0.006	0.034***
养殖经验	0.058***	-0.088***	0.050**
养殖品种	-0.111	-0.002	-0.104
专用性投资	-0.002	-0.010***	-0.003
耕地面积	-0.015	-0.018	-0.017
房屋面积	0.015	0.023	0.016
空调数量	0.147	0.043	0.142
汽车数量	-0.217	0.114	-0.225
公司覆盖区域	—	0.264*	—
养殖借款	—	-2.08e^(-6)**	—
非农收入	—	-0.054**	—
种植业收入	—	-0.039*	—
Adjusted R^2	0.186	—	
Prob. > F	0.000	—	
Wald chi^2	—	48.27	
Prob > chi^2	—	0.000	
athrho	—	0.137	
逆米尔斯比率	—	0.269	

续表

变量	OLS 回归模型	Heckman 选择模型	
	因变量： 人均养殖净收入	因变量： 订单农业参与	因变量： 人均养殖净收入
样本量	359	359	

注：因变量是人均养殖净收入的自然对数（对于净收入为负的样本，取对数后的收入值用0替代）。*、**、*** 分别表示在10%、5%、1% 的水平下通过显著性检验。

本研究特别关注订单农业参与变量对农户收入的影响。表4-4中的OLS估计结果显示，订单农业参与变量在1%的显著性水平下通过检验，表明与市场交易模式相比，订单农业在整体上能够显著提升农户的人均养殖净收入。这与Niu等（2016）、张昆等（2014）等的研究结论相一致，说明农户通过农业产业化经营能够降低市场交易成本、获取信贷支持和技术指导，进而提高生产效率、增加生产效益。

控制变量的估计结果显示，家庭人口规模变量对农户的收入具有显著负向影响，而养殖规模变量和养殖经验变量对农户的收入具有显著正向影响。这表明，农户的家庭人口数越少、养殖规模越大、养殖年限越长，农户家庭的人均养殖净收入就越高。不难理解，较多的家庭人口数量会降低人均产出，而农户的养殖规模越大，其肉鸡养殖的商品化程度和专业化程度可能会越高，规模效应所带来的平均生产成本的下降能够促进农户增收。养殖年限反映了农户饲养经验的丰富程度，农户肉鸡养殖年限越长，其饲养经验就越丰富，农户可能会越敢于创新并尝试新技术、新产品，从而有利于收入的增长。

（二）Heckman 选择模型的估计结果

Heckman 选择模型的估计结果如表4-4右栏所示。该模型包括两个方程，"选择方程"用于估计农户参与订单农业的概率，而"结果方程"是关于人均养殖净收入的方程，与订单农业参与变量、控制变量以及逆米尔斯比率一起矫正自选择问题。如表4-4所示，第一阶段工具变量的估计结果表明，农户处于公司覆盖区域、农户养殖借款越少、农户非农收入和种植业收入越低，则其参加订单农业的概率越低。在此处本研究进行了过度识别检验，结果显示 p 值均大于0.1，因而可认为所有工具变量均为外生。然而，Hausman 内生性检验未在至少10%的水平上拒绝原假设（卡方统计量为2.708，p值为0.443），因此，本研究认为订单农业参与变量不是内生解释变量。此外，模型估计结果中代表两方程误差项之间相关性的athrho值不具有统计学意义（p值为0.461），说明样本不存在选择偏差问题。

值得注意的是，订单农业参与这一核心解释变量在5%的显著性水平下通过检验，这一结果肯定了订单农业在整体提升农户收入方面的关键作用。此外，在Heckman选择模型的估计结果中，其他解释变量估计系数的大小及作用方向与OLS估计结果基本一致，这意味着使用Heckman和OLS没有系统性的差异，同时也更好地验证了本研究估计结果的可靠性。

（三）分位数回归模型的估计结果

借鉴李长生、张文琪（2015）和温涛等（2016）的研究，本研究在分位数回归中选取了0.1分位点、0.25分位点、0.5分位点、0.75分位点和0.9分位点，以区分极低收入组、低收入组、中等收入组、高收入组和极高收入组之间的收入差距。在模型回归之前，本研究用命令"test［q10 = q25 = q50 = q75 = q90］: contract"检验在各分位点回归中，订单农业参与变量（contract）的系数是否相同，结果显示p = 0.067，表明在10%的显著性水平下各个分位点的回归系数不完全相同。分位数回归模型的估计结果如表4-5所示。

从表4-5可以看出，在0.1分位点和0.25分位点的回归模型中，订单农业参与变量的回归系数均为正值，且分别在1%和10%的显著性水平下通过检验。这表明订单农业对低收入层次农户的人均养殖净收入有显著的促进作用。由于低收入层次农户拥有的物质资本较为匮乏，家庭资源禀赋通常处于劣势，对其增加物质资本等投入，会使得边际产出效果更为明显。具体而言，在生产合同模式下，龙头企业会为农户提供生产要素、资金、信息、技术推广和指导等，农户参与订单农业后能够立即弥补自身在资金、技术、信息等方面的缺陷，极大地缓解农户生产的瓶颈约束，因此这类农户的养殖收入受到订单农业的影响较为显著。该结果也说明了农村地区的贫困群体能够通过参与订单农业而受益。

而在0.5分位点和0.75分位点的回归模型中，虽然订单农业参与变量的回归系数为正数，但未通过显著性检验，这意味着当前的订单农业模式在利益分配机制等方面尚存在不完善的地方，无法保护弱势农户的切身利益。事实上，传统的"龙头企业+农户"的订单农业组织模式易诱使农户投资于专用性资产、调整生产模式等，导致农户对龙头企业产生严重依赖并丧失在谈判中的议价能力，进而使得双方市场权利不均衡，农户难以分享订单农业的增值效益（蒋东生，2004）。正如刘凤芹（2003）指出的，若契约本身缺乏较好的风险分摊机制，且在契约设计时并未有效解决契约双方市场权利不均衡的问题，则现有的契约模式不能有效地促进农户增收。

需要注意的是，0.9分位点回归模型的估计结果显示，订单农业参与变量不显著且为负，说明订单农业未能促进极高收入层次农户的增收，相反还具有一定的负向影响。可能的解释是，"龙头企业+农户"型契约模式下农户通常获得的是固定收益，而高收入层次农户因其自身的家庭资源禀赋和风险承受能力较高，且在经营能力、资金、信息等方面具有优势，因而具有一定的经济实力及创收能力，这类农户若选择自主经营，可能会获得比固定利润更高的收益。

表4-5 订单农业对农户收入影响的分位数回归模型估计结果

变量	分位点及回归结果				
	q=0.1	q=0.25	q=0.5	q=0.75	q=0.9
订单农业参与	8.898***	1.239*	0.159	0.031	-0.002
年龄	-0.002	-0.004	0.002	-0.001	0.004
受教育程度	0.002	-0.014	0.016	-0.003	-0.013
家庭人口规模	-0.183**	-0.320***	-0.305***	-0.294***	-0.279***
养殖人数	0.026	0.110	0.037	0.016	-0.032
养殖规模	0.029	0.037	0.034	0.033	0.048**
养殖经验	0.020	0.015	0.0003	0.009	0.020
养殖品种	-0.153***	-0.099***	-0.041	-0.017	-0.002
专用性投资	-0.004	-0.004	-0.002	0.001	0.001
耕地面积	-0.024	-0.032	-0.030**	-0.021***	-0.013
房屋面积	0.064**	0.031	0.029	0.006	-0.024

续表

变量	分位点及回归结果				
	$q=0.1$	$q=0.25$	$q=0.5$	$q=0.75$	$q=0.9$
空调数量	0.075	0.216***	0.127***	0.066*	0.073
汽车数量	-0.090	-0.186	-0.092	-0.024	0.050
Adjusted R^2	0.376	0.126	0.191	0.270	0.344

注：因变量是人均养殖净收入的自然对数。对于净收入为负的样本，取对数后的收入值用0替代。*、**、***分别表示在10%、5%、1%的水平下通过显著性检验。

本研究进一步采用农户在2015年中每一批次的养鸡收入数据[①]，以单位肉鸡养殖净收入的标准差为因变量进行了实证分析，结果发现农户参与订单农业能够降低收入获取的风险[②]，这也说明了这类高收入层次农户参与订单农业的目的可能是"求稳"而非"赚钱"。

以上分析表明，各分位数水平下的回归结果与均值回归结果并不相同，故订单农业对农户收入的影响不能以均值回归结果来判定[③]。总体来看，订单农业能够促进农户的收入增长，但对农户收入的影响随着农户收入水平的提高而降低。值得说明的是，虽然订单农业仅对低收入层次农户的收入具有显著的正向影响，但是高收入农户参与订单农业能够降低收入获取的风险，从而在长期保障了其收入水平[④]。

---

① 肉鸡养殖户根据其饲养的肉鸡品种不同，一般一年可饲养2~5批，每一批的养殖周期通常在60~100天。
② 本研究以农户在2015年中各个饲养批次的单位肉鸡养殖净收入的标准差为因变量，以订单农业参与变量和其他控制变量为自变量，分别进行OLS估计和Heckman选择模型估计，结果显示订单农业参与变量的回归系数均为负值，且分别在1%和5%的显著性水平下通过了检验。
③ 尽管这5个分位点的回归分析能够较好地代表农户不同收入水平之间的收入差距比较，但并未能对解释变量在全部分位点上的边际贡献变化情况进行全面描述。作为稳健性检验，本研究还进行了全分位数回归，将解释变量在全部分位点上对农户人均养殖净收入的边际贡献和变化趋势用直观的图形表示。结果显示，订单农业参与变量图形中的前半部分波动较大，表明其在中低分位点上的估计系数变化较为显著；而后半部分波动较为平缓，意味着该解释变量在各分位点上的估计系数变化不显著。由此可见，全分位数回归结果和本研究的主要结论一致，说明主要发现是稳健的，本研究分位点的选取具有一定的可行性与代表性。
④ 本节的核心内容已刊发在《南京农业大学学报》（社会科学版）2018年第3期。

第三节　订单农业对农户安全生产行为的影响分析

近年来"瘦肉精""速生鸡"等事件频发，反映出农产品质量安全控制不力的严峻事实。订单农业被认为是促进产业融合、保障农产品质量安全、提高农业产业化水平的重要方式。那么，在实践中，订单农业到底能否规范农户的安全生产行为，农户参与订单农业能否有效改善安全生产状况？为此，本研究以江苏省 359 户肉鸡养殖户为案例，分析农户参与订单农业对其安全生产行为的影响，以检验以"龙头企业＋农户"契约模式为代表的订单农业模式在保障农产品质量安全方面的实施效果。

一　理论分析

订单农业对农户安全生产行为的影响机制，主要在于订单农业能够利用规制治理机制形成较强的外部约束，并通过对农户进行生产技术培训和指导来增强农户的安全生产意识，从而对农户的安全生产行为决策产生影响。

以肉鸡产业为例，订单农业对农户安全生产行为的影响体现在：在"龙头企业＋农户"的生产合同模式下，龙头企业向农户统一提供鸡苗、兽药、饲料等投入品，并对防疫及饲养管理要求进行明确规定，这将能够有效地控制疫情的蔓延，规范农户的标准化生产行为；龙头企业向契约农户提供技术指导和养殖培训（包括兽药使用说明、病死鸡处理方式等），并派技术指导员定期上门对农户进行一对一的指导和监督，不仅有利于提升农户的养殖能力和管理经验，还将有助于提高农户的安全生产意识，约束其不规范的养殖行为。因此，本研究预期与市场交易模式相比，农户参与订单农业能够显著改善安全生产状况。

二　变量选取与模型设定

（一）变量选取

（1）因变量的选取。对于农户的安全生产行为指标，学者们选取的标准不太一致。例如，胡定寰等（2006）从无公害农药和剧毒农药角度界定了苹果种植户的质量安全行为，吴秀敏（2007）则将是否使用安全兽药作为养殖户质量控制的评判标准，王瑜、应瑞瑶（2008）采用生猪日均使用添加剂数量以及是否使用药物添加剂对生猪养殖户的质量控制行为进行界定。结合实际调查情况，本研究基于肉鸡养殖前、养殖中、养殖后3个阶段，分别选取是否遵守空棚期（养殖前）、是否安全使用兽药（养殖中）、病死鸡和疫苗包装物是否无害化处理（养殖后）来衡量农户的安全生产行为。

（2）核心解释变量的选取。本研究的核心解释变量为农户是否参与订单农业，用0和1虚拟变量衡量，1表示农户参与订单农业，0则表示不参与。

（3）控制变量的选取。借鉴华红娟、常向阳（2012）和赵伟峰等（2016）的研究，本研究选取农户年龄、受教育程度、养殖经验、养殖规模、养殖收入比例、技术培训、村干部等指标作为控制变量。

上述变量的描述性统计如表4-6所示。表4-7描述了农户安全生产行为实施情况。从表4-7可以看出，同时实施3种安全生产行为的农户占71.31%，其中，农户安全使用兽药的比例最高（94.43%），其次是遵守空棚期的情况（养殖前能够遵守空棚期的农户占87.74%），而农户在养殖后期对病死鸡和疫苗包装物进行无害化处理的比例相对较低，为82.45%。通过对比独立养殖户和契约农户的3种安全生产情况发现，契约农户所占的比例均高于独立养殖户所占的比例。此外，在契约农户和独立养殖户中，同时实施3种安全行为的农户比例分别为79.31%和37.68%，说明契约农户比独立养殖户实施安全生产行为的概率要高得多。

表4-6 农户安全生产行为研究中的变量描述性统计

变量	变量定义	平均值	标准差	最小值	最大值
空棚期	农户在养殖前是否遵守空棚期：1=空棚期不低于20天；0=其他	0.877	0.328	0	1
兽药使用	农户在养殖过程中是否安全使用兽药：1=农户安全使用兽药；0=其他	0.944	0.23	0	1
病死鸡和疫苗包装物处理	农户在养殖后期是否对病死鸡和疫苗包装物进行无害化处理：1=无害化处理；0=其他	0.825	0.381	0	1
订单农业参与	1=农户参与订单农业；0=不参加	0.808	0.395	0	1

续表

变量	变量定义	平均值	标准差	最小值	最大值
年龄	户主年龄（岁）	48.738	9.610	27	69
受教育程度	户主受正规学校教育年限（年）	7.510	2.800	0	15
养殖规模	2015年全年的肉鸡出栏量（万只）	5.389	5.224	0.32	45
养殖经验	从事肉鸡养殖的年限（年）	7.426	5.751	1	30
养殖收入比例	肉鸡养殖净收入占家庭总净收入的比例（%）	0.715	0.272	0.15	1
技术培训	若2015年农户参加养鸡技术培训，取值为1，否则取值为0	0.819	0.386	0	1
村干部	若农户家庭有村干部，取值为1，否则取值为0	0.114	0.319	0	1

表4-7 农户安全生产行为实施情况

单位：人，%

	全部样本		独立养殖户		契约农户	
	人数	占比	人数	占比	人数	占比
遵守空棚期	315	87.74	37	53.62	278	95.86
安全使用兽药	339	94.43	61	88.41	278	95.86
病死鸡和疫苗包装物无害化处理	296	82.45	46	66.67	250	86.21
同时实施3种行为	256	71.31	26	37.68	230	79.31
总计	359		69		290	

（二）模型设定

本研究采用多变量Probit模型分析订单农业对农户安全生产行为的影响。通常来说，可以分别利用3个简单的二元Probit模型来研究相关因素对3种安全生产行为（是否遵守空棚期、是否安全使用兽药、病死鸡和疫苗包装物是否无害化处理）的影响。相应的Probit模型如下：

$$Pr(Y_j = 1 \mid X) = \Phi(\beta'X) \tag{4-3}$$

式（4-3）中，Y_j（$j=1,2,3$）取值为0或1，表示农户的某种安全生产行为；X为自变量。

但是，在现实中，农户可能会同时实施多种安全生产行为，而且这些行为之间并不相互排斥。因而，某些不能观测到的因素可能会同时影响农户对不同安全生产行为的采用，即上述简单的二元 Probit 模型的误差项之间存在相关性。若不考虑这种内生性问题，而直接采用多个二元 Probit 模型分别研究农户安全生产行为，则可能会导致估计结果的偏误。因此，本研究运用多变量 Probit 模型对影响农户安全生产行为的因素进行分析，该模型允许不同方程的误差项之间存在相关性（Greene，2011）。

多变量 Probit 模型的表达式如下：

$$Y_j^* = \beta_j X + \mu_j, j = 1, 2, 3 \qquad (4-4)$$

$$Y_j = \begin{cases} 1 & 如果\ Y_j^* > 0 \\ 0 & 其他 \end{cases} \qquad (4-5)$$

式（4-4）中，$j = 1, 2, 3$ 分别表示是否遵守空棚期、是否安全使用兽药、病死鸡和疫苗包装物是否无害化处理这 3 类安全生产行为；Y_j 为最终结果变量，Y_j^* 为潜在变量；若 $Y_j^* > 0$，则 $Y_j = 1$，则农户实施相应的安全生产行为；X 表示影响农户安全生产行为的各因素；β_j 为相应的估计系数；$\mu_j (j = 1, 2, 3)$ 为随机扰动项。

三 模型估计与结果分析

表 4-8 呈现了农户安全生产行为的多变量 Probit 模型估计结果。结果显示，订单农业参与变量对养殖前和养殖中两个阶段安全生产行为的估计系数均为正数，且均通过了在 1% 水平下的显著性检验，表明与独立养殖户相比，契约农户在遵守空棚期、兽药安全使用方面更加规范，实施安全生产的概率更高。在生产合同模式下，龙头企业会统一向契约农户提供药品，并派技术指导员定期上门提供服务和进行监督，契约农户必须严格按照企业规定的标准进行生产和管理，这无疑提高了产品的安全性。然而，订单农业参与变量对养殖后期安全生产行为的影响未通过显著性检验。这可能是由于龙头企业提供的技术指导服务以及生产监管主要集中于农户的养殖前期及中期，而对养殖后期病死鸡和疫苗包装物处理缺乏监督和管理。

在控制变量中，养殖经验变量对农户养殖前和养殖后的安全生产行为具有显著的正向影响。表明随着养殖年限的增加，农户在肉鸡空棚期、病死鸡和疫苗包装物处理方面的安全生产意识会逐渐增强。然而该变量对农户养殖过程中兽药安全使用行为的影响不显著，结果与预期不符。这可能是由于：一方面，肉鸡养殖年限越长的农户越能意识到安全生产的重要性；另一方面，养殖经验较丰富的农户可能倾向于按照自己的经验和习惯使用兽药（而非遵循标准化流程）。这两者综合作用导致养殖经验变量对农户兽药安全使用行为的影响不显著。技术培训变量对农户3类安全生产行为的影响均显著，表明参加技术培训的农户更加倾向于遵守空棚期、安全使用兽药，并对病死鸡和疫苗包装物进行无害化处理。此外，村干部变量对农户养殖中后期的安全生产行为具有显著的影响，这暗示村干部可能会在农户安全生产决策方面起到一定的模范带头作用。

表4-8 农户安全生产行为的多变量Probit模型回归结果

变量	是否遵守空棚期（养殖前）	是否安全使用兽药（养殖中）	病死鸡和疫苗包装物是否无害化处理（养殖后）
订单农业参与	1.619***	0.897***	-0.182
年龄	0.019	-0.006	-0.012
受教育程度	-0.021	0.097	0.021
养殖规模	0.035	0.020	0.019
养殖经验	0.052***	0.010	0.033**
养殖收入比例	0.268	-0.447	0.213
技术培训	0.811***	0.681*	0.497**
村干部	0.016	0.678**	0.496*
Log likelihood	-155.605		
Wald chi^2 (24)	99.45		
Prob. > chi^2	0.000		

注：*、**、***分别表示在10%、5%和1%的水平下通过显著性检验。

第四节 订单农业对农户清洁生产决策的影响分析

当前，建立起一套保障农业生产环境与食品安全双重属性的农业清洁生产体系，已成为中国转变农业增长方式、实现农业可持续发展的迫切需要。从理论和实践出发，供应链纵向协作应是实现农业清洁生产的关键所在（吴秀敏，2007；应瑞瑶等，2014；Karantininis et al.，2010）。本节以农户的低碳生产方式为例展开订单农业的清洁生产效果研究。

联合国政府间气候变化专门委员会（IPCC）发布的2014年度报告指出，农业、林业和其他土地利用所产生的温室气体排放量占全球温室气体排放总量的24%，温室气体排放的主要来源包括农业生产、土地管理、牲畜粪便等。气候变化是全球最严重的环境问题之一（IPCC，2014），且农业生产方式与气候变化之间的耦合关系已经变得更加明显（Parry et al.，2004；Olesen et al.，2011；Ray et al.，2015）。一方面，全球变暖加剧了粮食产量的波动性和农业生产的不确定性，在全球大部分地区，超过60%的产量波动可以用气候变化来解释（Ray et al.，2015）。例如，Parry等（2004）发现随着全球气温的急剧上升，产量在区域和全球范围内均有所下降；Olesen等（2011）观察到气候变化对整个欧洲作物和粮食产量影响的负面预期比例高得惊人。另一方面，在以石油农业为主要特征的现代农业发展模式下，农业生产已成为全球温室气体排放的主要来源（Beach et al.，2008；Bennetzen et al.，2016；Vetter，2017）。Bennetzen等（2016）指出，全球农业产量的增长主要来自发展中国家和转型国家，这也反映在温室气体排放量的增加上。值得说明的是，农业可以通过改变土地利用和作物管理方式来减少大量的温室气体（Schneider and McCarl，2006），这些措施与低碳农业生产方式密切相关。低碳农业是低碳经济在农业中的体现形式，有助于农业应对气候变化，减少温室气体排放，实现可持续发展。但现实中，中国农户采用低碳农业生产方式的比例很低。本节将以江苏省苏北和苏南地区水稻种植户为案例，分析影响农户低碳生产行为的关键因素，并实证检验订单农业对农户低碳生产决策的影响。

一 理论分析

（一）实现低碳农业生产方式的途径

从农户层面实现低碳农业生产的具体途径主要有3种（侯博、应瑞瑶，2015；Hou and Hou，2019）。第一个途径是改变传统的精耕细作方式。传统的精耕细作方式以高耕作强度和频率为特点，涉及化肥、农药、塑料薄膜等各种化工产品的大量投入，这种模式可导致土壤有机碳含量显著降低，温室气体排放量大幅增加（Hutchinson et al.，2007）。改变传统的耕作方法，如推行免耕、作物残茬保留、轮作等保护性耕作模式，有利于增加土壤有机碳含量，减少二氧化碳排放量（Fuentes et al.，2012；Camarotto et al.，2018）。实现农户低碳生产的第二个途径是改变土地利用方式。Smith 等（2010）测量了不同使用方式下农地的碳汇能力，指出森林和永久草地是重要的碳汇，适度的退耕还林对降低大气中的温室气体至关重要。相比之下，森林砍伐和开垦会增加大量的二氧化碳排放量。将草原、雨林和泥炭地转化为以粮食作物为基础的生物燃料所释放的二氧化碳，是这些生物燃料取代化石燃料所导致的温室气体减排量的 17～420 倍（Fargione et al.，2008）。实现农户低碳生产的第三种途径是应用低碳新技术。全球变暖以及降低对化石燃料依赖的需要迫使社会寻找可再生能源生产的替代资源。厌氧消化、生物燃料和可再生肥料能够在能源情景中发挥重要作用，特别是在农村环境中（Mattioli et al.，2017）。中国政府实施"沼气建设工程"，促进秸秆、禽畜粪便等农业废弃物的循环利用，每年可直接减少大量二氧化碳排放量。通过减少化学合成肥料的应用率和恢复使用传统的粪便肥料，结合保护性耕作实践，可以提高土壤的固碳率，并显著减少 CH_4 和 N_2O 的排放量（Qiu et al.，2009）。此外，间歇灌溉等节水技术的采纳能够增加土壤的透气性，不仅可以提高植株固碳量，还可以显著减少 CH4 的排放（祝华军、田志宏，2012）。

（二）农户低碳生产决策的影响因素

计划行为理论（Theory of Planned Behavior，TPB）是社会心理学领域解释和预测人类行为的经典理论。TPB 是在理性行为理论和多属性态度理论的基础上发展而来，多属性理论认为行为态度决定行为意向，而个体的预期和评价又决定着行为态度。Fishbein 和 Ajzen（1975）发展了多属性态度理论，提出理性行为理论，认为行为意向决定着行为的产生，同时受到行为态度和主观规范的共同影响。由于理性行为理论假定行为受到个体意志力的控制，因此对于不完全由个人意志控制的行为解释力有限。为扩大理论的适用范围，Ajzen 等（1991）通过增加感知行为控制变量修正了理性行为理论，进而正式提出计划行为理论。该理论认为，个体的行为意向决定个体的行为，而行为意向又取决于个体的行为态度、主观规范和感知行为控制。农户的低碳生产是农户有计划的行为决策，遵循计划行为理论。此外,TPB 还是一个开放的模型,引入对行为意向或行为具有重要影响的变量能使模型更严密。研究表明,农户参加订单农业对其生产行为意向和实际行为具有影响(刘晓鸥、邸元,2011;赵连阁、蔡书凯,2012)。因此,本研究将订单农业参与变量引入计划行为理论模型中,并基于理论文献提出农户低碳生产决策的影响因素及相关假说如下。

(1)订单农业参与。订单农业的参与者有更多机会接受低碳农业技术培训,对低碳生产方式及相关政策信息的了解更为充分,因而这类农户通常更加愿意进行低碳生产。此外,龙头企业或合作社能够向农户提供生产资料赊账服务、信贷抵押服务等,以此帮助农户降低信贷约束,从而有助于促进农户对低碳新技术的采纳。赵连阁、蔡书凯(2012)分类研究了中国农户对病害虫综合防治技术的采用行为,发现加入了新型农业经营模式的农户更愿意采纳物理、化学和生物防治型技术。因此本研究假设农户参与订单农业对其低碳生产意向和行为具有正向影响。

(2)行为态度。行为态度是个体对执行某具体行为的认知与评价。农户的低碳生产态度反映了农户对低碳生产的认知,以及进行低碳生产的倾向。农户对低碳生产的认知度越高、评价越积极,则其进行低碳生产的可能性就越大;反之,如果农户对低碳生产的理念不认同,对低碳技术的评价消极,则其主观上就不愿意采取低碳生产行为。刘永贤等(2011)研究了广西低碳农业的发展现状,发现农户的低碳生产意识普遍较弱,导致化肥农药施用量逐年上升。Abdollahzadeh 等(2018)分析了伊朗柑橘种植户对生物防治的态度,发现将生物防治视为一种有效病虫害管理方法的农户倾向于对生物防治持积极态度,进而更易采取生物防治行动。Montefrio 等(2015)研究了菲律宾农户参与生物燃料作物和油棕集约化生产的意愿,发现农户对环境的态度是影响农户参与低碳农业生产合同的主要因素。Tereza 等(2018)的研究发现,农户的风险认知显著影响摩尔多瓦共和国农户的可持续实践。因此本研究假设农户的行为态度对其低碳生产意向具有正向影响。

(3)主观规范。主观规范是个体在做出决策时所感受到的外界压力,它反映的是重要的人、组织或制度等对个体决策的影响力。农户低碳生产的主观规范是指农户在进行低碳生产时,可能受到来自法规制度的约束或激励、家庭成员的鼓励或反对、周围邻居的认同或歧视、农业相关组织的支持或抵制等方面的推力或压力。朱启荣（2008）对济南城郊农户的研究发现，禁烧政策宣传、秸秆还田补贴、政府查处力度等政策因素，对农户的秸秆焚烧行为产生显著影响。Ng 等（2011）对美国伊利诺伊农户生产管理行为的研究表明，与其他农户交流频繁的农户更愿意从事新型农业实践。Bossange 等（2016）研究了采用保护性耕作的农户的特征，发现研究人员的推荐有助于农户采用保护性耕作实践。Kragt 等（2017）的研究结果表明，通过加强澳大利亚气候变化政策的持续性，可以明显提高土地所有者对低碳农业的支持。因此本研究假设农户的主观规范对其低碳生产意向具有正向影响。

（4）感知行为控制。感知行为控制是个体自身在执行某特定行为时感知的难易程度和可控能力，反映的是个体对行为的控制会受到时间、资源、环境等多方面非意志力因素的现实约束。农户低碳生产的感知行为控制是农户对促进或阻碍低碳生产行为执行的因素考量，包括家庭禀赋资源、社会资源及过去的生产经验。单个农户无法掌握全面的市场信息，只能依靠经验和观察做出决策，其生产依据往往是滞后的市场信息（王珊珊、张广胜，2013）。Zhang 等（2010）指出过去的经验直接影响到农户对农业新信息的接收，如果农户根据过往经验发现低碳农产品的价格优势明显，那么农户将以积极态度从事低碳农业生产。侯博、应瑞瑶（2014）对江苏和河南农户的省级对比研究发现，以种植业为主业的老年农户，主要依靠个人观察和经验进行农场管理。家庭总收入越高，农户改变传统生产方式的可能性越大。其中，农户人均非农收入相对于其农业收入越高，越有利于农业生产过程中的碳减排。Boz（2018）对土耳其埃雷利芦苇床地区的农户进行了调查，发现高收入、具有更多的财政支持和更好的沟通网络是农户自愿参加环境项目的有效因素。因此本研究假设农户的感知行为控制对其低碳生产意向具有正向影响。

（5）低碳生产意向。Ajzen（1991）指出，个体的行为意向与行为产生之间具有高度正相关关系。行为意向往往反映了个体在进行行为决策时所愿意付出的努力程度，个体的行为意向越强烈，则其采取实际行动的概率越高。由此假设，农户的低碳生产意向对其低碳生产行为具有正向影响。

基于上述理论分析和研究假设，本研究构建如图 4-1 所示的农户低碳生产行为决策的假设模型，模型中包括订单农业参与、行为态度、主观规范、感知行为控制、低碳生产意向、低碳生产行为 6 个潜变量。

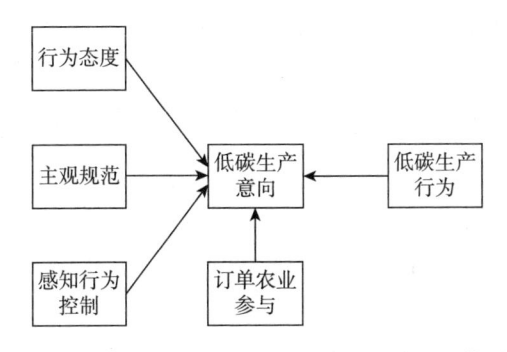

图 4-1 农户低碳生产行为决策机制的理论模型

二 样本选择及变量说明

(一) 样本选择

本研究中使用的数据来源于 2017 年在江苏省进行的水稻种植户家庭调查。稻田被认为是全球温室气体的主要人为来源，中国是世界第二大水稻种植区 (Wang et al., 2017)。伴随着经济的飞速发展，江苏省作为中国经济与社会发展代表性地区所面临的农业生态环境问题日益严峻，节能减排压力巨大。农用生产资料不仅在生产环节消耗化石能源而大量排放温室气体，其不当施用带来的排放与生态污染更为可观，在农业碳排放中占据了相当大的比重，所以江苏省的农业生产转型具有先导性和迫切性。

调研采取多阶段分层抽样与随机抽样相结合的方法。首先在江苏省选取经济发展水平存在差异的样本县：徐州的丰县和邳州、苏州的太仓和吴江。前两个样本县位于经济发展相对落后的苏北地区，后两个样本县位于经济发展相对发达的苏南地区。然后在每个样本县中随机抽取两个存在较多龙头企业或农村合作社的镇，并在每个样本镇内随机抽取两个行政村。最后在村内采用分层随机抽样，以确定每个样本村的具体调查对象。考虑到直接的随机抽样方式难以保证样本中包含一定数量的订单农业参与者，此次调查预设 1:4 的比例抽取契约农户和独立种植户。具体根据当地农业龙头企业或合作社提供的订单农业参与者名单，以及当地行政村村委会提供的农民户主名单（排除订单农业参与者），从中分别随机抽取 24 个契约农户和 6 个独立种植户。本次调查采用一对一访谈并当场答卷的方式进行，共获得有效问卷 442 份，有效率达 92%。

（二）问卷设计和描述性统计分析

本次调查是为了研究农户的低碳生产认知与决策行为，调查问卷是基于文献综述、相关理论、专家审查和修订并结合预调研情况等综合考虑的结果，采用封闭式题型设计具体问题，能够保证问卷具有良好的内容效度。调查问卷中的测量题项涉及 6 个潜变量相关的 22 个可观测变量。变量的定义和描述性统计见表 4-9。

表 4-9 低碳生产行为研究中变量的描述性统计

潜变量	代码	测量题项	平均值	标准差
行为态度（ATT）	ATT1	您了解低碳生产对环境的正向影响（李克特 5 级量表）	2.604	1.450
	ATT2	您了解低碳生产对收入的正向影响（李克特 5 级量表）	1.821	0.979
	ATT3	您了解低碳生产对健康的正向影响（李克特 5 级量表）	2.468	1.531
	ATT4	您了解低碳生产的内涵（李克特 5 级量表）	2.480	1.402
主观规范（SN）	SN1	政府宣传对您低碳生产决策有影响（李克特 5 级量表）	2.688	1.426
	SN2	示范户的意见对您低碳生产决策有影响（李克特 5 级量表）	2.627	1.436
	SN3	农技员的推荐意见对您低碳生产决策有影响（李克特 5 级量表）	2.645	1.461
	SN4	亲朋好友的低碳生产行为对您低碳生产决策有影响（李克特 5 级量表）	3.070	1.329
感知行为控制（PBC）	PBC1	受教育年限（年）	7.686	2.512
	PBC2	家庭年收入（万元）	8.715	6.399
	PBC3	家中是否有村干部（1＝是；0＝否）	0.147	0.355
	PBC4	基础设施完备（李克特 5 级量表）	2.468	1.416
	PBC5	农业培训指导有效（李克特 5 级量表）	2.550	1.381
	PBC6	对优质农产品价格的经验（李克特 5 级量表）	2.491	1.503
订单农业参与（CF）	CF1	参加"龙头企业＋农户"型契约模式（1＝是；0＝否）	0.210	0.408
	CF2	参加"龙头企业＋合作社＋农户"型契约模式（1＝是；0＝否）	0.235	0.425
低碳生产意向（INT）	INT1	想要了解低碳生产资讯（李克特 5 级量表）	2.518	1.483
	INT2	具有低碳生产意愿（李克特 5 级量表）	2.609	1.469
	INT3	想要学习低碳生产技术（李克特 5 级量表）	2.509	1.546

续表

潜变量	代码	测量题项	平均值	标准差
低碳生产行为（BEH）	BEH1	您采用了节水灌溉技术（1=是；0=否）	0.195	0.396
	BEH2	您进行了秸秆沼气生产（1=是；0=否）	0.190	0.393
	BEH3	您采用了测土配方技术（1=是；0=否）	0.204	0.403

问卷内容还包括社会人口统计和农场特征，相关的描述性统计结果见表4-10。结果显示，54%的受访者在50岁及以上，83%的农户受教育程度为初中及以下，从事相关农业生产的年限在20年以上的受访农户比例为60%，表明受访农户的年龄偏大、受教育程度偏低、农业生产经验较为丰富。家庭特征显示，54%的受访者家庭人口数量少于5人，64%的受访者家庭年收入在8万元及以下，55%的受访者为种植面积在4亩及以下的小规模种植农户。此外，调查结果显示（见图4-2），33%的受访者完全不了解低碳生产方式，仅有12%的受访者很了解低碳生产方式。总体而言，受访农户对低碳农业的认知水平偏低。

表4-10 低碳生产行为研究中受访者的人口统计学特征

特征	分布	频数（个）	占比（%）
年龄	30岁以下	41	9.28
	30~49岁	162	36.65
	50~69岁	228	51.58
	70岁及以上	11	2.49
受教育程度	无	12	2.71
	小学（1~6年）	92	20.81
	初中（7~9年）	261	59.05
	高中（10~12年）	68	15.38
	大学及以上（>12年）	9	2.04
种植年限	10年及以下	56	12.67
	11~20年	119	26.92
	21~30年	102	23.08
	30年以上	165	37.33

续表

特征	分布	频数（个）	占比（%）
家庭人口	不超过2人	66	14.93
	3~4人	173	39.14
	5~6人	161	36.43
	6人以上	42	9.50
家庭年收入	2万元及以下	18	4.07
	20001~50000元	132	29.86
	50001~80000元	131	29.64
	80001~100000元	81	18.33
	10万元以上	80	18.10
种植面积	4亩及以下	243	54.98
	4亩以上	199	45.02
地区	苏南地区	214	48.42
	苏北地区	228	51.58

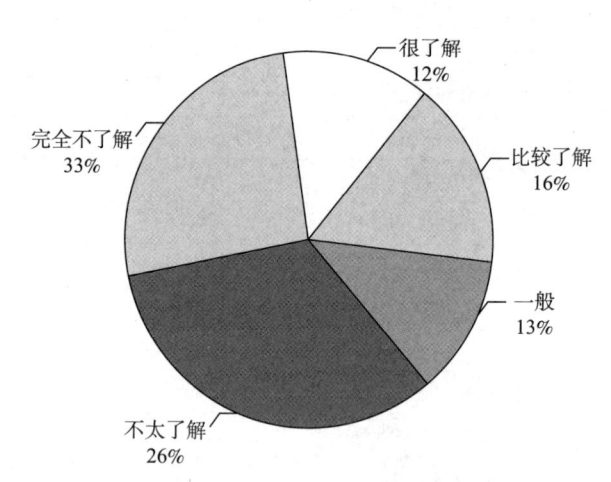

图4-2 受访农户对低碳生产的了解程度

三 模型设定与实证分析

（一）模型设定

本研究采用结构方程模型（Structural Equation Modeling，SEM）探析农户订单农业参与行为与其影响因素之间的内在关系。SEM是一种借助理论进行假设检验的统计建模技术，可将难以避免的主观测量误差纳入模型中，并为难以直接观测到的潜变量提供一个可以观测和处理的方式，该模型通常表示如下：

$$\eta = B\eta + \Gamma\xi + \zeta \qquad (4-6)$$

$$y = \Lambda_y \eta + \varepsilon \qquad (4-7)$$

$$x = \Lambda_x \xi + \delta \qquad (4-8)$$

其中，公式（4-6）为反映潜变量之间结构关系的结构模型，η 和 ξ 分别代表内生潜变量和外生潜变量；公式（4-7）和（4-8）为反映潜变量和可测变量间关系的测量模型，y 和 x 分别是内生潜变量和外生潜变量的可测变量。

（二）信度检验和探索性因子分析

为了检验问卷的稳定性和可靠性，本研究采用克伦巴赫 α 系数，运用 SPSS 25.0 软件对样本进行信度检验（见表 4-11）。通常而言，克伦巴赫 α 系数值在大于等于 0.7 时是高信度，在 0.35~0.7 和小于 0.35 时分别是一般信度和低信度（Guielford，1965）。结果显示整体 α 系数为 0.952，表明问卷具有良好的内部一致性。问卷包含的可测变量有 22 个，力求涵盖各潜变量的所有信息。但是过多的变量增加了分析的复杂性以及模型拟合的难度，故本研究拟采用探索性因子分析方法，浓缩测量指标，为模型拟合做准备。因子分析适当性检验结果分析，KMO 值均大于 0.7，Bartlett 检验在 1% 的显著水平上拒绝了零假设，说明数据有共同因素存在，适合做因子分析。

表 4-11　低碳生产行为研究中变量的信度及效度检验

潜变量	克伦巴赫 α 系数	KMO	Barlett 检验
ATT	0.814	0.751	1226.08（p 值 = 0.000）
SN	0.774	0.745	849.30（p 值 = 0.000）
PBC	0.769	0.796	1202.97（p 值 = 0.000）
CF	0.902	0.700	493.66（p 值 = 0.000）
INT	0924	0.722	1081.37（p 值 = 0.000）
BEH	0.927	0.779	1429.38（p 值 = 0.000）
整体	0.952	0.954	9703.52（p - value = 0.000）

本研究分别对假设模型中6个潜变量的可测变量进行探索性因子分析，由于各变量之间存在相关性，故采用Oblimin斜角旋转法确定各因子个数。表4-12反映了各个潜变量下所保留的可测变量的信度及效度检验结果。筛选后各潜变量下的公因子数只有一个，且因子载荷及方差贡献率均超过0.5，证实了假设模型各维度结构合理，相应的指标变量也得到确认。此外，对各潜变量进行再次信度检验发现，克伦巴赫α系数均高于0.7，表明问卷测量问题具有较高的可靠性与可信度。

表4-12 保留后变量的因子分析结果及效度检验

潜变量	测量题项	克伦巴赫α系数	因子载荷	累计方差解释率（%）
ATT	ATT1	0.929	0.913	87.55
	ATT3		0.971	
	ATT4		0.923	
SN	SN1	0.903	0.897	83.68
	SN2		0.918	
	SN3		0.929	
PBC	PBC1	0.843	0.744	75.16
	PBC4		0.909	
	PBC5		0.883	
	PBC6		0.920	
CF	CF1	0.928	0.966	93.33
	CF2		0.966	
INT	INT1	0.924	0.907	86.83
	INT2		0.929	
	INT3		0.959	
BEH	BEH1	0.927	0.943	87.29
	BEH2		0.937	
	BEH3		0.922	

（三）验证性因子分析与拟合评价

本研究使用Amos软件作为结构方程模型分析的软件工具。表4-13给出了模型的整体拟合优度检验结果。结果显示，各评价指标基本上达到理想状态，说明模型的整体拟合度较高，路径分析的假设模型是有效的。

图 4-3 呈现了结构方程模型的路径，结构模型和测量模型中各变量之间的路径系数运算结果如表 4-14 所示。

表 4-13　结构方程模型整体适配度评价标准及拟合结果

统计检验量	含义	实际拟合值	标准	拟合结果
GFI	拟合优度指数	0.924	>0.90	理想
RMR	均方根残差	0.043	<0.05	理想
RMSEA	近似误差均方根	0.051	<0.05	接近
AGFI	调整拟合优度	0.794	>0.80	接近
NFI	规范拟合指数	0.928	>0.90	理想
IFI	增量拟合指数	0.908	>0.90	理想
TLI	塔克-刘易斯指数	0.919	>0.90	理想
CFI	比较拟合指数	0.908	>0.90	理想
χ^2/df	χ^2自由度比	1.774	<2	理想

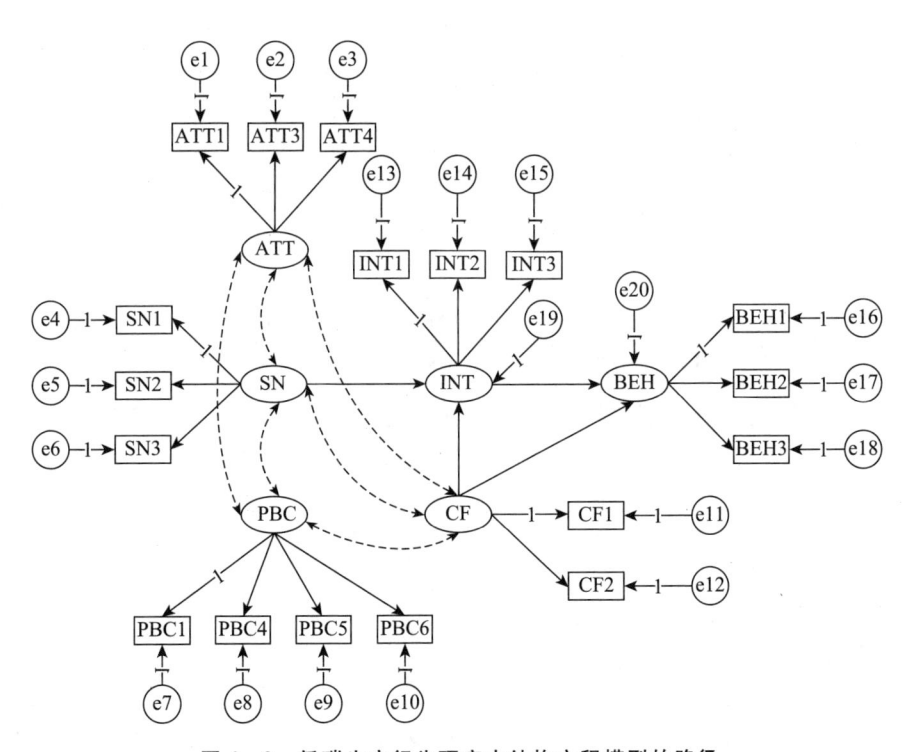

图 4-3　低碳生产行为研究中结构方程模型的路径

表 4-14　低碳生产行为研究中结构方程模型的估计结果

	路径	未标准化路径系数	标准误差	标准化路径系数
结构模型	INT ← ATT	0.383**	0.162	0.342
	INT ← SN	0.637***	0.157	0.510
	INT ← PBC	0.572***	0.187	0.544
	INT ← CF	1.068**	0.478	0.316
	BEH ← CF	0.253***	0.097	0.304
	BEH ← INT	0.127***	0.036	0.431
测量模型	ATT1 ← ATT	1.000	—	0.887
	ATT3 ← ATT	1.049***	0.050	0.899
	ATT4 ← ATT	1.129***	0.047	0.947
	SN1 ← SN	1.000	—	0.809
	SN2 ← SN	1.084***	0.068	0.872
	SN3 ← SN	1.167***	0.067	0.921
	PBC1 ← PBC	1.000	—	0.553
	PBC4 ← PBC	0.899***	0.098	0.872
	PBC5 ← PBC	0.864***	0.095	0.854
	PBC6 ← PBC	1.040***	0.109	0.947
	CF1 ← CF	1.000	—	0.923
	CF2 ← CF	1.001***	0.040	0.921
	INT1 ← INT	1.000	—	0.931
	INT2 ← INT	0.924***	0.038	0.898
	INT3 ← INT	0.888***	0.040	0.872
	BEH1 ← BEH	1.000	—	0.921
	BEH2 ← BEH	1.036***	0.038	0.947
	BEH3 ← BEH	1.023***	0.039	0.939

注：*、**、***分别表示在10%、5%、1%的水平下通过显著性检验。带"—"的6条路径表示它们作为 SEM 参数估计的基准，系统进行估计时把其作为显著路径，来估计其他路径是否显著。

表 4-14 中潜变量间的关系显示，订单农业参与对农户低碳生产意向及行为的估计系数分别通过了5%和1%水平的显著性检验。该结论意味着参与订单农业的农户采纳低碳农业生产方式的意愿较强烈，并且实际采纳的概率也较大。此外，行为态度、主观规范和感知行为控制对农户低碳生产意向的估计系数分别通过了5%、1%和1%水平的显著性检验，表明农

户的行为态度越积极、主观规范越完备、感知行为控制能力越强，则农户从事低碳生产的行为意向越强烈。该结果与 Clarke（2012）的研究一致。估计结果还显示，低碳生产意向对低碳生产行为的估计系数通过了 1% 水平的显著性检验，表明农户的低碳生产意向越明显，则农户采用低碳生产行为的概率越高。这与 Josef（2013）的研究结论高度类似，肯定了农户的生产意向对其实际生产行为的影响作用。综上所述，研究结果证实了本研究假设模型构建的合理性。

潜变量和可测变量间的关系可归纳如下：农户参与"龙头企业+农户"型契约模式（标准化路径系数 0.923）和参与"龙头企业+合作社+农户"型契约模式（标准化路径系数 0.921）对订单农业参与潜变量的影响程度相当，且影响方向一致。农户想要了解低碳生产资讯（标准化路径系数 0.931）是低碳生产意向潜变量中最显著的特征。这与 Garbach 等（2012）的研究结果一致，表明愿意从事低碳生产的农户对低碳农业的信息需求更加迫切。行为态度潜变量中最显著的因素是对低碳生产内涵的了解（标准化路径系数 0.947）；主观规范潜变量中最显著的因素是农技员对低碳生产的推荐（标准化路径系数 0.921）；感知行为控制潜变量中最显著的因素是农户对优质农产品价格的经验（标准化路径系数 0.947）。这些结果表明，农户对低碳生产的认知、农技员的推荐、过去的经验与农户采取低碳生产行为的意愿密切相关。此外，低碳生产行为潜变量中最显著的因素是低碳秸秆沼气生产（标准化路径系数 0.947）。

（四）多群组结构方程检验

本研究进一步引入多群组结构方程模型探讨不同农户群体在低碳生产决策方面的差异。多群组结构方程模型分析是用于评估适配于某一样本的模型是否也适配于其他不同的样本群体，即评估假设模型在不同样本间是否相等或者估计参数是否具有不变性。本研究的多群组分析以农户的生产规模与所处区域变量为调节变量，以评估本研究所构建的假设模型是否适用于不同规模及不同地区的农户行为研究。借鉴屈小博、霍学喜（2007）的分类标准，并结合实际调查，将农户的生产规模（即种植面积）划分为两类：4 亩及以下（小规模农户）、4 亩以上（大规模农户）。地区指标按经济发展水平进行分类：将苏南地区定义为经济发达地区，将苏北地区定义为欠发达地区。

为找出最适配的路径模型,在多群组分析时,需要进行各种参数限制。本研究通过对预设模型、方差相等模型、协方差相等模型、模型不变性模型、路径系数相等模型5个模型输出结果适配度的对比分析,最终选择预设模型(即对模型不做任何参数限制)作为本研究的多群组分析模型。模拟拟合结果表明,多群组模型的 RNSEA 值为 0.039~0.048,小于 0.05 的标准临界值;CFI 值和 GFI 值为 0.902~0.959,均高于 0.9 的标准值;χ^2/df 小于 2。以上指标表明多群组分析模型与样本数据适配情况较好。多群组结构方程模型的估计结果如表 4-15 和表 4-16 所示。

表 4-15 按生产规模分组的结构方程模型估计结果

路径	小规模农户 (N=243) 未标准化路径系数	标准误差	标准化路径系数	大规模农户 (N=199) 未标准化路径系数	标准误差	标准化路径系数
INT ←— ATT	0.482*	0.257	0.397	0.590**	0.292	0.513
INT ←— SN	0.661***	0.233	0.519	0.373	0.290	0.205
INT ←— PBC	0.542**	0.269	0.547	0.640**	0.270	0.580
INT ←— CF	1.421*	0.763	0.367	1.038*	0.583	0.357
BEH ←— CF	0.806***	0.116	0.956	0.265**	0.107	0.324
BEH ←— INT	0.168**	0.067	0.617	0.078**	0.037	0.253
ATT1 ←— ATT	1.000	—	0.859	1.000	—	0.899
ATT3 ←— ATT	1.044***	0.079	0.867	1.073***	0.069	0.914
ATT4 ←— ATT	1.235***	0.078	0.944	1.089***	0.063	0.949
SN1 ←— SN	1.000	—	0.769	1.000	—	0.824
SN2 ←— SN	1.055***	0.103	0.841	1.122***	0.096	0.886
SN3 ←— SN	1.193***	0.105	0.911	1.176***	0.094	0.926
PBC1 ←— PBC	1.000	—	0.532	1.000	—	0.557
PBC4 ←— PBC	0.801***	0.127	0.850	0.992***	0.156	0.882
PBC5 ←— PBC	0.740***	0.120	0.811	0.967***	0.153	0.872
PBC6 ←— PBC	0.971***	0.147	0.941	1.108***	0.168	0.946
CF1 ←— CF	1.000	—	0.880	1.000	—	0.943
CF2 ←— CF	1.033***	0.072	0.878	0.997***	0.050	0.943
INT1 ←— INT	1.000	—	0.920	1.000	—	0.935

续表

路径	小规模农户（N=243）			大规模农户（N=199）		
	未标准化路径系数	标准误差	标准化路径系数	未标准化路径系数	标准误差	标准化路径系数
INT2 ←— INT	0.852***	0.056	0.861	0.981***	0.055	0.918
INT3 ←— INT	0.846***	0.059	0.842	0.896***	0.057	0.883
BEH1 ←— BEH	1.000	—	0.911	1.000	—	0.919
BEH2 ←— BEH	1.053***	0.056	0.943	1.029***	0.056	0.944
BEH3 ←— BEH	1.004***	0.059	0.915	1.033***	0.056	0.947

注：*、**、*** 分别表示在10%、5%、1%的水平下通过显著性检验。带"—"的6条路径表示它们作为 SEM 参数估计的基准，系统进行估计时把其作为显著路径，来估计其他路径是否显著。

表4-16 按地区分组的结构方程模型估计结果

路径	欠发达地区农户（N=228）			发达地区农户（N=214）		
	未标准化路径系数	标准误差	标准化路径系数	未标准化路径系数	标准误差	标准化路径系数
INT ←— ATT	0.286*	0.158	0.258	0.586	0.410	0.511
INT ←— SN	0.505***	0.176	0.414	1.030**	0.400	0.809
INT ←— PBC	0.417**	0.185	0.452	0.755*	0.387	0.613
INT ←— CF	1.391**	0.627	0.418	0.933*	0.552	0.809
BEH ←— CF	0.790***	0.110	0.931	0.337***	0.127	0.422
BEH ←— INT	0.209**	0.084	0.728	0.118**	0.052	0.390
ATT1 ←— ATT	1.000	—	0.888	1.000	—	0.885
ATT3 ←— ATT	1.028***	0.070	0.896	1.070***	0.071	0.902
ATT4 ←— ATT	1.150***	0.067	0.951	1.113***	0.065	0.945
SN1 ←— SN	1.000	—	0.801	1.000	—	0.833
SN2 ←— SN	1.049***	0.095	0.872	1.098***	0.092	0.870
SN3 ←— SN	1.175***	0.095	0.934	1.138***	0.088	0.905
PBC1 ←— PBC	1.000	—	0.549	1.000	—	0.565
PBC4 ←— PBC	0.799***	0.127	0.866	1.035***	0.153	0.881
PBC5 ←— PBC	0.770***	0.123	0.848	0.989***	0.149	0.858
PBC6 ←— PBC	0.955***	0.144	0.959	1.161***	0.167	0.937
CF1 ←— CF	1.000	—	0.934	1.000	—	0.911
CF2 ←— CF	0.987***	0.058	0.907	1.012***	0.057	0.929
INT1 ←— INT	1.000	—	0.916	1.000	—	0.955

续表

路径	欠发达地区农户（N=228）			发达地区农户（N=214）		
	未标准化路径系数	标准误差	标准化路径系数	未标准化路径系数	标准误差	标准化路径系数
INT2 ←── INT	0.919***	0.057	0.896	0.928***	0.049	0.908
INT3 ←── INT	0.918***	0.061	0.874	0.848***	0.052	0.867
BEH1 ←── BEH	1.000	—	0.900	1.000	—	0.946
BEH2 ←── BEH	1.087***	0.061	0.954	0.984***	0.047	0.938
BEH3 ←── BEH	1.061***	0.063	0.938	0.988***	0.046	0.942

注：*、**、***分别表示在10%、5%、1%的水平下通过显著性检验。带"—"的6条路径表示它们作为SEM参数估计的基准，系统进行估计时把其作为显著路径，来估计其他路径是否显著。

从表4-15和表4-16可以看出，订单农业参与潜变量、感知行为控制潜变量对不同规模和地区农户的低碳生产意向均具有显著影响，且订单农业参与潜变量、低碳生产意向潜变量对农户的低碳生产行为具有显著影响。值得注意的是，分组样本的模型估计结果也体现出一定的差异性，体现在以下两点。

（1）主观规范对小规模农户的低碳生产意向具有显著的正向影响，而对大规模农户的影响不显著。结果表明与大规模农户相比，周围人群的示范和政府宣传因素对小规模农户的影响更大。这不难理解，由于我国中小规模农户众多，其低碳生产行为决策大多属于从众行为，因而受外部环境的影响较大。此外，与大规模农户相比，小农户受自身禀赋的限制，对信息的获取能力和对新技术的采用能力不足，而低碳农业推广服务有利于提高小农户对低碳技术的采用能力。

（2）行为态度对欠发达地区农户的低碳生产意向具有显著的正向影响，而对发达地区农户的影响不显著。这可能是低碳农业发展水平的差异导致农户对低碳生产的认知存在差异。根据调研样本的分布以及调研访谈获取的信息，发达地区农户具有相对较高的受教育程度，低碳农业发展水平也相对较高，因而该地区农户对低碳生产的认知更为清晰。而在欠发达地区，农户的受教育程度和认知能力参差不齐，在这种情形下，行为态度将对欠发达地区农户的低碳生产决策产生关键作用。

上述研究结果也从侧面表明，规模不同或所处地区不同的农户在自身资源禀赋以及外部环境方面存在的差异，导致影响其低碳生产决策的关键因素存在一定差异①。

第五节 订单农业对农户环境友好型技术采纳行为的影响分析

构建环境友好型、资源节约型农业生产体系，是我国实现可持续农业和特色农业现代化的必由之路。在现实调查中发现，尽管有些农户对农用生产资料带来的环境负面效应具有较高的认知度，但在进行农业生产时，其实际行为并不是基于生态环境考虑，出现了农户认知与其生产行为的不一致。农户对环境友好型农业生产中的关键技术响应程度普遍不足，环境友好型技术在"最后一公里"的落地入户问题突出（侯博、侯晶，2015）。本研究基于太湖流域水稻种植户的微观调研数据，分析农户的环境认知及相应行为，并考察订单农业对农户环境友好型技术采纳行为决策的影响。

一 调查方法与样本选择

本次调查是为了研究农户的环境友好型技术采纳行为，调查问卷在充分吸收前人研究方法的基础上，结合实际，采用封闭式题型设计具体问题，在小规模预调查的基础上修正确定，主要包括农户的基本特征、对农村生态环境的认知，以及农户采用环境友好型技术行为等方面近 20 个问题。

江苏省太湖流域是我国经济最发达的区域之一，也是我国经济与社会发展具有代表性的地区。伴随着经济的飞速发展，太湖流域的生态环境问题日益严峻。例如，2007 年 5 月，太湖流域由于氮、磷超标，水体严重富营养化导致蓝藻暴发，造成太湖沿岸城市供水危机，损失难以估量。因此，环太湖区域的地方政府一直将太湖治污作为头等大事。本研究具体选取常熟、张家港、昆山、吴江、太仓为一级采样县（市）。在每个县（市）各选择农村居民平均收入高、低两个乡镇，每个乡镇随机抽样一个行政村，每个行政村随机选择 30 个符合设定条件的农户。为了避免受访农户理

---

① 本节的核心内容已刊发在 *Sustainability* 2019 年第 5 期。

解上的偏差而可能影响问卷质量,本次调查通过一对一访谈并当场答卷的方式进行,并由调查人员填写问卷。调查共获得有效问卷216份。

二 农户的环境认知及行为响应分析

(一)受访农户基本特征

从调查对象的情况来看,58.3%的受访农户从事农业生产的年限在20年以上,但农户从事的行业不限于农业种植,农闲时期72.2%的农户会兼职工作;调研对象中男性受访农户稍多,占样本总数的53.7%,且农户年龄偏大,50岁以上的受访者共有124人,占样本总数的57.4%;此外,调查对象中83.3%的农户的平均受教育程度为初中及以下,共180人;家庭平均常住人口为4人;家庭平均年收入为8.8万元,其中非农收入7.8万元。

调查显示,57.9%的受访农户为小规模种植农户,户均总种植面积在0.27公顷以下,其中水稻种植面积占75%以上;水稻的每亩平均产量为499.4千克,且多数农户从事水稻种植的目的是自给自足,平均销售比例仅15%,出售均价为0.62元/千克。进一步调查发现,水稻生产平均每$667m^2$的常规物质资本总投入约为500元。

(二)对农村生态环境的认知及行为

农村的环境状况影响着美丽乡村建设及农村的可持续发展。调查发现,78.6%的受访农户意识到近年来当地生态环境已呈现恶化态势。在对空气、土壤、水三大生态环境重要性的排序调查中,超过50%的受访农户认为最重要的生态环境是空气环境,其次是水环境,土壤环境居后。本研究将从常用农用生产资料的使用及处置方式等方面进一步研究农户的环境认知及行为响应。

(1)对农药施用的认知及行为。农药喷施后大约30%附在农作物表面,其余的70%则落入土壤、水源、大气中,危及生态环境。2001~2010年,我国化学农药使用量年均增长3.7%,2010年达到175.8万吨的历史新高,居世界第1位。高强度的农药使用进一步加剧了水、耕地、空气等资源质量的下降。

调查结果显示,6.9%的受访农户认为大量喷施农药对周围环境没有任何影响;10.2%的受访农户表示大量喷施农药对周围环境破坏极大;而占样本比例82.9%的农户则表示大量喷施农药对周围环境或多或少会有不良影响（见图4-4）。总体上，被调查农户对农药造成的负面影响有一定的认识。

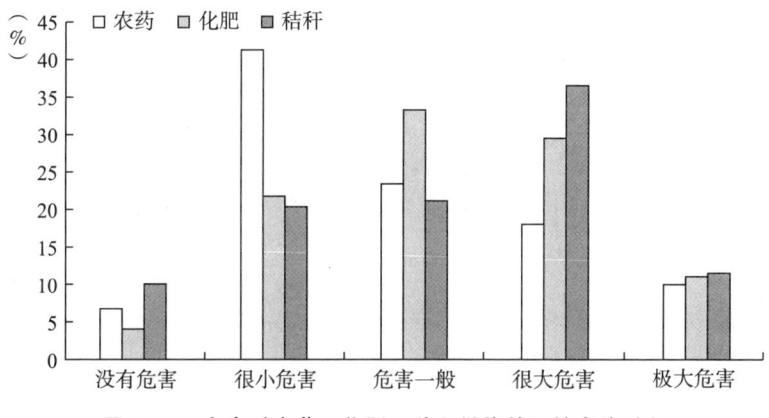

图4-4 农户对农药、化肥、秸秆燃烧的环境危害认知

进一步考察农户行为发现，44.9%的受访农户对使用后农药瓶的处理方式是直接丢弃在田边或水渠边；34.3%的受访农户把农药空瓶和普通生产生活垃圾堆放在一起；仅19%的受访农户将其放入专门的回收点；剩余1.8%选择其他处理方式。由此可见，虽然农户知晓农药残液会污染环境，但很少有人做出减少环境污染的举动。

此外，94.9%的受访农户表示施药后会清洗喷雾器，但清洗方式的选择不同，直接在池塘、河流清洗的农户占48.6%，在农家庭院清洗的农户占30.1%，在田间沟渠清洗的农户占14.8%，而剩余6.5%的农户选择其他方式。研究发现，在上述清洗方式中，在田间沟渠清洗带来的环境效应最小（张翼翾，2008），因为农药残留被限制在了喷药区，而另外的方式对表面水系和人类健康造成的危害要大得多。这表明受访农户对清洗喷药工具的重要性有足够的认知度，但对清洗地点选择的随意性加重了农药污染。

（2）对化肥施用的认知及行为。目前，我国是世界上化肥生产量和使用量最大的国家。长期大量施肥，导致土壤板结及资源浪费，过量的肥料也会通过渗漏或随雨水排进河流湖泊，造成水体富营养化。同时，化肥的大量使用，使得本可循环利用的粪便、秸秆等被废弃，成为重要的"碳源"和"污染源"(Lou and Nair, 2009)。

在考察"化肥过多施用对生态环境的影响"时,高达95.8%的受访农户认识到过多施肥对农村生态环境有不同程度的负面影响(见图4-4);46.30%的受访农户在施用氮磷钾肥的同时搭配农家肥或生物有机肥,这显然能够降低化学肥料的使用强度(见图4-5)。但是,在问到农户购买化肥时考虑的因素时,价格因素是首要因素,其次是作物的生长情况,而化肥类型是否属于环境友好型则仅有极少的受访农户会考虑(见图4-6)。可见,虽然农户认识到化肥过多施用将带来环境危害,但实际生产决策时则很少将化肥的环境风险考虑进去。

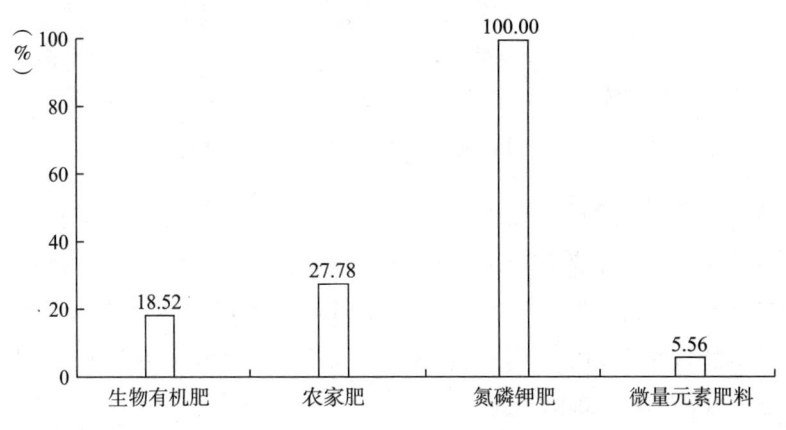

图4-5 受访农户化肥施用类型

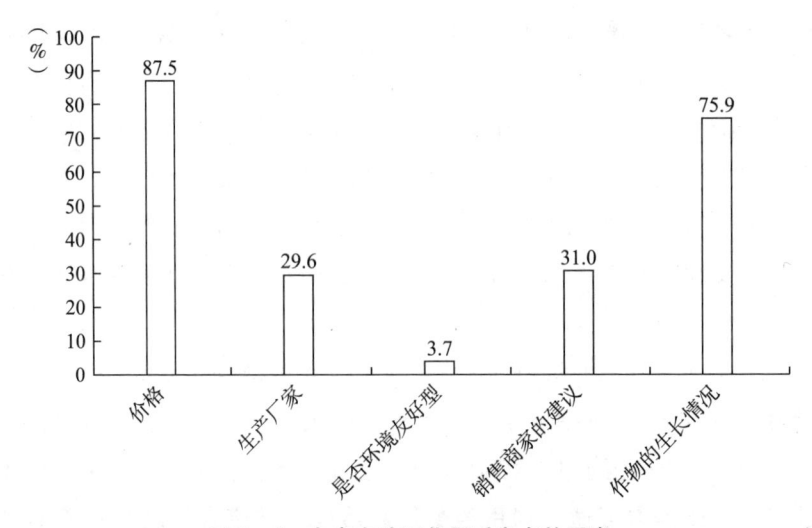

图4-6 农户在购买化肥时考虑的因素

(3) 对秸秆处理的认知及行为。秸秆是农作物在收获籽实后的剩余部分。秸秆燃烧已成为发展中国家日益关注的环境问题。太湖农田平均每亩稻田的秸秆在 250 千克以上,考察农户对秸秆燃烧的环境影响时发现,高达 89.8% 的受访农户表示燃烧秸秆会对农村生态环境造成危害。而在对自家秸秆的实际处理方式上,70.8% 的受访农户仍然选择燃烧,其中在农田就地焚烧和作为生活能源燃烧的方式各占 50%,仅 29.2% 的受访农户选择秸秆清洁处理方式,包括粗饲料喂养家畜、混入土中还为肥料、入沼气池发酵等。

(4) 农膜及粪便处理的认知及行为。农膜已成为农业生产不可或缺的生产资料,是农产品提前上市、提高产量、增加收益的重要手段之一。但在 216 份问卷中,仅有 80 位受访农户长期使用农膜,占样本总数的 37%。其中,80.3% 使用农膜的受访农户认为对废弃农膜的不当处理会对环境造成危害,但是在对废弃农膜的处置方式中,31.25% 的农户直接将其丢弃在农田里,23.75% 农户选择直接焚烧方式,而回收再次利用和当废品卖掉的农户比例分别为 12.5% 和 32.5%。

随着畜禽养殖业的快速发展,粪便废弃物也成为农村环境污染的主要原因之一。将粪便沤成农家肥还田,不仅能大幅减少其对农村环境的污染,而且能显著增加土壤的固碳潜力(Pathak et al.,2011)。在受访农户对粪便的处理方式中,高达 47.2% 的农户不做任何处理,直接排放到环境中,46.8% 农户将其沤成农家肥还田,6.0% 的农户选择入沼气池发酵等方式。

三 农户环境友好型技术采纳行为及影响因素

(一) 环境友好型农业生产中关键技术的行为响应

本次调查问卷中各指标在最佳答案条件下的得分为理想得分,代表了受访农户对环境友好型技术采纳行为响应的最好水平。各测量指标样本总值与最佳得分的比率称为指标得分率,代表受访农户对环境友好型技术采纳行为响应的实际能力,得分率越高说明行动的响应程度越高。

(1) 对环境友好型农业理念的总体认知。环境友好型农业是指既能满足农业生产需要,又能合理利用资源并保护环境的实用农业生产技术和科学的农业生产管理方式，其目的是改善农业生产技术，减少农业污染的产生。调查发现，49.5%的受访农户根本没听说过环境友好型农业这种理念，42.1%的受访农户表示对其仅了解一点，而对环境友好型农业理念有较多认知的农户仅占8.4%。可见，被调查农户对环境友好型农业的认知度较低。

（2）沼气技术采用响应。沼气是粪便、秸秆、杂草等有机物质在厌氧环境中，在一定的温度、湿度、酸碱度的条件下，通过微生物发酵作用产生的一种可燃气体。沼气是低碳能源之一，沼气技术的应用为减少农村环境污染和节能减排贡献巨大。在对农户沼气池使用情况的考察中，受访农户愿意使用沼气池这一行为的总得分为116分，得分率为53.7%。得分率不高的原因：一是资金短缺，沼气工程在农村并未全面推广；二是农户对沼气技术缺乏理解和掌握，一些个案的中毒死亡事件使得农户对沼气技术的使用有顾忌；三是沼气发酵原料严重短缺，影响了农户使用沼气的积极性。

（3）测土配方施肥技术采用响应。化肥施用量是影响环境友好型农业发展的重要因素。不合理的施肥方式会导致肥料严重流失，不仅造成了大量原料和能源的浪费，也破坏了生态环境。测土配方施肥是减少农业污染、培肥地力、提高粮食综合生产能力的重要环境友好型新技术。调查显示，高达68.5%的农户没有听说过测土配方施肥技术，样本中农户对测土配方行为响应的总得分为8分，得分率仅为3.7%。自2005年全国启动测土配方施肥项目以来，江苏省测土配方施肥技术推广工作一直走在全国前列，截至2009年全省已有80个农业县（市、区、场）实施了测土配方施肥项目。但调研结果显示，农户对测土配方施肥技术的行为响应程度极低，说明该项目在推广过程中出现了断层，环境友好型新技术"最后一公里"的落地入户问题突出。

（4）综合虫害管理方法（IPM）采用响应。在1~10程度逐级递增的测量量表下，农户感受到的平均虫害压力为7.44，78.2%的受访农户认为在过去10年中水稻生产的虫害压力增加了。在不施用农药的假设下，多数受访农户认为病虫害导致60%以上水稻产量的损失，这也反映了当前农户对农药施用的依赖性，化学农药的滥用导致了农村环境污染严重、人畜中毒及食品质量安全下降的严重后果。综合虫害管理方法是从农田生态系统的总体出发，综合运用物理、生物和药剂措施进行病虫害防治。综合虫害管理方法能大幅度降低化学农药的使用剂量和频率，是减少农业碳排放、改善生态环境的有效路径。在对农户综合虫害管理方法的行为响应上，样本农户的响应总得分为 62 分，得分率仅为 28.7%，说明农户对综合虫害管理方法的了解和应用情况很不理想。

（5）免耕直播技术采用响应。土壤内蕴藏着大量的碳，翻耕土地时，大量的碳会被释放到大气层，加速气候变暖。改变传统农业耕作方式，实行免耕直播，能有效减少农业生产过程中的碳排放。受访农户采用免耕直播技术的行为响应的总得分为 102 分，得分率较低，为 47.2%。在对农户进行访谈后得知，播种质量差、耕作效率低、病虫害频发以及作物产量不稳定等，是制约农户免耕直播技术行为响应的主要原因。

（二）农户环境友好型技术采纳行为的影响因素分析

为探讨订单农业对农户环境友好型技术采纳行为的影响，本研究采用二元 Logistic 模型，将农户是否采纳环境友好型技术作为因变量（1 表示采纳；0 表示不采纳），将是否参与订单农业作为核心自变量（1 表示参与；0 表示不参与），并将农户的个人特征（性别、年龄、受教育程度）、家庭特征（家庭人口数、家庭年收入、非农收入和种植面积）以及其他外部环境（农业技术培训）作为控制变量进行回归分析。估计结果见表 4 - 17。

表 4 - 17 农户环境友好型技术采纳行为的估计结果

变量	系数	标准误差
订单农业参与	1.123***	0.349
非农收入	-0.364*	0.208
受教育程度	0.591**	0.265
农业技术培训	1.587*	0.825
常量	-1.479	1.522

注：*、**、*** 分别表示在 10%、5%、1% 的水平下通过显著性检验。表中仅呈现显著的估计结果。

结果显示，订单农业参与指标的估计系数为正，且在 1% 水平下通过了显著性检验，表明农户参加订单农业能显著提升其采纳环境友好型技术的概率。各级农业服务组织是农业信息和技术普及和交流的平台，加入农业合作组织或与龙头企业签约的农户，在农业技术信息的获取上比普通农户更有优势，所以应发挥农村组织在新技术推广和新方法应用等方面的桥梁作用。结果还发现，受教育程度、非农收入、农业技术培训这3个指标对农户采用环境友好型技术的影响显著。

具体来说，受教育程度与农户对环境友好型技术的采用呈正相关，说明受教育程度越高的农户，越愿意采用环境友好型技术。这一实证结果与实际情况高度吻合（Gao et al.，2017）。农户的受教育程度越高，对农药、化肥、秸秆燃烧等带来的生态环境负面效应的认知越透彻，因此越愿意采用环境友好型新技术。非农收入与农户对环境友好型技术的采用呈负相关，说明非农收入越高的农户越不愿意采用环境友好型技术。上述环境友好型技术多是劳动密集型的减排技术，且目前并没有带来农业产量的大幅增加，而兼业程度高的农户劳动力成本增加，相对于环境改善，农户更关心收入和产量，因而兼业限制了农户对环境友好型技术的采用。此外，农业技术培训与农户对环境友好型技术的采用呈正相关，说明参加农业技术培训的农户更加倾向于采纳环境友好型技术[①]。

第六节　本章小结

本章首先从国内外订单农业发展现状、当前中国契约实践中存在的问题、中国订单农业的历史演进及主要形式等方面展开阐述，为总体研究奠定现实基础。该部分的主要结论包括：①通过对中国订单农业发展现状、订单农业的功能和作用，以及当前存在的问题进行分析发现，尽管订单农业在促进小农户与大市场的衔接、降低农户市场风险、节约交易成本等方面发挥了重要的作用，但在中国契约实践中，存在订单参与率低、违约率高、法律制度不健全等问题；②通过对中国订单农业发展历程的梳理发现，农户与其他经济组织的契约关系演进可以分为自由市场阶段、订单农业初始阶段、订单农业发展阶段、订单农业成熟阶段以及纵向一体化阶段，即农业领域的垂直协作形式有市场交易、销售合同、生产合同、合作社、纵向一

---

① 本节的核心内容已刊发在《广东农业科学》2015年第4期。

体化 5 种。

随后，本章采用计量方法实证分析当前订单农业模式对农户绩效的影响。首先从总体层面分析订单农业的农户收入效应，其次采用分位数回归模型分析订单农业对不同收入层次农户绩效影响的差异性，为深入理解农户参与订单农业的行为决策提供基础和依据。该部分的研究结论主要包括：①OLS 回归模型和 Heckman 选择模型的估计结果一致表明，农户参与订单农业在整体上能够显著提升其收入水平；②进一步的分位数回归结果显示，订单农业仅对低收入层次农户的收入具有显著的正向影响，对高收入层次农户的影响不显著，但是高收入农户参与订单农业能够降低收入获取的风险。上述结论有效论证了当前订单农业能够促进小农户与大市场的有效衔接，使参与订单农业的小农户获取来自专业化经济的益处，在一定程度上形成了龙头企业与农户的利益驱动机制。然而，不同农户家庭自身的资源禀赋不同，可能导致其订单农业参与决策的效果存在明显差异。

此外，本章还利用农户的微观调研数据，分别实证分析了订单农业对农户的安全生产行为、低碳生产行为、环境友好型技术采纳行为的影响。通过对江苏省 359 个肉鸡养殖农户的安全生产行为进行研究，发现与独立养殖户相比，契约农户在空棚期遵守、兽药安全使用方面更加规范，表明农户参加订单农业能够提高其安全生产的概率。

通过对江苏省北部和南部 442 户水稻种植户的低碳生产行为进行研究，发现农户参与订单农业对其低碳生产意向及行为有显著正向影响；行为态度、主观规范和感知行为控制显著影响农户的低碳生产意向，而且农户低碳生产的意向越强，其实施低碳生产行为的可能性就越大。

通过对江苏太湖流域 216 户水稻种植户的调研分析发现，多数农户感受到了近年来当地生态环境的整体恶化，且对农药、化肥、农膜、秸秆以及人畜禽粪便所带来的环境负面效应的认知度较高。但农户的环境认知与其对环境友好型技术的采纳行为响应并不一致，现实中农户对测土配方施肥、沼气、综合害虫管理、免耕直播等环境友好型农业生产中的关键技术采用率很低。在分析农户环境友好型技术采纳行为影响因素时，发现订单农业能显著提升农户采纳环境友好型技术的概率。

第五章
行为经济学视角下的核心变量测度：基于实验经济学方法

本书第三章已经阐述了农户的时间偏好与风险偏好对其订单农业参与决策、违约决策、续约决策的影响机制，那么如何准确测量和估计本研究的核心变量（即农户的时间偏好与风险偏好）是本研究的关键技术问题。由于对个体偏好的测度具有复杂性，鲜有研究关注个体的时间偏好和风险偏好特征，特别是对于发展中国家农户的时间偏好和风险偏好研究，更是鲜有文献涉及。本章旨在采用实验经济学方法测度中国农户的时间偏好和风险偏好，构建融合性分析框架和计量模型同时估计时间偏好参数与风险偏好参数，进而对基于实验获取的偏好特征与农户现实行为决策之间的关系进行探索性分析。

事实上，尽管田野实验方法在行为经济学、发展经济学、劳动经济学、公共经济学领域已有研究实例，但在国内鲜有基于田野实验方法开展的实证检验研究（罗俊等，2015），采用该方法同时测度农户时间偏好与风险偏好的文献更是罕见。本章将借鉴经典文献（Andersen et al., 2008；Nguyen，2011）的研究思路，基于田野实验测度中国农户的时间偏好与风险偏好：首先，分别设计时间偏好实验和风险偏好实验，引出农户个体偏好的基本特征信息；其次，将时间偏好与风险偏好融合到同一分析框架中，基于准双曲线贴现函数和前景理论构建贴现效用模型；再次，采用最大似然技术对模型中衡量时间偏好与风险偏好的5个参数进行同时估计；最后，针对农户时间偏好和风险偏好参数的基本特征，进行多角度的描述性统计分析和非参数检验，对时间偏好、风险偏好与农户订单农业参与、农户违约、农户续约等行为决策的关系进行初步探讨。

第一节 农户时间偏好与风险偏好的实验设计

本研究关于时间偏好与风险偏好的经济学实验，将采用一种可转变的多价格列表（switching Multiple Price List, sMPL）设计形式（Andersen et al., 2006; Tanaka et al., 2010; Nguyen, 2011），并根据中国农户的情况进行调整。在时间偏好与风险偏好实验中，参与者面临一系列成对出现的碰运气事件，每个事件包括两个选项——选项 A 和选项 B，这两个选项是相斥的，即选择其中一个就意味着放弃另一个。sMPL 模式是 MPL 标准方法的一种变形，且执行单调转换，即参与者不能在一个系列中来回地转换。

实验参与者被告知他们所做出的选择都是基于真实的赌注，其获取的货币报酬是由碰运气事件的结果决定的。在每个实验的最后，都会让参与者随机抽取一对事件并支付给其真实的现金，以激励参与者表达其真实的偏好（Andersen et al., 2006）。设计的平均报酬近似于当地农户半天的收入，同时也需要设置参与者最大的损失金额（后文风险偏好实验中的系列 3 可能会用到），这个数额应小于受访农户同意参与实验时所支付的参与费用。

一 时间偏好实验设计

时间偏好实验共有 75 组成对出现的方案，这 75 组方案被分成 15 个系列，每个系列包括 5 组方案。在每组方案中，选项 A 表示一个可以马上获取的、金额相对较少的报酬，选项 B 表示一个在未来指定的时刻获取的、金额相对较多的报酬。时间偏好的实验设计详见表 5-1。

如表 5-1 所示，具有相同幅度的 5 个当前报酬（选项 A）与在未来 3 个不同时期相同的延期报酬（选项 B）形成对照。对于每个系列中的各个决策任务，相对较高的延迟收益（选项 B）均不会改变，但随着实验任务决策的继续进行，当前收益（选项 A）会逐渐增加并逐渐接近延迟收益。实验参与者刚开始可能会偏好选项 B（一个较高的远期收益），但随着当前收益逐渐增加，参与者的选择偏好可能将会由选项 B 转至选项 A。由此，我们根据参与者在时间偏好实验中做出的选择，可以获知每个系列中从第1组到第5组,使参与者从选项A转换到选项B的组数(转换点)。在一个系列内,耐心程度越高的参与者,其由选项B转向选项A的组数越大,甚至是不转换;而短视程度越高的参与者,其由选项B转向选项A的组数越小,甚至刚开始就选择了选项A(一个较小的即期收益)。

在本研究的时间偏好实验设计中,未来报酬在6~60元变化,延迟付款的期限在三天到三个月之间变化。需要说明的是,在系列4、系列7、系列10、系列13中,5个即期报酬的金额x(选项A)与延期报酬的金额y(选项B)虽然都是变化的,但是这两个选项之间的金额比例是完全相同的,即$x = y \times v/6; v(v = 1,2,\cdots,5)$,其中,$v$表示每个系列中的组数。

时间偏好实验的15个系列均执行单调转换,即实验参与者在一个系列内只能有一次从选项B转换到选项A的机会,而不能来回地转换。实验参与者完成所有时间偏好决策任务后,会被邀请从盒子里随机抽出一张卡片,参与者将会基于该卡片数字对应的决策任务中所做出的决策,在相应的时间获取相应的报酬。

表5-1 时间偏好实验的设计

	选项A	选项B		选项A	选项B		选项A	选项B
	系列1			系列2			系列3	
1	当前4元	一周后24元	6	当前4元	一月后24元	11	当前4元	三月后24元
2	当前8元	一周后24元	7	当前8元	一月后24元	12	当前8元	三月后24元
3	当前12元	一周后24元	8	当前12元	一月后24元	13	当前12元	三月后24元
4	当前16元	一周后24元	9	当前16元	一月后24元	14	当前16元	三月后24元
5	当前20元	一周后24元	10	当前20元	一月后24元	15	当前20元	三月后24元
	系列4			系列5			系列6	
16	当前10元	一周后60元	21	当前10元	一月后60元	26	当前10元	三月后60元
17	当前20元	一周后60元	22	当前20元	一月后60元	27	当前20元	三月后60元
18	当前30元	一周后60元	23	当前30元	一月后60元	28	当前30元	三月后60元
19	当前40元	一周后60元	24	当前40元	一月后60元	29	当前40元	三月后60元
20	当前50元	一周后60元	25	当前50元	一月后60元	30	当前50元	三月后60元

续表

	选项 A	选项 B		选项 A	选项 B		选项 A	选项 B
	系列 7			系列 8			系列 9	
31	当前 1 元	一周后 6 元	36	当前 1 元	一月后 6 元	41	当前 1 元	三月后 6 元
32	当前 2 元	一周后 6 元	37	当前 2 元	一月后 6 元	42	当前 2 元	三月后 6 元
33	当前 3 元	一周后 6 元	38	当前 3 元	一月后 6 元	43	当前 3 元	三月后 6 元
34	当前 4 元	一周后 6 元	39	当前 4 元	一月后 6 元	44	当前 4 元	三月后 6 元
35	当前 5 元	一周后 6 元	40	当前 5 元	一月后 6 元	45	当前 5 元	三月后 6 元
	系列 10			系列 11			系列 12	
46	当前 8 元	三天后 48 元	51	当前 8 元	两周后 48 元	56	当前 8 元	两月后 48 元
47	当前 16 元	三天后 48 元	52	当前 16 元	两周后 48 元	57	当前 16 元	两月后 48 元
48	当前 24 元	三天后 48 元	53	当前 24 元	两周后 48 元	58	当前 24 元	两月后 48 元
49	当前 32 元	三天后 48 元	54	当前 32 元	两周后 48 元	59	当前 32 元	两月后 48 元
50	当前 40 元	三天后 48 元	55	当前 40 元	两周后 48 元	60	当前 40 元	两月后 48 元
	系列 13			系列 14			系列 15	
61	当前 2 元	三天后 12 元	66	当前 2 元	两周后 12 元	71	当前 2 元	两月后 12 元
62	当前 4 元	三天后 12 元	67	当前 4 元	两周后 12 元	72	当前 4 元	两月后 12 元
63	当前 6 元	三天后 12 元	68	当前 6 元	两周后 12 元	73	当前 6 元	两月后 12 元
64	当前 8 元	三天后 12 元	69	当前 8 元	两周后 12 元	74	当前 8 元	两月后 12 元
65	当前 10 元	三天后 12 元	70	当前 10 元	两周后 12 元	75	当前 10 元	两月后 12 元

二 风险偏好实验设计

在风险偏好实验中，共有 35 个成对出现的方案，这 35 个方案被分成 3 个系列，系列 1 和系列 2 用于估计风险规避参数和概率权重参数，系列 3 用于估计损失规避参数。表 5-2 为风险偏好实验的设计。如表 5-2 所示，每个方案由一个相对安全的报酬（选项 A）和一个具有风险的报酬（选项 B）组成，实验参与者需要在选项 A 和选项 B 中做出选择，每个选项都是一对碰运气事件。

为了方便实验参与者理解实验内容，本研究参照 Liebenehm 和 Waibel（2014）的做法，在实验中配合使用图片的形式向参与者更加直观地描述规则。如图 5-1 所示，每张图片分别用来说明一对碰运气事件以及各个选项的相应报酬和概率，此处使用 10 个涂颜色的圆形来表示概率，并在上方标出每个选项中不同概率下的报酬。

以表5-2中系列1的第1组为例,选项A表示实验参与者有30%的概率获得20元,有70%的概率获得5元,选项B则表示参与者有10%的概率获得34元,有90%的概率获得2.5元。

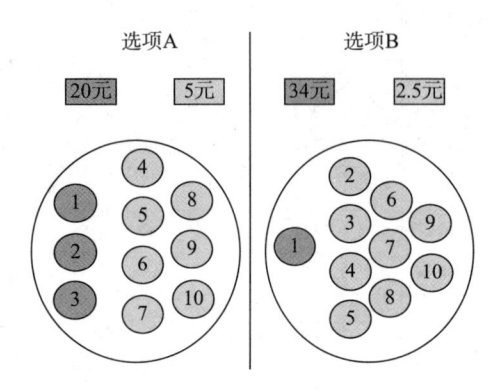

图5-1 风险偏好实验中的卡片图示

表5-2 风险偏好实验的设计

系列1	编号	选项A		选项B	
		概率30%（卡片1~3）	概率70%（卡片4~10）	概率10%（卡片1）	概率90%（卡片2~10）
	1	20元	5元	34元	2.5元
	2	20元	5元	37.5元	2.5元
	3	20元	5元	41.5元	2.5元
	4	20元	5元	46.5元	2.5元
	5	20元	5元	53元	2.5元
	6	20元	5元	62.5元	2.5元
	7	20元	5元	75元	2.5元
	8	20元	5元	92.5元	2.5元
	9	20元	5元	110元	2.5元
	10	20元	5元	150元	2.5元
	11	20元	5元	200元	2.5元
	12	20元	5元	300元	2.5元
	13	20元	5元	500元	2.5元
	14	20元	5元	850元	2.5元

续表

系列2	编号	选项 A		选项 B	
		概率90%（卡片1~9）	概率10%（卡片10）	概率70%（卡片1~7）	概率30%（卡片8~10）
	15	20元	15元	27元	2.5元
	16	20元	15元	28元	2.5元
	17	20元	15元	29元	2.5元
	18	20元	15元	30元	2.5元
	19	20元	15元	31元	2.5元
	20	20元	15元	32.5元	2.5元
	21	20元	15元	34元	2.5元
	22	20元	15元	36元	2.5元
	23	20元	15元	38.5元	2.5元
	24	20元	15元	41.5元	2.5元
	25	20元	15元	45元	2.5元
	26	20元	15元	50元	2.5元
	27	20元	15元	55元	2.5元
	28	20元	15元	65元	2.5元
系列3	编号	选项 A		选项 B	
		概率50%（卡片1~5）	概率50%（卡片6~10）	概率50%（卡片1~5）	概率50%（卡片6~10）
	29	12.5元	-2元	15元	-10.5元
	30	2元	-2元	15元	-10.5元
	31	0.5元	-2元	15元	-10.5元
	32	0.5元	-2元	15元	-8元
	33	0.5元	-4元	15元	-8元
	34	0.5元	-4元	15元	-7元
	35	0.5元	-4元	15元	-5.5元

从表5-2中可以看出，在系列1中，选项A没有变化，随着风险偏好实验沿着表格信息继续往下进行，选项B的期望效用值会逐渐增加。根据参与者在风险偏好实验中的选择，可以获知从第1组到第14组，使参与者从系列1中的选项A转换到选项B的组数（转换点）。风险规避

程度越高的参与者，从选项 A 转换到选项 B 的组数越大。在系列 2 中也是类似的情况，越是风险规避型的参与者，从选项 A 转换到选项 B 的组数越大。在系列 3 中，损失规避程度越高的参与者，从选项 A 转换到选项 B 的组数越大，甚至是不转换。

风险偏好实验也是执行单调转换，意味着实验参与者不能在一个系列内来回转换，只能有一次从选项 A 转换到选项 B 的机会。需要说明的是，在系列 1 和系列 2 中，所有的实验结果都是正的报酬，而在系列 3 中，实验的结果可能会导致负的报酬，即参与者可能会损失一定的金钱。实验参与者做完所有的风险偏好决策任务后，也会被邀请参加抽奖活动。具体抽奖规则详见下一小节内容。

通过上述有关时间偏好和风险偏好的两个实验，每个参与者一共完成 110 个决策任务，包括时间偏好实验中的 75 个决策和风险偏好实验中的 35 个决策。两个实验任务平均用时 20 分，实验报酬平均约为 50 元。

三 实验补充说明

在完成问卷调查后，会要求受访农户参与两个田野实验——时间偏好实验和风险偏好实验。在实验开始之前，农户被告知以下信息：①如果农户同意参加实验，他们将在实验开始前得到 20 元的参与费；②实验参与者将有机会在时间偏好实验和风险偏好实验中分别赢得最高 60 元和 850 元的奖励，他们也可能会在风险偏好实验中损失一定金额，但不会超过 10.5 元。为了确保实验参与者了解时间偏好和风险偏好实验的工作原理，实验研究人员使用示例卡片的形式向农户详细说明实验过程，并重复说明两次。

在每个实验结束后，参与者都会被邀请参加抽奖活动，即随机选择一对碰运气事件，以获得现金奖励。对于时间偏好实验，要求参与者在完成 75 项决策任务后，从 75 张带编号的卡片中随机抽取一张卡片。该卡上的数字决定了哪个决策方案将被支付现金奖励，参与者根据自身在实验中做出的选择在相对应的时间获得奖励。需要说明的是，在时间偏好实验中的延期奖励支付方面，我们提供了 3 种不同的支付方式，即微信支付、支付宝钱包和手机话费充值，用于向那些选择接受未来奖励的参与者进行支付。这种支付方式的设置旨在消除某些实验参与者的疑虑：在时间偏好实验中选择选项 B 是否能确保在未来获得相应的收益。

对于风险偏好实验的抽奖活动，我们准备了两组带有编号的卡片：第一组为包含 35 个数字的卡片组，数字为 1~35 且乱序排列；第二组为包含 10 个数字的卡片组，数字为 1~10 且乱序排列。在完成所有 35 个风险偏好实验场景后，要求参与者首先从包含 35 个数字的卡片组中抽取其中一张，然后从包含 10 个数字的卡片组中抽出另一张。其中，实验参与者抽取到的第一张卡片上的数字用于决定在 1~35 个决策方案中，哪个方案将会被支付。抽取到的第二张卡片上的数字与实验设计中提到的概率相关联，用于确定实验参与者在特定场景中的奖励金额。对于系列 1 中的某个特定决策方案，如果实验参与者的选择是选项 A，且抽到的卡片数字为 1~3 中的任一个，则该参与者会获得概率为 30% 的较高收益；若抽到的数字为 4~10 中的任一个，则会获得概率为 70% 的较低收益。对于系列 1 中的某个特定决策方案，如果实验参与者的选择是选项 B，且抽到的卡片数字为 1，则该参与者会获得概率为 10% 的较高收益；若抽到的卡片数字为 2~10 中的任一个，则会获得概率为 90% 的较低收益。对于系列 2 中的某个特定决策方案，如果实验参与者的选择是选项 A，且抽到的卡片数字为 1~9 中的任一个，则该参与者会获得概率为 90% 的较高收益；若抽到的卡片数字为 10，则会获得概率为 10% 的较低收益。对于系列 2 中的某个特定决策方案，如果实验参与者的选择是选项 B，且抽到的卡片数字为 1~7 中的任一个，则该参与者会获得概率为 70% 的较高收益；若抽到的卡片数字为 8~10 中的任一个，则会获得概率为 30% 的较低收益。对于系列 3 中的某个特定决策方案，如果实验参与者的选择是选项 A，且抽到的卡片数字为 1~5 中的任一个，则该参与者会获得概率为 50% 的正收益；若抽到的卡片数字为 6~10 中的任一个，则会获得概率为 50% 的负收益。对于系列 3 中的某个特定决策方案，如果实验参与者的选择是选项 B，且抽到的卡片数字为 1~5 中的任一个，则该参与者会获得概率为 50% 的正收益；若抽到的卡片数字为 6~10 中的任一个，则会获得概率为 50% 的负收益。

需要说明的是，在所有实验参与者中，12% 的农户在整个时间偏好实验或风险偏好实验中全部选择选项 A 或全部选择选项 B。这可能是因为他们无法真正理解这些实验是如何进行的。若如此，将会造成估计有偏（Liu，2013）。因此，我们从样本中排除了这些个体，最终获得了 290 个有效的观察结果。

第二节 农户时间偏好与风险偏好的概念框架

如前所述，如何较为准确地测度农户的时间偏好与风险偏好是本章需要解决的关键技术问题。尽管目前已有文献表明农户的时间偏好和风险偏好会对其农业生产决策行为产生显著影响，但是很少有学者考虑这些偏好的实际表达形式，准确测量农户的时间偏好和风险偏好仍是一个相对困难的问题。对于时间偏好，已有文献通常使用指数贴现模型来描述贴现率。值得注意的是，该模型经常被实验数据所排斥（Frederick et al., 2002）。很多文献聚焦于证明贴现率不是恒定的，而是随着时间的推移而下降（Loewenstein and O'Donoghue, 2004；Benhabib et al., 2010；Wang et al., 2016）。这些特征可以用准双曲线贴现函数来表示（Laibson, 1997）。当前，准双曲线贴现函数已被有效地应用于合同设计、退休规划、社会保障制度、税收政策、工作环境等方面的研究（Diamond and Koszegi, 2003；DellaVigna and Malmendier, 2004；Schwarz and Sheshinski, 2007；Tanaka et al., 2010；Guo and Krause, 2015）。特别是，还有学者使用准双曲线贴现函数来描述和估计基于实验数据的农户时间偏好（Tanaka et al., 2010；Nguyen, 2011；Liebenehm and Waibel, 2014）。

因此，本研究应用准双曲线贴现函数扩展了指数贴现函数，把偏好逆转的情况考虑进去（Laibson, 1997；O'Donoghue and Rabin, 1999；Benhabib et al., 2010）。在准双曲线贴现函数下，远期收益与一种成本联系起来，这种成本是与收益的数量成比例的。当期收益（$t=0$）和延期收益（$t>0$）的贴现因子被定义如下（Liebenehm and Waibel, 2014）：

$$D(\beta,r,t) = \begin{cases} 1, t=0 \\ \beta\exp(-rt), t>0 \end{cases} \quad (5-1)$$

其中，r是表示固定贴现率（即传统时间贴现）的参数，β是反映当前偏好的参数，可以解释为短视认知偏差。β值越小，对当前的偏好越强，即短视认知偏差越大。特别是当$\beta=1$时，准双曲线贴现函数被简化为指数贴现函数。根据一些研究成果，生活在贫困环境的农户通常是缺乏耐心的

(Fisher, 1930; Pender, 1996; Nielsen, 2001; Harrison et al., 2002; Anderson et al., 2004)。

在有关农业决策与风险偏好间关系研究的文献中，通常有两种典型的估计风险偏好的方法（Liu and Huang, 2013）：一是依靠客观的函数和计量技术估计拟合模型的风险厌恶系数（Chavas and Holt, 1996; Saha et al., 1994），但估计个人风险规避程度时效用函数形式和直观推断的假设可能会导致偏差（Just and Lybbert, 2009）；二是使用财富作为风险规避的替代指标（Dubois, 2002; Fukunaga and Huffman, 2009），但 Bellemare 和 Brown（2009）指出这种方法会潜在低估风险偏好在农业决策中的作用。Tanaka 等（2010）的研究发现，基于前景理论并采用经济学实验可以引出所有的风险偏好参数，更拟合农户做决策的过程。

在使用实验法引出风险偏好之前，需要确定效用函数的形式。测量个体风险偏好常用的方法是使用期望效用理论，这时风险规避程度是决定效用函数曲率的唯一参数。而在前景理论中，效用函数的形状是由风险规避、损失规避及概率权重联合决定的。研究表明，前景理论比新古典主义的效用理论更适合用于捕捉农户的风险偏好（Liu, 2013; Liu and Huang, 2013）。正如 Liu（2013）指出，中国农户通常具有一个预期的收入水平，在这个预期收入水平上，他们对损失比对收益更为敏感。因而风险偏好研究还应考虑风险规避以外的参数，如损失规避。

因此，本研究假设农户的行为符合前景理论的假设（Tversky and Kahneman, 1992）。根据前景理论，前景被分割成两个部分：①零风险成分，即确定获得（支出）的最小收益（损失）；②风险成分，即实际上在风险中附加的收益或损失。由此，在前景理论下农户效用被定义如下：

$$PT(x,p;y,1-p) = \begin{cases} v(y) + \pi(p)[v(x) - v(y)], x > y > 0 \text{ 或 } x < y < 0 \\ \pi(p)v(x) + \pi(1-p)v(y), x < 0 < y \end{cases} \quad (5-2)$$

式（5-2）中，$PT(x, p; y, 1-p)$ 表示在二元期望 $(x; y)$ 下的期望效用，$(p; 1-p)$ 为相应的概率，$v(x)$ 和 $\pi(p)$ 分别为价值函数和概率权重函数。

价值函数 $v(x)$ 由一个两阶段幂函数表示，分别描述在获利（$x > 0$）

和损失（$x<0$）情况下的价值。本研究假设 $v(x)$ 呈 S 形曲线，在参照点以上为凹形，在参照点以下为凸形，且损失比获利更为陡峭（Tversky and Kahneman，1992）。由此，定义价值函数如下：

$$v(x) = \begin{cases} x^\sigma, & \text{如果 } x \geq 0 \\ -\lambda(-x)^\sigma, & \text{如果 } x < 0 \end{cases} \quad (5-3)$$

式（5-3）中，参数 σ 可视为风险规避的替代指标，σ 值越小，表示风险规避程度越大；参数 λ 反映损失规避的程度，λ 值越大，表示损失规避程度越高，$\lambda>1$，表示损失权重比获利权重大。

然后，本研究假设农户根据权衡概率信息 p 进行决策。p 反映农户对不确定事件的愿望。由此，定义概率权重函数如下：

$$\pi(p) = \exp[-(-\ln p)^\alpha] \quad (5-4)$$

式（5-4）中，参数 α 是概率权重的一种替代指标（Prelec，1998），表示对事件预测或评估的准确性。α 值越大，表示越能准确评估概率信息，即越不会高估小概率事件而低估大概率事件。$\alpha<1$ 表明农户不能准确评估概率信息，即会高估不太可能发生的期望事件，而低估很可能发生的不幸运事件（Tanaka et al.，2010）。

进一步，本研究参照 Andersen 等（2008）首次提出的一种方法，把时间偏好与风险偏好融入一个框架中。这个方法已经被一些研究所应用并得到进一步发展（Nguyen，2011；Harrison et al.，2011；Coller et al.，2012；Liebenehm and Waibel，2014）。参照 Nguyen（2011）、Liebenehm 和 Waibel（2014）等的做法，本研究采用前景理论修改效用函数，并应用由 Laibson（1997）、O'Donoghue 和 Rabin（1999）所定义的准双曲线贴现函数来调整贴现函数。

通过将基于前景理论的效用函数以及准双曲线贴现函数整合到一个效用函数中，构建了如下的贴现效用模型（Liebenehm and Waibel，2014）：

$$U(x_1,t_1;\ldots;x_n,t_n) = \sum_{i=1}^{n} PT(x_i) D(t_i) \quad (5-5)$$

在这个贴现效用模型中，时间前景 (x_i, t_i) 的偏好是跨期分离的（Loewenstein and Prelec，1992）。

第三节 农户时间偏好与风险偏好的估计方法

通常而言，估计时间偏好的标准方法是要求受访者在当前 x 元和未来 t 时期的 y 元之间做出一系列选择。以往有关时间偏好的研究大多假设行为主体为风险中性（Andersen et al.，2008），时间偏好参数的估计方程被描述为：$x = yD(\beta, r, t)$，其中 $D(\beta, r, t)$ 表示时间贴现函数。然而有研究指出风险偏好的个体差异可能会影响时间偏好（Shavit et al.，2014），即风险中性的假设可能会导致贴现率被高估（Andersen et al.，2008）。因此，更适当的估计方程应该包含效用函数（Nguyen，2011），也就是说，对个体的时间偏好和风险偏好进行联合估计将会对偏好参数的准确识别具有关键作用。

因此，本研究借鉴 Nguyen（2011）、Liebenehm 和 Waibel（2014）的方法，同时估计农户的时间偏好与风险偏好，即对公式（5-5）所定义的贴现效用模型进行估算。在时间偏好实验中，要求参与者从选项 A 和选项 B 中做出选择，并做出如下假设：每当选项 A（当前较小的收益）的效用超过选项 B（远期较大的收益）的效用，实验参与者会从选项 B 转换到选项 A。与此类似，在风险偏好实验中，做出如下假设：每当选项 B（风险收益）的效用超过选项 A（保守收益）的效用，实验参与者会从选项 A 转换到选项 B。

对于第 i 个实验参与者，令 $U(X_i^j)$ 表示在实验中参与者 i 在决策任务 j 中选择选项 A 或选项 B 的效用，则有：

$$U_i^j = PT(X_i^j)D(t; X_i^j) + \varepsilon_i^j \quad (5-6)$$

式（5-6）中，X_i^j 表示有关决策任务 j 的所有信息，包括发生概率、支付金额、支付时间等；$PT(X_i^j)$ 表示在前景理论下的效用函数；$D(t; X_i^j)$ 是准双曲线贴现函数；ε_i^j 为误差项，服从标准分布，且独立同分布。

由此，选项 A 和选项 B 的效用的现值可分别由 $U_i^{A,j}$ 和 $U_i^{B,j}$ 获得。在方案 j 中，每一对碰运气事件的效用（即潜在指数）ΔU_i^j 可表示为：

$$\Delta U_i^j = U_i^{B,j} - U_i^{A,j} \tag{5-7}$$

ΔU_i^j 通过标准积累函数 Φ（ΔU_i^j）与在实验中观察到的农户做出的二元选择联系起来。因此，实验参与者 i 选择选项 B 的条件对数似然函数表达如下：

$$\ln L_i(\beta, r, \sigma, \alpha, \lambda; X_i^j; y_i^j) = \sum_{j=1}^{110} \{[\ln\Phi(\Delta U_i^j) \mid y_i^j = 1] + [\ln\Phi(\Delta U_i^j) \mid y_i^j = 0]\} \tag{5-8}$$

其中，y_i^j 为农户的实际选择，$y_i^j = 1$ 表示农户 i 在决策任务 j 中选择选项 B，$y_i^j = 0$ 表示选择选项 A。可见，选择选项 B 的条件对数似然函数取决于以下参数：基于准双曲线贴现模型的贴现函数参数（β，r）、基于前景理论的效用函数参数（σ，α，λ），以及时间偏好与风险偏好实验中所有观测变量的二元选择。

第四节　农户时间偏好与风险偏好的参数估计结果

一　农户时间偏好与风险偏好的总体估计结果

本研究采用最大似然法对所定义的贴现效用模型进行估计，以获取每个农户的时间偏好与风险偏好的参数估计值。对 5 个参数估计结果的描述性统计如表 5-3 所示。此外，图 5-2 呈现了全部肉鸡养殖户的时间偏好与风险偏好参数的核密度图（kernel density estimates，KDE），图 5-3 为时间偏好与风险偏好参数的经验累积分布函数（empirical cumulative distribution function，ECDF）。

表 5-3　农户时间偏好与风险偏好参数估计结果的描述性统计

偏好参数	平均值	标准差	最小值	最大值	中位数	四分位距
短视认知偏差（β）	0.614	0.148	0.209	0.940	0.645	0.186
贴现率（r）	0.350	0.306	0.040	1.657	0.239	0.263
风险规避（σ）	0.839	0.236	0.420	1.505	0.803	0.289

续表

偏好参数	平均值	标准差	最小值	最大值	中位数	四分位距
概率权重（α）	0.765	0.248	0.154	1.592	0.710	0.256
损失规避（λ）	2.156	1.882	0.511	9.013	1.519	1.265

总体上看，时间偏好估计结果显示，中国肉鸡养殖户普遍缺乏耐心且存在短视认知偏差；风险偏好的估计结果显示，农户通常无法准确评估概率事件，并且倾向于规避风险和损失。虽然农户整体而言是短视型和风险规避型，但是农户之间的时间偏好和风险偏好的异质性较为明显。具体描述如下。

（1）时间偏好参数的估计结果。参数 β 为短视认知偏差因子，$\beta<1$，表示受访农户存在认知偏差，且 β 值越小，表示对当前偏好程度越大，即短视程度越高。参数 r 表示贴现率，r 值越大，表示贴现率越高，即耐心程度越低。本研究中，参数 β 的平均个体估计值为0.614，结果小于1，表明平均而言中国农户存在短视认知偏差。参数 r 的平均估计值为0.350，表明受访农户具有较高的贴现率。此外，与其他类似研究相比（Tanaka et al.，2010；Nguyen，2011；Liebenehm and Waibel，2014），本研究中的受访农户具有更高的贴现率且对当前偏好程度更高，这意味着中国农户更加缺乏耐心和更加看重当前的收入。估计结果部分反映了中国农户的生活条件在时间方面的差异性，这与其他国家的农村存在很大的不同。在中国，肉鸡养殖具有高出栏率和较短的养殖间隔。因此，中国的养鸡业务是一项相对确定且具有较高报酬和较短偿还期的中短期投资，这可能也是中国农户耐心程度相对较低的原因之一。

（2）风险偏好参数的估计结果。参数 σ 反映价值函数的曲率，σ 值越小表示风险规避程度越高。本研究中参数 σ 的平均个体估计值小于1（$\sigma=0.839$），表明平均而言中国农户是风险规避型。较高的风险规避水平可能会导致贫困陷阱，因为贫困者不情愿参与高收益、高风险的投资活动。但与其他类似研究相比（Tanaka et al.，2010；Nguyen and Leung，2010；Liebenehm and Waibel，2014），本研究的 σ 参数估计值较高，表明中国农户与其他国家农户相比具有相对较低的风险规避程度。

参数 α 是概率权重的一种替代指标，表示对事件预测的正确性。α 值越大，表示越能准确评估概率信息（即越不会高估小概率事件、低估大概率事件）。α<1 表明平均概率权重函数呈反 S 形，即受访农户不能准确评估概率信息，倾向于高估不太可能发生的期望事件，而低估很可能发生的不幸事件。本研究中概率权重参数的平均个体估计值小于 1（α=0.765），这表明农户倾向于高估小概率事件发生的可能性而低估大概率事件发生的可能性，该结果符合前景理论。与 Nguyen（2011）的研究结果相比，本研究中参数 α 的估计结果偏低，但与其他类似研究相比（Tanaka et al.，2010；Nguyen and Leung，2010；Liu，2013；Liebenehm and Waibel，2014），本研究中参数 α 的估计结果偏高。高估不太可能发生但又期望出现的小概率事件，低估很可能发生但又不期望出现的大概率事件，容易导致不利的生产或投资决策。例如，在严重的禽流感灾害风险情形下，农户可选择与龙头企业签约合作养殖以降低一定的损失风险，而低估大概率事件（肉鸡会死于的疫病）发生的农户会选择继续独立养殖，从而可能导致重大的损失。

参数 λ 反映损失规避的程度，λ 值越大表示损失规避程度越高。λ>1，表示损失权重大于获利权重。本研究中损失规避参数的个体平均估计值大于 1（λ=2.156），表明平均而言中国农户对损失的重视程度高于对获利的重视程度。此外，与 Tanaka 等（2010）、Nguyen（2011）和 Liu（2013）的研究相比，中国农户具有较低的损失规避程度，但与其他类似研究（Nguyen and Leung，2010；Liebenehm and Waibel，2014）相比，中国农户具有较高的损失规避程度。较低的损失规避水平会导致潜在不利的生产和销售决策，尤其是在高估小概率事件的情形下（Liebenehm and Waibel，2014）。

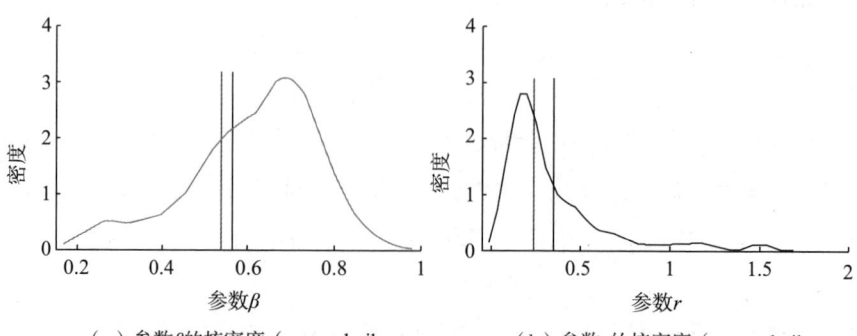

（a）参数β的核密度（epanechnikov 模型，带宽值-0.0382）

（b）参数r的核密度（epanechnikov 模型，带宽值-0.054）

(c) 参数σ的核密度（epanechnikov 模型，带宽值-0.0595）

(d) 参数α的核密度（epanechnikov 模型，带宽值-0.0526）

(e) 参数λ的核密度（epanechnikov 模型，带宽值-0.2601）

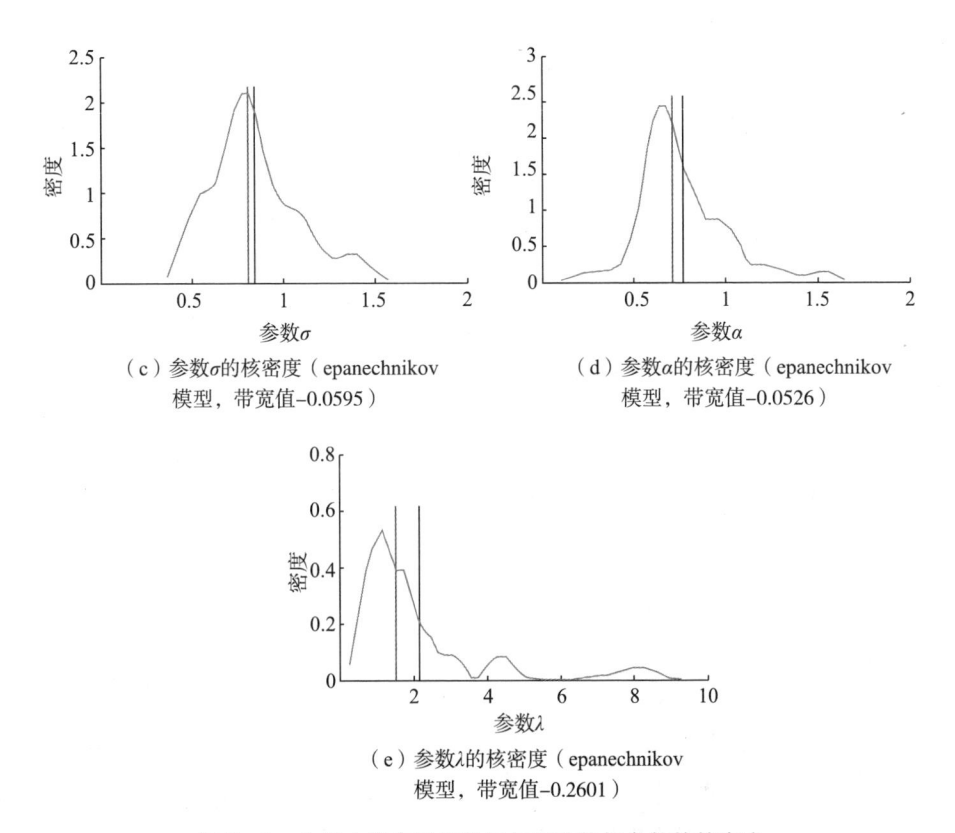

图 5-2　全样本农户时间偏好与风险偏好参数的核密度

注：浅色的竖线表示均值，深色的竖线表示中位数。

笔者进一步分析了图 5-2 中时间偏好与风险偏好参数的核密度估计结果。核密度图的横轴为偏好参数估计值，纵轴为核密度。从图 5-2 可看出，参数 β 整体呈现"单峰"分布，波峰对应的 β 值约为 0.7，处于一个中等偏高水平，说明全样本中 β 值为 0.7 左右的样本数量出现的密度很高。参数 r 整体呈现"单峰"分布，波峰对应的估计值约为 0.15，处于一个较低的水平，并且核密度图有拖尾现象，说明存在贴现率很高的农户样本，但这样的样本数量并不多。从整体趋势上看，参数 σ 呈现"单峰"分布，波峰对应的估计值约为 0.8，接近中位数水平。参数 α 整体呈现"单峰"分布，波峰对应的估计值约为 0.65，处于一个中等偏低水平。此外，参数 λ 呈现"多峰"分布，存在两个较为明显的波峰，第一个较为明显的波峰对应的估计值约为 1，处于一个较低的水平，而第二个较为明显的波峰对应的估计值约为 4.5，处于一个较高的水平，并且核密度图有拖尾现象，说明存在一些 λ 值较高的样本，但这样的样本数量并不多。

(a) 参数 β 的经验累积分布函数

(b) 参数 r 的经验累积分布函数

(c) 参数 σ 的经验累积分布函数

(d) 参数 α 的经验累积分布函数

(e) 参数 λ 的经验累积分布函数

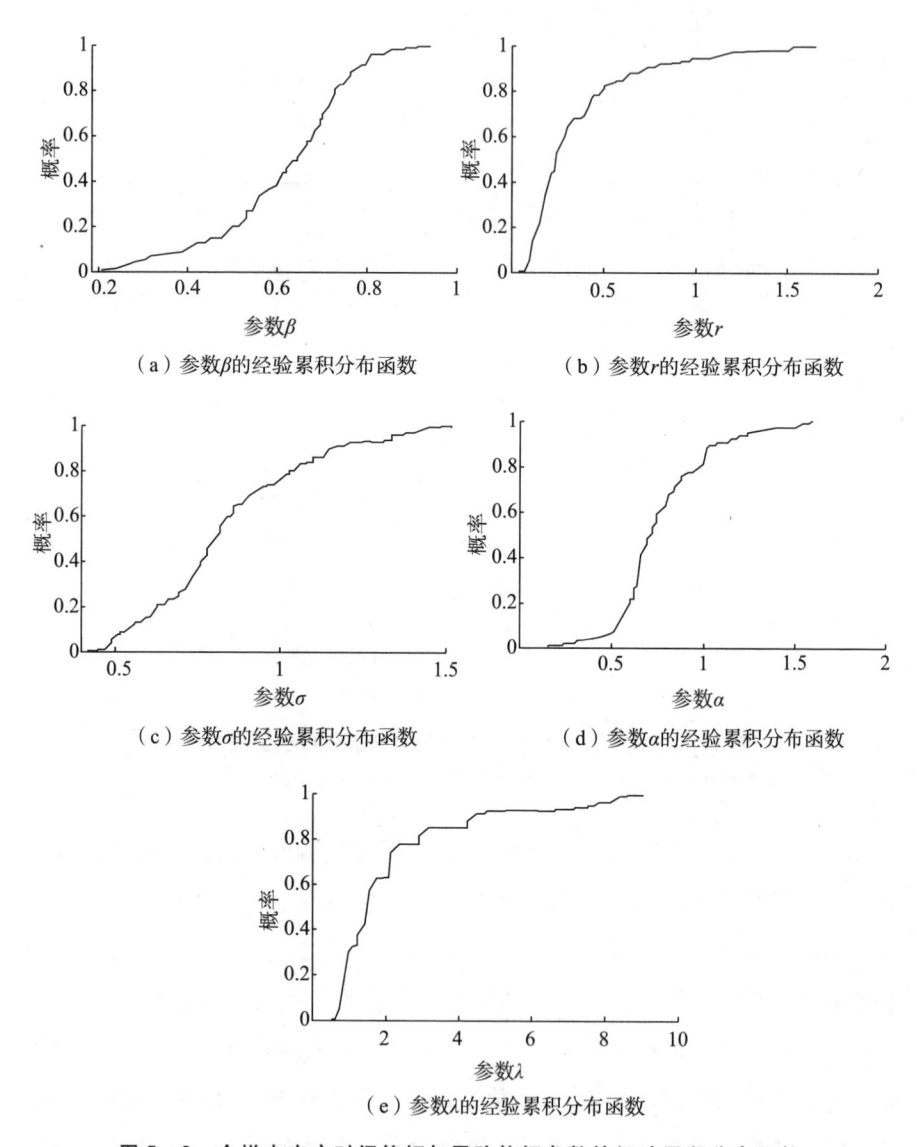

图 5-3　全样本农户时间偏好与风险偏好参数的经验累积分布函数

需要说明的是，尽管核密度图能够很好地表示各个数据值的概率分布，却无法反映出数据的累积分布情况。数据的累积分布，即小于等于当前数据值的所有数据的概率分布，对于表示数据点在某个区间内出现的概率有很大的帮助。因此本研究进一步绘制了时间偏好与风险偏好参数的经验累积分布函数（见图 5-3）。

二 契约农户和非契约农户的时间偏好与风险偏好对比

表 5-4 进一步对比了契约农户样本和非契约农户样本的时间偏好与风险偏好特征，图 5-4 呈现了两个样本偏好参数的核密度估计对比。契约农户样本和非契约农户样本的时间偏好与风险偏好参数的经验累积分布函数如图 5-5 所示。

表 5-4 契约农户和非契约农户时间偏好与风险偏好特征对比

偏好参数	契约农户（N=290） 平均值	标准差	非契约农户（N=69） 平均值	标准差	t 检验 Prob. > | t |
短视认知偏差（β）	0.643	0.126	0.490	0.170	***
贴现率（r）	0.307	0.275	0.529	0.363	***
风险规避（σ）	0.795	0.210	1.023	0.251	***
概率权重（α）	0.778	0.266	0.708	0.137	**
损失规避（λ）	2.318	2.028	1.476	0.767	***

注：最后一列呈现的 t 检验的零假设为两个样本的均值是相等的。*、**、*** 分别表示在 10%、5%、1% 的水平下通过显著性检验。

通过对比表 5-4 中的结果可以发现，对于契约农户样本而言，其短视认知偏差参数（β）、损失规避参数（λ）和概率权重参数（α）的平均估计值偏高，而贴现率参数（r）和风险规避参数（σ）的平均估计值偏低。表明与非契约农户相比，契约农户平均而言具有更低的时间偏好程度和风险偏好程度，具有更高的耐心程度、风险规避程度和损失规避程度。

表 5-4 中的最后一列呈现了时间偏好与风险偏好参数在契约农户样本和非契约农户样本之间的 t 检验结果。结果显示，两个样本在衡量时间偏好和风险偏好的 5 个参数方面均具有显著的区别。该结果可能意味着，农户越有耐心，以及越厌恶风险和损失，则其参与订单农业的可能性越大。

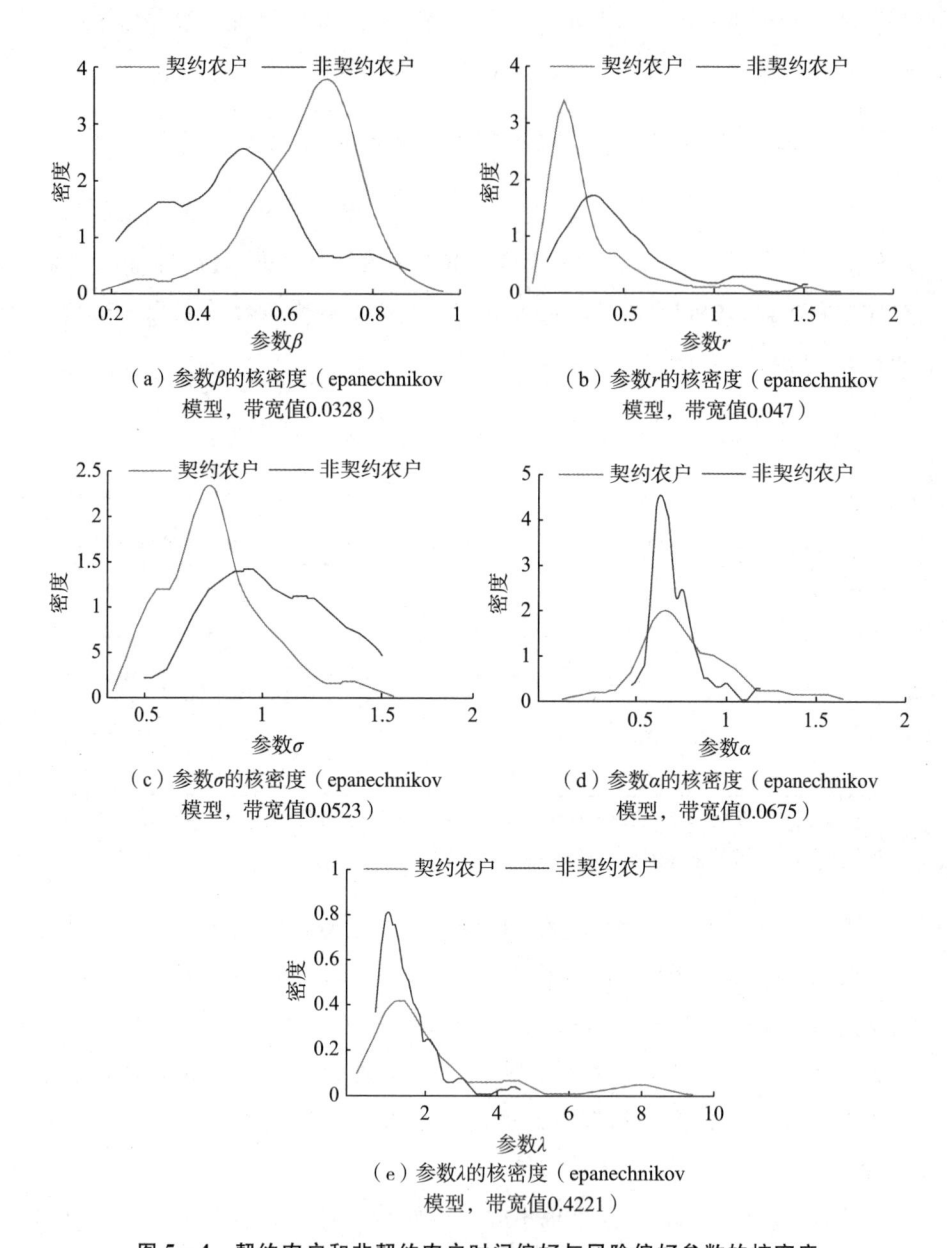

(a) 参数β的核密度（epanechnikov 模型，带宽值0.0328）

(b) 参数r的核密度（epanechnikov 模型，带宽值0.047）

(c) 参数σ的核密度（epanechnikov 模型，带宽值0.0523）

(d) 参数α的核密度（epanechnikov 模型，带宽值0.0675）

(e) 参数λ的核密度（epanechnikov 模型，带宽值0.4221）

图 5-4　契约农户和非契约农户时间偏好与风险偏好参数的核密度

三　履约农户和违约农户时间偏好与风险偏好对比

表 5-5 对比了履约农户样本和违约农户样本的时间偏好与风险偏好特

(a) 参数β的经验累积分布函数

(b) 参数r的经验累积分布函数

(c) 参数σ的经验累积分布函数

(d) 参数α的经验累积分布函数

(e) 参数λ的经验累积分布函数

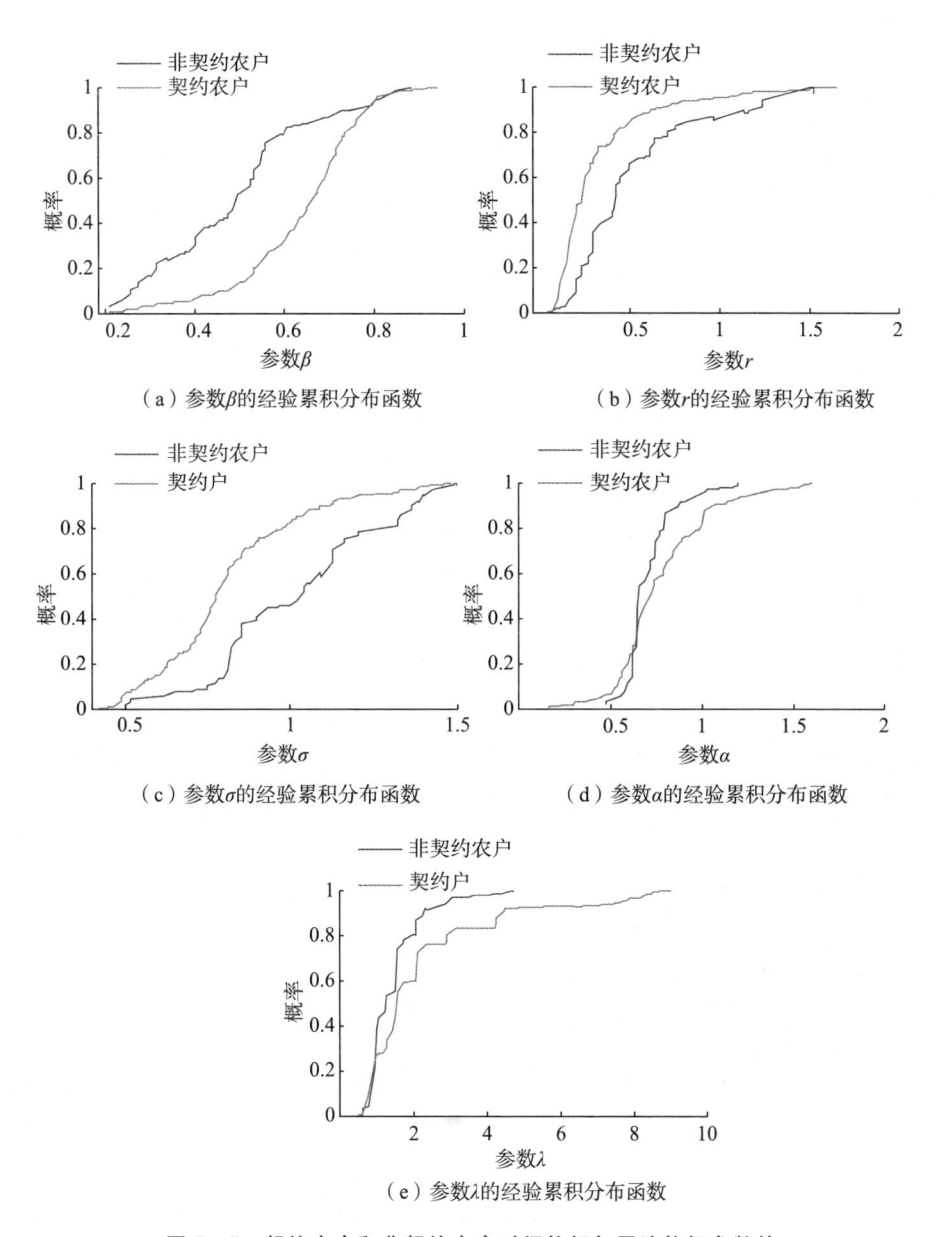

图5-5 契约农户和非契约农户时间偏好与风险偏好参数的经验累积分布函数

征，图5-6呈现了两个样本偏好参数的核密度估计对比。履约农户样本与违约农户样本的时间偏好与风险偏好参数的经验累积分布函数如图5-7所示。

表 5-5 履约农户与违约农户时间偏好与风险偏好特征对比

偏好参数	履约农户（N=211） 平均值	标准差	违约农户（N=79） 平均值	标准差	t 检验 Prob. > | t |
短视认知偏差（β）	0.688	0.083	0.525	0.143	***
贴现率（r）	0.247	0.226	0.466	0.327	***
风险规避（σ）	0.740	0.171	0.943	0.231	***
概率权重（α）	0.799	0.259	0.724	0.278	**
损失规避（λ）	2.519	2.190	1.779	1.386	***

注：最后一列呈现的 t 检验的零假设为两个样本的均值是相等的。*、**、*** 分别表示在 10%、5%、1% 的水平下通过显著性检验。

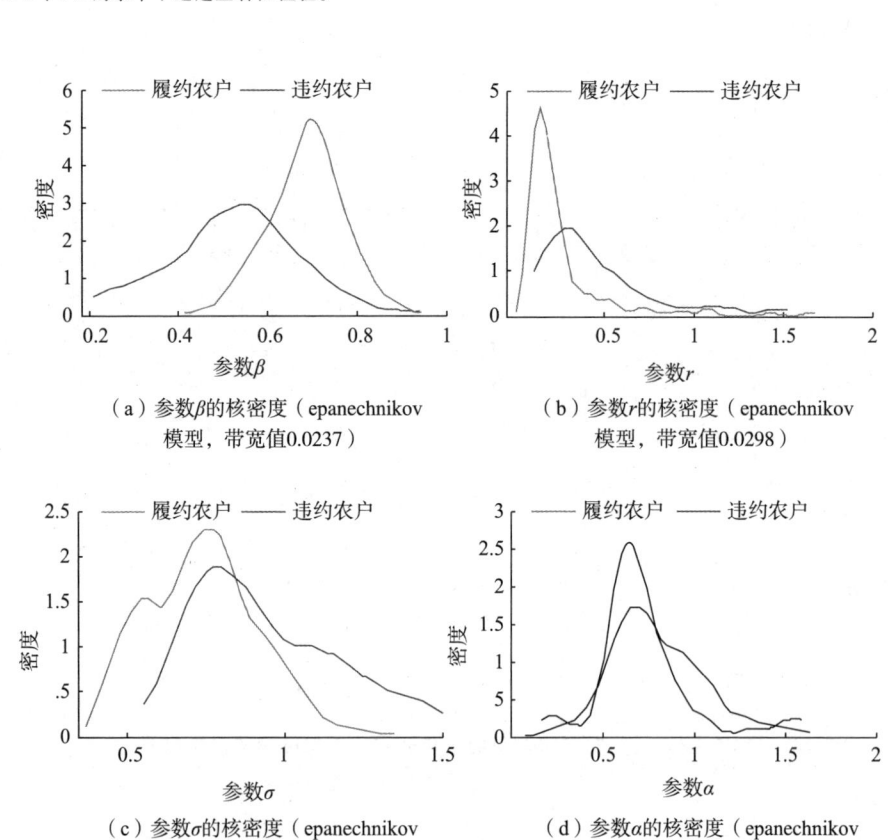

（a）参数β的核密度（epanechnikov 模型，带宽值0.0237）

（b）参数r的核密度（epanechnikov 模型，带宽值0.0298）

（c）参数σ的核密度（epanechnikov 模型，带宽值0.0529）

（d）参数α的核密度（epanechnikov 模型，带宽值0.0798）

(e) 参数λ的核密度（epanechnikov 模型，带宽值0.4571）

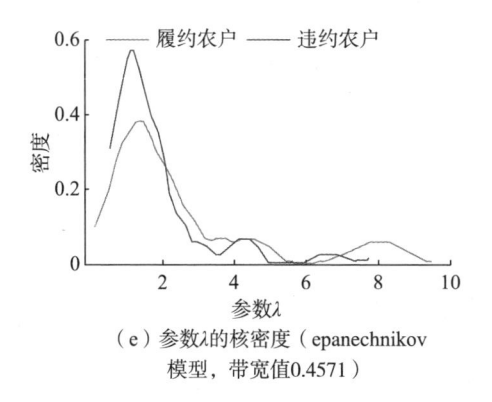

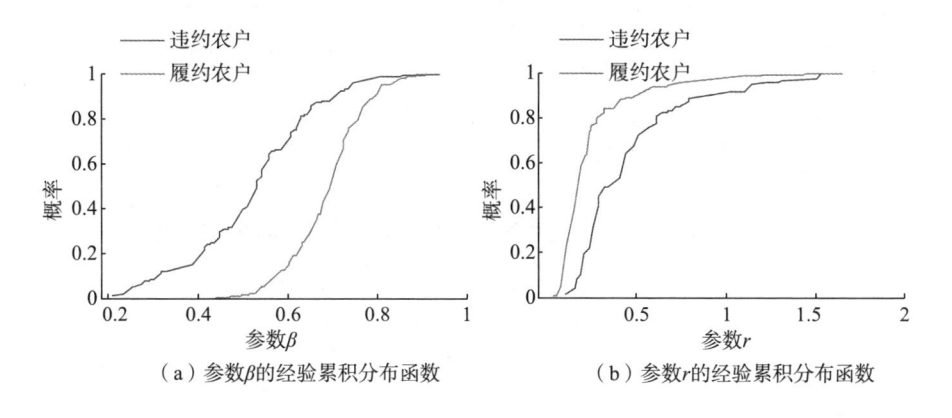

图 5-6　履约农户和违约农户时间偏好与风险偏好参数的核密度

通过对比履约农户样本与违约农户样本之间的偏好参数估计值，发现对于违约农户样本而言，其短视认知偏差参数（β）、损失规避参数（λ）和概率权重参数（α）的平均估计值偏低，而贴现率参数（r）和风险规避参数（σ）的平均估计值偏高。表明与履约农户相比，违约农户平均而言具有更高的时间偏好程度和风险偏好程度，具有更高的短视认知偏差程度、更低的风险规避程度和损失规避程度。

表5-5中的最后一列还呈现了时间偏好与风险偏好参数在违约农户和履约农户之间的t检验结果。结果显示，两个样本在衡量时间偏好和风险偏好的5个参数方面均具有显著的区别。结果可能意味着农户的短视程度和冒险程度越高，则农户实际违约的可能性越大。

（a）参数β的经验累积分布函数　　（b）参数r的经验累积分布函数

(c) 参数 σ 的经验累积分布函数   (d) 参数 α 的经验累积分布函数

(e) 参数 λ 的经验累积分布函数

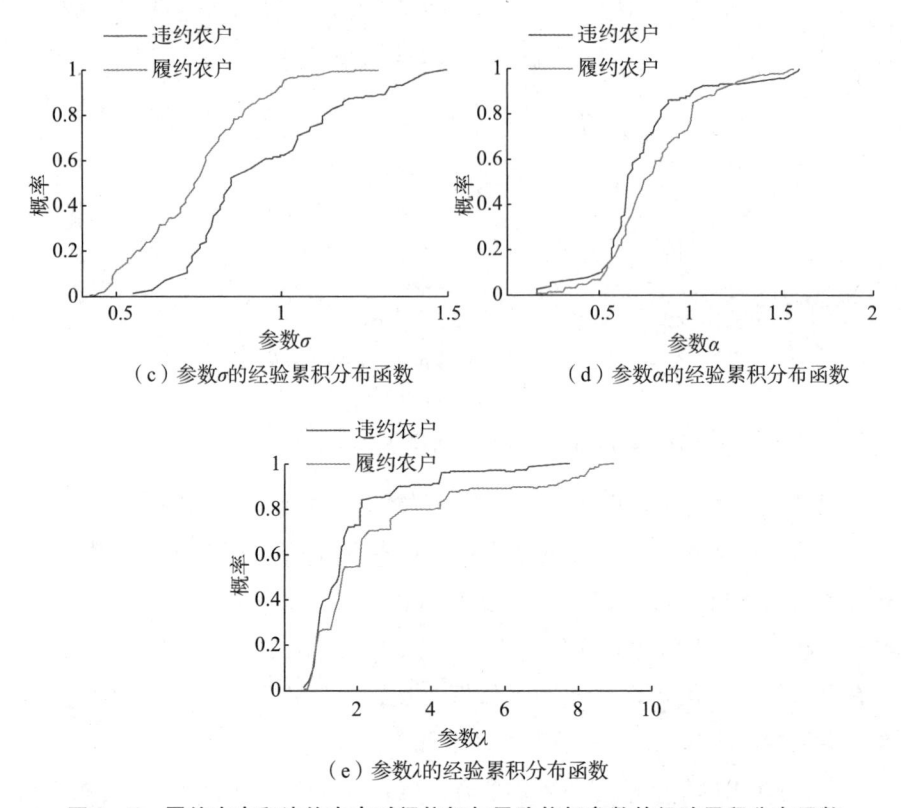

图 5-7 履约农户和违约农户时间偏好与风险偏好参数的经验累积分布函数

特别是，本研究进一步比较了生产阶段违约农户和销售阶段违约农户的时间偏好与风险偏好特征。描述性统计结果见表 5-6。结果显示，在生产阶段违约农户样本中，短视认知偏差参数（β）的平均估计值偏低，且贴现率参数（r）的平均估计值偏高。表明与销售阶段违约相比，在生产阶段违约的农户时间偏好程度相对更高一些。结果可能意味着生产阶段违约行为更受时间偏好的影响。

表 5-6 生产阶段违约农户与销售阶段违约农户的偏好特征对比

偏好参数	生产阶段违约农户（N=63）		销售阶段违约农户（N=54）	
	平均值	标准差	平均值	标准差
短视认知偏差（β）	0.497	0.140	0.519	0.142
贴现率（r）	0.501	0.320	0.487	0.333
风险规避（σ）	0.959	0.246	0.961	0.243

续表

偏好参数	生产阶段违约农户（N=63）		销售阶段违约农户（N=54）	
	平均值	标准差	平均值	标准差
概率权重（α）	0.722	0.300	0.743	0.271
损失规避（λ）	1.637	1.289	1.731	1.316

四 不同续约意愿农户的时间偏好与风险偏好对比

表5-7为不同续约意愿农户的时间偏好与风险偏好的样本描述结果，图5-8呈现了愿意续约和不愿意续约这两个样本农户的偏好参数核密度估计对比。图5-9则进一步对比了这两个样本的时间偏好与风险偏好参数的经验累积分布函数。

表5-7 不同续约意愿农户的时间偏好与风险偏好特征对比

偏好参数	不愿意续约（N=54）		不确定（N=22）		愿意续约（N=135）		t检验 Prob.>|t|
	平均值	标准差	平均值	标准差	平均值	标准差	
短视认知偏差（β）	0.648	0.087	0.679	0.101	0.726	0.055	***
贴现率（r）	0.259	0.215	0.249	0.110	0.237	0.249	0.255
风险规避（σ）	0.796	0.186	0.725	0.138	0.689	0.144	***
概率权重（α）	0.754	0.282	0.848	0.325	0.833	0.218	**
损失规避（λ）	2.151	1.961	2.787	2.430	2.826	2.324	**

注：最后一列呈现t检验是针对不愿意续约样本和愿意续约样本，零假设为两个样本的均值是相等的。*、**、*** 分别表示10%、5%、1%的显著性水平。

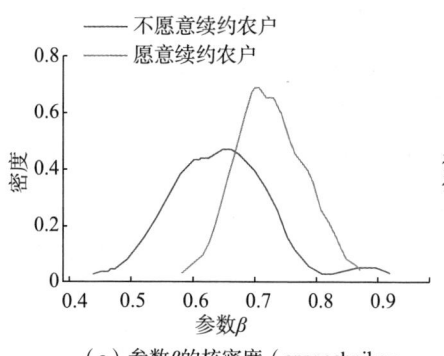

(a) 参数β的核密度（epanechnikov 模型，带宽值0.0197）

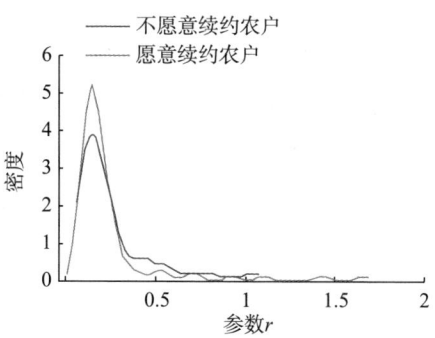

(b) 参数r的核密度（epanechnikov 模型，带宽值0.0302）

(c) 参数σ的核密度（epanechnikov模型，带宽值0.0517）

(d) 参数α的核密度（epanechnikov模型，带宽值0.0780）

(e) 参数λ的核密度（epanechnikov模型，带宽值0.4225）

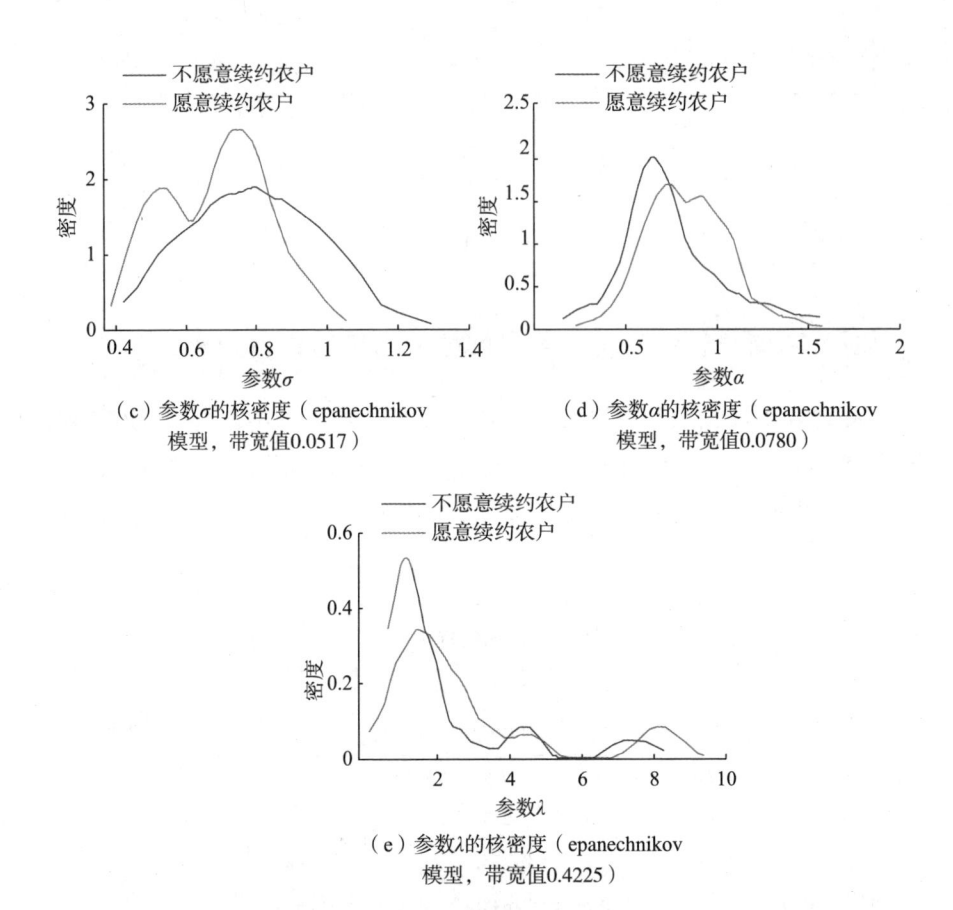

图5-8 愿意续约和不愿意续约农户时间偏好与风险偏好参数的核密度

通过对比愿意续约农户与不愿意续约农户样本之间的偏好参数估计值，发现在不愿意续约的农户样本中，短视认知偏差参数（β）、损失规避参数（λ）和概率权重参数（α）的平均估计值偏低，而贴现率参数（r）和风险规避参数（σ）的平均估计值偏高，表明与具有长期续约意愿的农户相比，不愿意续约的农户平均而言具有更高的时间偏好程度和风险偏好程度，短视认知偏差程度较高，而风险规避和损失规避程度较低。这可能意味着农户的耐心程度、风险规避程度和损失规避程度越高，则其长期续约意愿越强烈。

表5-7中的最后一列还呈现了时间偏好与风险偏好参数在愿意续约农户和不愿意续约农户之间的t检验结果。结果显示，除了贴现率参数（r）

以外，两个样本在其他衡量时间偏好和风险偏好的 4 个参数方面均具有显著的区别。

(a) 参数 β 的经验累积分布函数

(b) 参数 r 的经验累积分布函数

(c) 参数 σ 的经验累积分布函数

(d) 参数 α 的经验累积分布函数

(e) 参数 λ 的经验累积分布函数

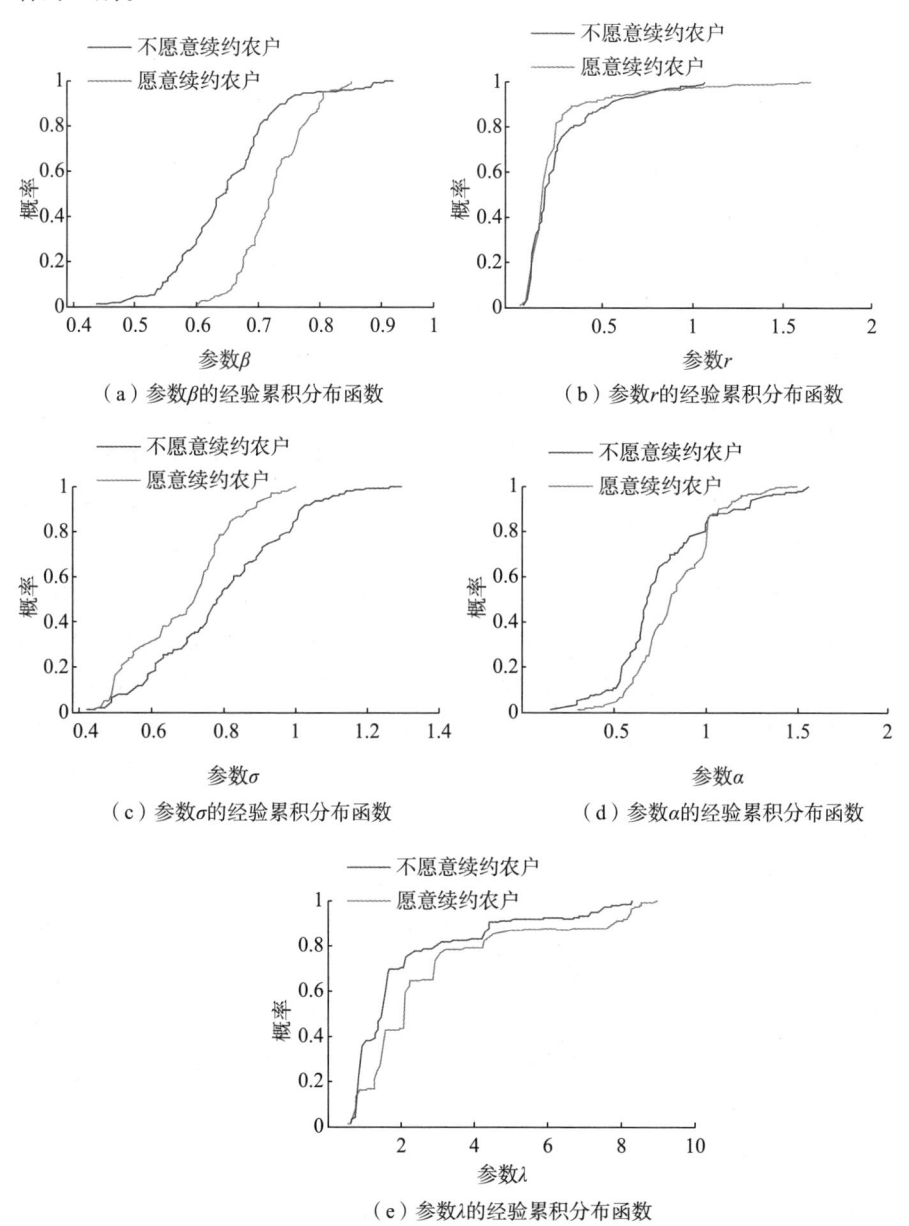

图 5-9　愿意续约与不愿意续约农户时间偏好与风险偏好参数的经验累积分布函数

第五节　本章小结

本章基于实验经济学方法，通过时间偏好实验和风险偏好实验引出农户的偏好特征信息，并构建融合准双曲线贴现函数和前景理论的贴现效用模型，采用最大似然估计法共同估算农户的时间偏好与风险偏好。具体研究结果如下所述。

（1）从总体上看，时间偏好估计结果显示，中国农户普遍缺乏耐心且存在短视认知偏差；风险偏好的估计结果显示，农户通常无法准确评估概率事件，并且倾向于规避风险和损失。虽然农户整体而言是短视型和风险规避型，但是农户之间时间偏好和风险偏好的异质性较为明显。

（2）通过对比契约农户样本与非契约农户样本之间的偏好参数估计值，发现在契约农户样本中，短视认知偏差参数（β）、损失规避参数（λ）和概率权重参数（α）的平均估计值相对较高，而贴现率参数（r）和风险规避参数（σ）的平均估计值相对较低。表明与非契约农户相比，契约农户平均而言具有更低的时间偏好和风险偏好程度。该结果可能意味着，越具有耐心且越厌恶风险和损失的农户，越倾向于参与订单农业。

（3）通过对比违约农户样本与履约农户样本之间的偏好参数估计值，发现在违约农户样本中，短视认知偏差参数（β）、损失规避参数（λ）和概率权重参数（α）的平均估计值相对较低，而贴现率参数（r）和风险规避参数（σ）的平均估计值相对较高。表明与履约农户相比，违约农户平均而言具有更高的时间偏好和风险偏好程度。这可能意味着短视程度和冒险程度越高的农户，越倾向于违约。特别是，描述性统计结果还发现，与销售阶段违约的农户相比，在生产阶段违约的农户的时间偏好程度更高，这可能意味着农户生产阶段的违约行为更受时间偏好的影响。

（4）通过对比不同续约意愿农户样本之间的偏好参数估计值，发现针对不愿意续约的农户样本，短视认知偏差参数（β）、损失规避参数（λ）和概率权重参数（α）的平均估计值相对较低，而贴现率参数（r）和风险规避参数（σ）的平均估计值相对较高。表明与具有长期续约意愿的农户相比，不愿意续约的农户平均而言具有更高的时间偏好程度和风险偏好程度。这可能意味着农户的耐心程度、风险规避程度和损失规避程度越高，其长期续约倾向越强烈。

当然,上述描述性统计分析只是初步预测时间偏好和风险偏好与农户契约行为决策之间的关系,不足以说明农户个体偏好对其行为决策的影响路径和方向,还需要在后文采用计量模型进行实证检验。

第六章
契约关系的形成：农户订单农业参与行为研究

中国农业生产以家庭为基本单位，生产规模小、分散生产，抗自然和市场风险弱的农户是中国农业生产的主体。本书第四章对订单农业收入效应的分析发现，订单农业能够提高小农户的收入水平，并且能够降低农户收入获取的风险。但是在面临市场风险持续冲击，以及在存在农业契约有效供给的背景下，仍有相当大比例的农户没有选择加入订单农业。本章旨在探寻这一现实问题背后的影响机制和解决路径，以期为完善中国订单农业政策、提高订单农业参与率提供理论与实证依据。

如前文所述，当前学界已从不同角度对农户订单农业参与行为决策进行了专门研究，但现有文献大多是将研究对象视为一个整体，从外部和客观因素视角研究农户的订单农业参与决策，缺乏从个体内在偏好等微观角度进行的专门分析。事实上，农户的订单农业参与决策可视为一种跨期成本收益决策。农户做出订单农业参与决策时需要考虑参与的预期收益，并将未来多期收益贴现到当期，与当期成本进行对比。此外，经典文献认为，农户参与订单农业的首要动机就是规避市场风险（Johnson and Foster, 1994; Besanko et al., 2000; Ligon, 2003; Gray and Boehlje, 2005; Bijman, 2008）。为了降低市场风险，风险规避程度高的农户将更倾向于参与订单农业。因此，时间偏好与风险偏好就成了微观视角中探究农户订单农业参与决策影响机制的内在切入点，在此基础上，本研究将进一步回答农户的心理因素是否影响以及如何影响农户的订单农业参与决策，以及不同群体农户的订单农业参与决策是否存在显著差异。此外，前期调研发现，尽管有些农户选择参与订单农业，但其对具体的契约属性偏好不同，到底哪些因素会影响农户的契约属性选择？

本章将从时间偏好与风险偏好视角切入，深入考察农户的订单农业参与行为及其影响因素。首先，基于考虑有限理性和认知偏差的农户行为模型，构建计量经济模型，利用江苏省肉鸡养殖户的调研数据检验相关假说，分析时间偏好与风险偏好对农户订单农业参与行为的影响，并讨论订单农业参与决策的空间溢出效应；其次，考虑市场风险和个体偏好的交互作用，分析异质性偏好农户的订单农业参与决策的差异性；最后，通过计量经济分析，进一步探究农户对契约属性的选择偏好。

第一节　农户订单农业参与行为研究的模型与变量设计

一　计量模型设定

以往针对农户订单农业参与行为的研究都是以农户行为独立性为前提假设，忽视了农户行为之间的相互影响。然而，在农业生产过程中，由于农户之间会相互模仿，已参与订单农业的农户可能会对其他农户具有示范效应，进而影响其他农户的订单农业参与决策。已有研究指出，周围人群对个体的行为选择具有影响，即个体决策行为存在同群效应、空间溢出效应（虞义华、邓慧慧，2017）。事实上，在走访调研中发现，样本农户对订单农业政策的认知度普遍不高，部分农户由于对订单农业的相关内容缺乏深入的了解，在选择是否参与订单农业时显得比较迷茫，难以做出理性的思考，此时，亲朋好友及邻居的行为可能会成为他们做出订单农业参与决策的重要参考因素。在这种情形下，农户的订单农业参与行为决策就会对彼此产生影响，农户行为相互独立的假设受到质疑。

空间计量经济学理论认为，某一地区空间单元上某种属性值与邻近地区空间单元上同一属性值具有关联性（Anselin，1988）。但主流经济学分析往往不考虑这种空间效应，普遍使用最小二乘法进行模型估计，容易导致模型设定存在偏差，进而使得研究结果不够完整和科学，缺乏应有的解释力（吴玉鸣，2005）。传统计量经济学假定数据匀质且不存在关联，而空间计量经济学突破了这一传统假定，考虑空间相关性对经济活动的作用，使得模型更接近客观事实。

鉴于参与订单农业的农户对周围农户交易方式的选择可能起到示范和引导作用，本研究认为空间计量模型能够较好地拟合订单农业的示范效应，采用空间计量模型研究时间偏好与风险偏好对农户订单农业参与行为的影响，应更为科学、严谨。空间计量模型的优势在于，它能够解决回归模型中观测值在空间上相互影响（空间自相关）及空间结构不均匀的问题（Anselin，1988）。

一 空间自相关性检验

需要判断农户的订单农业参与决策是否存在空间自相关性，即在空间上邻近农户参与订单农业的行为（或独立养殖行为）是否会对周围农户的订单农业参与决策产生影响。在进行空间自相关检验之前，需要构建空间权重矩阵。空间权重矩阵有多种计算方法，包括 0-1 邻接矩阵、地理距离空间权重矩阵（基于经纬度）、社会经济距离空间权重矩阵。一般通过空间自相关系数——莫兰指数（Moran's I）进行检验，其表达式为：

$$Moran's\ I = \frac{\sum_{i=1}^{n}\sum_{j=1}^{n}W_{ij}(Y_i - \bar{Y})(Y_j - \bar{Y})}{\sum_{i=1}^{n}(Y_i - \bar{Y})^2} \qquad (6-1)$$

式（6-1）中，Y_i 表示农户 i 所做出的订单农业参与决策，Y_j 表示农户 j 所做出的订单农业参与决策，W_{ij} 为空间权重矩阵，$\bar{Y}$ 为均值，n 为样本量。

在无空间自相关性的零假设下，利用 Moran's I 构建的标准正态统计量为：

$$Z = \frac{I - E(I)}{\sqrt{Var(I)}} \qquad (6-2)$$

当 Z 值显著且为正时，表明存在正的空间自相关，相似的观测值趋于空间集聚，即农户的订单农业参与决策与其周围农户的订单农业参与决策趋于一致（存在同群效应）；当 Z 值显著且为负时，表明存在负的空间自相关，相似的观测值趋于空间分散，即农户的订单农业参与决策与其周围农户的订单农业参与决策相反，这可能是由于示范和推广效应不好，并造成了负面影响；当 Z 值为零时，则表明观测值呈随机的空间分布，意味着农户的订单农业参与决策与其周围农户的订单农业参与决策相互独立，不受到周围邻居的影响。

二 空间计量模型选择

Cliff 和 Ord（1981）提出的空间自回归模型被广泛使用，模型如下：

$$y_i = \rho W_1 + X_i\beta + \varepsilon_i, \quad \varepsilon_i = \lambda W_2 + \mu_i \quad (6-3)$$

其中，i 表示不同的样本，y_i 为被解释变量，代表在空间上相互独立的潜在变量向量；X_i 代表外生解释变量矩阵；β 为解释变量的系数；ε_i 和 μ_i 是随机误差项，服从标准正态分布。ρ 和 λ 为空间自回归系数；W 为空间权重矩阵，矩阵的元素由样本的空间距离确定；ε_i 是随机误差项，服从标准正态分布。

依据模型设定对空间效应体现方法的不同，空间自回归模型分为固定系数的空间滞后模型（spatial auto-regressive model）和随机系数的空间误差模型（spatial error model）两种。

在式（6-3）中，当 $\rho \neq 0$、$\lambda = 0$ 时，为空间滞后模型，该模型可根据自回归项讨论空间溢出效应或同群效应（即邻居扩散效应）；当 $\rho = 0$、$\lambda \neq 0$ 时，为空间误差模型，该模型中样本间的空间效应是通过随机误差项体现的。在实证分析之前，需要使用普通回归的残差进行空间计量检验来判断应采用空间滞后模型还是空间误差模型，一般根据 LM（lag）和 LM（error）统计量来判断具体采用哪个模型进行分析。若 LM（lag）拒绝零假设，LM（error）没有拒绝零假设，则表示因变量在空间上存在相互影响，此时适合采用空间滞后模型；反之，适合采用空间误差模型（Messner et al.，2005）。

二 变量选取和描述性统计

（一）因变量

本研究的因变量为订单参与变量（0-1 虚拟变量），用以衡量农户是否参与订单农业，1 表示农户参与订单农业，被称为"契约农户"；0 表示农户不参与订单农业，被称为"独立养殖户"或"非契约农户"。如导论所述，本研究定义的契约农户是指与龙头企业签订生产合同的农户，在生产合同模式下，企业为养殖户提供鸡苗、饲料、疫苗、兽药等生产资料以及技术和管理服务，并负责回收所有成品鸡，而农户则需要按企业要求投资建设鸡舍和养殖设备，按规定进行肉鸡养殖和管理。本研究定义的独立养殖户是指未与龙头企业签订生产合同的农户，这类农户的投入品采购及最终产品的销售均由其自主负责且价格随行就市。

（二）核心解释变量

本研究关注的核心解释变量为农户的时间偏好和风险偏好参数。农户的时间偏好和风险偏好借鉴Nguyen（2011）的思想、采用实验经济学方法进行测度。

（1）时间偏好。本研究运用准双曲线贴现函数衡量时间偏好参数，具体包括短视认知偏差参数（β）和贴现率参数（r）。参数β反映对当前效用的偏好程度，β值越小，表示越偏好当前的效用，即短视或不耐心程度越高。短视认知偏差越大的农户，其在做出短期决策时的不耐烦程度越高，越重视眼前的效用而低估未来的长期效用（Loewenstein and O'Donoghue，2004；Wang et al.，2016）。参数r是对应于长期贴现因子的标准贴现率。较高的贴现率与低估长期决策中的未来效用有关（Tanaka et al.，2010；Liebenehm and Waibel，2014）。农户在做出订单农业参与决策时会比较订单农业参与的收益和成本。在此过程中，耐心程度越高的农户越看重订单农业带来的长期收益而不重视当前的参与成本。因此，本研究预期农户的短视认知偏差程度越低（即β值越大）、贴现率越低（即r值越小），则农户越倾向于参与订单农业。

（2）风险偏好。本研究运用前景理论衡量风险偏好参数，具体包括风险规避参数（σ）、概率权重参数（α）及损失规避参数（λ）3个参数。参数σ表示价值函数的曲率，σ值越大表示农户的风险规避程度越低。风险规避程度越高的农户，其风险承受能力越低，则越倾向于参与订单农业。参数α表示农户对概率事件评估的准确程度，或者说是对小概率事件的重视程度，α值越大表示农户越能准确评估概率事件，不会高估小概率事件而低估大概率事件。不能准确评估概率信息的农户往往会低估独立养殖所带来的养殖风险和市场风险，从而更倾向于独立养殖。参数λ用于衡量农户对损失的厌恶程度。尽管独立养殖的农户可能会获取更高的利润（短期波动可能带来的收益上涨），但为了避免独立养殖情况下市场风险和养殖风险所造成的潜在损失，损失规避程度越高的农户越倾向于参与订单农业。因此，本研究预期农户的风险规避程度越高（即 σ 越小）、评估概率信息越准确（即 α 越大），以及损失规避程度越高（即 λ 越大），则其参与订单农业的概率越大。

（三）控制变量

除了时间偏好和风险偏好会对农户订单农业参与行为产生影响，文献表明，年龄、受教育程度、劳动力数量、养殖经验、鸡舍规模、养殖收入比例等因素也是影响农户订单农业参与行为的重要因素（Bijman，2008；郭红娟等，2009；应瑞瑶、王瑜，2009；毛飞、霍学喜，2010；Wang et al.，2011；徐家鹏、李崇光，2012）。

（1）年龄。通常而言，年龄与一个人的阅历正相关，年龄越大的农户对订单农业产生的长远而积极的意义认识越深刻。另外，年龄越大的农户对市场信息的反应能力越弱，参与订单农业能在一定程度上降低市场风险，稳定其收入水平。而年龄较轻者相对有冲劲，学习能力较强，对市场的洞察较为敏锐，反应能力也较强，在独立养殖中占据一定优势。因此，本研究预期农户的年龄对其订单农业参与行为具有显著的正向作用。

（2）受教育程度。本研究以农户受正规学校教育的年限来衡量受教育程度。农户的受教育年限越长，其对农业产销环节风险的认知程度就可能越高，基于风险规避的考虑，其在产销环节参与紧密纵向协作模式的可能性越大。同时，受教育程度越高的农户，其对新技术与新生产方式的接受能力越强（郭红娟等，2009）。因此，本研究预期户主的受教育程度显著正向影响其订单农业参与行为。

（3）劳动力数量。一般认为，更多可利用的劳动力能够更好地处理向市场销售产品的各种情况，在养殖过程中对龙头企业的依赖程度较小，从而参与订单农业的可能性也较小（Wang et al.，2011；陆迁、王昕，2012）。具体而言，家庭劳动力数量越多，则家庭部分劳动力外出务工或经商等从事非农产业情况的可能性越大，家庭人脉越广，越能够及时获取农产品市场信息，从而对契约模式的依赖性越小。因此，本研究预期农户家庭的劳动力数量显著负向影响农户的订单农业参与行为。

（4）养殖经验。本研究用从事肉鸡养殖的年限衡量农户的养殖经验。

农户肉鸡养殖年限越长，其养殖经验就越丰富，对肉鸡生产及销售市场的把控能力也就越强，越容易做出独立养殖的决策，从而越倾向于传统的养殖和交易方式（陆迁、王昕，2012）。因此，本研究预期农户的养殖年限对其订单农业参与行为具有显著的负向作用。

（5）鸡舍规模。鸡舍规模在一定程度上反映了农户的肉鸡养殖规模。通常而言，农户的养殖规模越大，其产量越大，产品的销售难度也越大。同时，养殖规模较大的农户所面临的生产投入和经营风险较大，对风险的敏感程度也较高，为了获得有质量保证的投入品以及稳定的销售渠道，农户更倾向于选择紧密的纵向协作模式以规避销售风险（毛飞、霍学喜，2010；徐家鹏、李崇光，2012）。因此，本研究预期鸡舍规模对农户的订单农业参与行为具有显著的正向作用。

（6）养殖收入比例。通常认为，农户家庭的农业收入占总收入的比例越高，农户对农产品生产及销售的期望收益就会越高，从而会越倾向于通过参与紧密的纵向协作模式来稳定家庭收入（徐家鹏、李崇光，2012）。此外，肉鸡养殖净收入占家庭总净收入的比例越高，说明生产专业化程度越高，收入来源也越单一，从规避风险的角度考虑，这类农户越倾向于选择参与订单农业。因此本研究预期养殖收入比例对农户的订单农业参与行为具有显著的正向影响。

（7）借款能力。借款能力在一定程度上反映了农户的社会资本。肉鸡养殖具有高投入的特点，养殖户常常面临投入资金不足的情况。获得资金的难度越大，养殖户越倾向于参与紧密的纵向协作模式，以获得合作方的资金支持（孙艳华，2007；徐家鹏、李崇光，2012）。因此，本研究预期农户的借款能力对其订单农业参与行为具有显著的负向作用。

（8）市场风险。规避市场风险被视为农户参与订单农业的首要动机（Hueth and Hennessy，2002；Ligon，2003；Bijman，2008）。已有研究表明价格风险已经成为农产品的主要风险（Liu et al.，2004），因而本研究重点控制了市场风险，采用过去24个月区域活鸡市场价格的方差进行衡量。通常而言，产品的市场价格波动性越大，农户为寻求价格的稳定而越倾向于参与订单农业；而产品的市场价格越稳定，订单农业带给农户的价格保障功能越没吸引力，农户越倾向于选择具有自主性的市场交易模式（史冰清、钟真，2012）。因此，本研究预期市场风险对农户的订单农业参与行为具有显著的正向影响。

（9）交易成本。对于农户而言，降低交易成本是其使用契约的重要动机之一（Hobbs and Young, 1999；Bijman, 2008；黄祖辉等，2008；应瑞瑶、王瑜，2009；宋金田、祁春节，2011；侯建昀、霍学喜，2013）。由于农户直接在市场上出售商品时，市场交易的计划、实施及监管的成本都很高，为了降低这些交易成本，农户通常选择龙头企业作为其加工者和市场营销者。经调研发现，大多数肉鸡养殖公司并不主动提供运输服务，因而契约农户自身需要承担一定的运输费用，在这种情形下，农产品距离龙头企业的远近直接关系到农产品运输成本的高低。随着距离的增大，农户参与订单农业的成本也会提高，当农户面临的交易成本超过自身可能获得的生产剩余时，便不会选择契约模式（王桂霞、吴文欣，2006）。因此，本研究还控制了交易成本变量，具体采用两个变量进行衡量：一是农户与最近的养殖企业的距离，简称"公司距离"，这个距离直接关系到投入品和产品的运输成本，该距离越近表示农户与企业的交易成本越低，从而农户越倾向于与企业签约（Haji, 2010）；二是农户与最近的肉鸡销售市场的距离，简称"市场距离"，它反映农户去市场上自行销售肉鸡的便利性（Wang et al., 2014），该距离越远表示农户面临的市场交易成本越高，从而越倾向于参与订单农业。

（10）地区。本次调研的地区覆盖江苏省的南部、中部和北部，区域差异伴随着经济发展不平衡、扶持政策差异等，因此本研究还控制了地区变量。

特别是，鉴于参与订单农业的农户对周围农户交易方式的选择起到示范和引导作用，本研究认为空间计量模型能够较好地拟合订单农业的示范效应，即在农户订单农业参与行为影响因素的分析中，有必要引入空间地理因素，通过构建空间权重矩阵来控制邻近养殖户的影响。

变量的描述性统计详见表6-1。本次调查中，受访农户的平均年龄约为49岁，平均受教育年限约为7.5年，平均家庭劳动力数量约为3人，从事肉鸡养殖的年限约为7年。此外，受访农户表示肉鸡养殖为其家庭收入的主要来源，平均而言，农户家庭肉鸡养殖净收入占家庭总净收入的比例为71.5%。从表6-1还可以看出，农户与最近的养殖企业的距离平均接近30千米，与最近的肉鸡销售市场的距离平均约为6千米。

表 6-1　农户订单农业参与行为研究中的变量描述性统计

变量	变量定义	平均值	标准差
被解释变量			
订单农业参与	若农户参与订单农业，取值为1，否则取值为0	0.808	0.395
核心解释变量			
短视认知偏差（β）	表示对当前效用的偏好程度	0.614	0.148
贴现率（r）	表示固定贴现率	0.350	0.306
风险规避（σ）	表示价值函数的曲率，作为风险规避的替代指标	0.839	0.236
概率权重（α）	表示评估概率事件的准确程度	0.765	0.248
损失规避（λ）	表示损失厌恶程度	2.156	1.882
控制变量			
年龄	户主年龄（岁）	48.738	9.610
受教育程度	户主受正规学校教育年限（年）	7.510	2.800
劳动力数量	家庭具有劳动能力的人口数量（人）	2.813	1.028
养殖经验	从事肉鸡养殖的年限（年）	7.426	5.751
鸡舍规模	鸡舍面积（10^3平方米）	5.389	5.224
养殖收入比例	肉鸡养殖净收入占家庭总净收入的比例	0.715	0.272
借款能力	借5万元左右急用钱：1表示根本不可能；2表示很难；3表示有点难；4表示比较容易；5表示非常容易	3.471	1.103
市场风险	过去24个月区域活鸡市场价格的方差（从2014年1月至2015年12月）	0.335	0.047
公司距离	农户与最近的养殖企业的距离（千米）	28.810	54.716
市场距离	农户与最近的肉鸡销售市场的距离（千米）	5.768	7.185
地区	1表示苏北；2表示苏中；3表示苏南	2.106	0.867

第二节　农户订单农业参与行为的实证分析

一　农户订单农业参与行为的空间计量模型估计结果

本研究首先对农户的订单农业参与决策进行空间自相关检验。空间自相关检验的结果显示，Moran's I 为 0.453，p 值为 0.04。Moran's I 为正值，且通过了5%的显著性水平检验,拒绝了农户订单农业参与决策不存在空间自相关的原假设。这表明样本农户的订单农业参与行为呈现空间集聚效应,即相邻农户的订单农业参与决策相似。因而,应采用空间计量模型分析农户的订单农业参与行为。为确定具体的空间计量模型形式,即确定是用空间滞后模型还是用空间误差模型估计的系数更准确,本研究进一步进行 LM(lag)和 LM(error)检验。结果显示,LM(lag)统计量在5%的显著性水平下通过检验,而 LM(error)统计量未通过显著性检验,说明空间滞后模型更适合用于估计农户的订单农业参与行为。

本研究采用空间贝叶斯估计方法对空间滞后模型进行估计,回归结果如表6-2所示。本研究重点关注时间偏好参数和风险偏好参数对农户订单农业参与行为的影响。表6-2中时间偏好参数的结果显示,参数 β 在10%的显著性水平下通过检验(估计系数为1.392)。β 值越小表示农户的短视认知偏差程度越高,该参数的估计值为正表明短视程度越高的农户参与订单农业的概率越小。时间偏好的另一个指标——参数 r 在5%的显著性水平下通过检验(估计系数为-0.636),表明农户的长期贴现率越高,则农户参与订单农业的概率越小。上述研究结果符合本研究的预期。如前文所述,本研究所论述的契约安排限定于生产合同,在该模式下,虽然农户需要按照龙头企业的要求进行一定的专有性投资,然而农户也会获得龙头企业的信贷支持、技术指导、投入品赊账等益处,且与参与成本相比,这种参与益处体现在相对较长的时期。因此,短视程度越低或者耐心程度越高的农户越看重参与订单农业带来的长远收益,从而越倾向于选择参与订单农业。

从风险偏好参数的估计结果来看,参数 σ 在5%的显著性水平下通过检验(估计系数为-1.069)。σ 值越小表示风险规避程度越高,该参数的估计值为负表明风险规避程度越高的农户参与订单农业的概率越大。这一结果肯定了风险规避程度在影响农户订单农业参与决策中的关键作用,与孙艳华等(2010)的研究结论相一致。参数 α 在10%的显著性水平下通过检验(估计系数为0.540),系数为正表明越能准确评估概率事件的农户参与订单农业的可能性越大。通常而言,农业生产极具风险性,尤其是在禽流感疫情的影响下,肉鸡及原料市场的价格趋势并不稳定。能够正确评估概率事件的农户会评估疫情等可能造成财产损失的风险,因而会主动采取一定的措施规避风险,如加入订单农业、进行安全规范养殖等。然而,那些不能准确评估概率事件的农户往往会把风险的发生视为小概率事件,普遍存在侥幸心理,更容易不作为。参数 λ 在10%的显著性水平下通过检验(估计系数为0.107),表明损失规避程度越高的农户参与订单农业的概率越大。农户的损失规避程度越高,说明相比独立养殖可能带来的短期高收益而言,农户越看重独立养殖可能造成的财产损失,因而越倾向于参与订单农业以规避潜在的损失。

表6-2中的回归结果也验证了农户行为存在空间自相关性。农户订单参与行为的空间自相关系数为正,且通过了1%的显著性水平检验,说明农户在做出订单农业参与决策时具有正向的空间溢出效应,即农户在订单农业参与决策方面受到空间邻居的影响,体现了农户订单农业参与行为的同群性。一方面,农户具有模仿心理,处于观望状态的农户往往会模仿周围农户的行为决策;另一方面,因为信息、认知的传递作用,如果在一定空间范围内的群体都对订单农业较为了解和认同,那么该群体的农户也会形成相似的认知,进而导致订单农业参与决策的趋从。

表6-2 时间偏好与风险偏好对农户订单农业参与行为影响的空间计量模型估计结果

解释变量	估计系数	标准误差
空间自回归系数	0.301***	0.102
短视认知偏差(β)	1.392*	0.819
贴现率(r)	-0.636**	0.273
风险规避(σ)	-1.069**	0.540
概率权重(α)	0.540*	0.327
损失规避(λ)	0.107*	0.059
年龄	-0.021	0.014
受教育程度	-0.0004	0.039
劳动力数量	0.131	0.100
养殖经验	-0.074***	0.020
鸡舍规模	-0.111***	0.030
养殖收入比例	0.954**	0.385
借款能力	-0.120	0.094

续表

解释变量	估计系数	标准误差
市场风险	0.182	3.167
公司距离	-0.012***	0.002
市场距离	0.024	0.015
地区	-0.088	0.190
样本量	359	
R^2	0.428	
Log likelihood	-110.538	

注：***、**、*分别表示在1%、5%和10%的水平下通过显著性检验。

此外，表6-2中关于控制变量的回归结果显示，养殖经验、鸡舍规模、养殖收入比例、公司距离对农户订单农业参与行为均具有显著的影响，具体归纳如下。养殖经验变量对农户订单农业参与行为具有显著的负向作用（估计系数为-0.074），表明养殖经验越丰富的农户参与订单农业的概率越小。农户的养殖经验越丰富，对肉鸡生产及销售市场的把控能力越强，从而越倾向于选择市场交易方式。鸡舍规模对农户参与订单农业行为具有显著的负向作用（估计系数为-0.111），表明鸡舍规模越大的农户参与订单农业的概率越小。该结果与预期不相符。可能的解释是，"龙头企业+农户"型契约模式下农户通常获得的是固定收益，而鸡舍规模较大的农户往往具有一定的经济实力及创收能力，这类农户若选择独立经营，可能会获得比固定利润更高的收益。养殖收入比例变量对农户的订单农业参与行为具有显著的正向影响（估计系数为0.954），说明肉鸡养殖净收入占家庭总净收入比例较高的农户更倾向于参与订单农业。农户的养殖收入比例越高，表明生产专业化程度越高且收入来源越单一，因而农户越倾向于参与订单农业以规避生产风险和价格风险。公司距离变量对农户的订单农业参与行为具有显著的负向影响（估计系数为-0.012）。现实中多数肉鸡养殖企业并不主动提供运输服务，所以契约农户自身需要承担一定的运输费用，距离龙头企业越远的农户面临的交易成本越高，导致农户参与订单农业的积极性越小。

值得注意的是，研究结果还显示，市场风险变量对农户订单农业参与行为的影响并不显著，这与本研究的预期不相符。降低市场风险被视为农户参与订单农业的首要动机,但本研究的实证结果并未证实经典文献强调的市场风险对农户订单农业参与行为的影响,这可能意味着市场风险并不会直接作用于农户的订单农业参与行为,对此有待进一步分析。

二 基于异质性偏好的农户订单农业参与行为分析

尽管理论指出市场风险是农户参与订单农业的重要动机,然而上文实证研究并未揭示市场风险与订单农业参与行为的关系。这可能是因为对农户订单农业参与决策的研究采取的是整体样本的回归分析,并没有考虑到农户的异质性。据此,本研究假设样本不是同质的,即假设不同的农户群体在做出订单农业参与决策时使用不同的标准,并基于时间偏好与风险偏好异质性讨论影响农户订单农业参与行为的差异性。

(一) 考虑时间偏好异质性的农户订单农业参与行为分析

为了检验样本的异质性,本研究首先针对农户的时间偏好特征,采用平方欧式距离和 Ward 方法(离差平方和法)进行聚类分析。聚类分析中包括短视认知偏差参数(β)和贴现率参数(r)两个变量。运行结果得到两个不同的子样本。样本 1 包括 249 个农户,其特征是短视程度或不耐心程度相对较低(即时间偏好程度较低);样本 2 包括 110 个农户,其特征是短视程度或不耐心程度相对较高(即时间偏好程度较高)。这两类农户群体中契约农户的户数分别为 224 户、66 户,分别占各自总量的 90%、60%。可见,在不同时间偏好类型的农户样本中,订单农业参与率存在明显差异,时间偏好程度较高的农户样本中的订单农业参与率更低。为了更详细地探索这两个样本之间的差异,本研究采用空间计量模型分别对各样本农户的订单农业参与行为进行估计。回归结果如表 6-3 所示。

表 6-3 考虑时间偏好异质性的农户订单农业参与行为的空间计量模型估计结果

变量	时间偏好程度较低的农户		时间偏好程度较高的农户	
	估计系数	标准误差	估计系数	标准误差
空间自回归系数	0.295**	0.126	0.532***	0.189
风险规避(σ)	0.302	0.788	-2.904***	1.045
概率权重(α)	-0.489	0.419	0.837	0.654
损失规避(λ)	0.052	0.057	0.966**	0.457

续表

变量	时间偏好程度较低的农户		时间偏好程度较高的农户	
	估计系数	标准误差	估计系数	标准误差
年龄	-0.020	0.014	0.009	0.034
受教育程度	-0.033	0.048	0.110	0.075
劳动力数量	0.211	0.137	0.276	0.200
养殖经验	-0.058*	0.031	-0.148***	0.043
鸡舍规模	-0.188***	0.047	-0.314**	0.145
养殖收入比例	1.563***	0.586	1.399*	0.832
借款能力	-0.172	0.130	0.078	0.217
市场风险	8.615*	4.647	-9.209	6.673
公司距离	-0.014	0.009	-0.013***	0.003
市场距离	0.041**	0.017	-0.006	0.029
地区	-0.522**	0.237	-0.080	0.472
样本量	249		110	
R^2	0.279		0.626	
Log likelihood	-58.528		-27.689	

注：*、**、*** 分别表示在10%、5%和1%的水平下通过显著性检验。

通过对两个样本的回归结果进行对比发现，农户家庭的养殖经验、鸡舍规模、养殖收入比例及交易成本对不同时间偏好类型农户的订单农业参与行为均具有显著影响，这与上一小节的主回归结果相似。但分组样本的模型估计结果体现出一定的差异性。特别是，市场风险变量在时间偏好程度较低的农户样本中表现出显著的正向影响作用（估计系数为8.615，且在10%的显著性水平下通过检验）。该结果符合本研究的预期，表明对于短视程度较低的农户而言，市场价格波动越大，则农户参与订单农业的概率越大。然而，表6-3中的回归结果显示，在时间偏好程度较高的农户样本中，市场风险变量对农户订单农业参与行为的影响作用不显著。这表明市场风险对短视程度较高或耐心程度较低的农户不起作用。可能的原因在于与耐心程度较低的农户相比，耐心程度较高的农户更加能够意识到参与订单农业所带来的降低市场风险、保障收入等长远益处。

考虑异质性的价值正是体现在这种情形下。如果将样本同质化，将会得出市场风险变量不影响农户订单农业参与行为的结论。然而，当考虑了样本的异质性后结果发生了改变：市场风险仅对短视程度低或耐心程度高的农户订单农业参与行为产生影响。该结果意味着农户的时间偏好削弱了市场价格波动风险对农户订单农业参与行为的正向作用。

（二）考虑风险偏好异质性的农户订单农业参与行为分析

本研究进一步针对农户风险偏好的异质性进行分析，此处仍采用平方欧式距离和 Ward 方法（离差平方和法）进行聚类分析。聚类分析中包括风险规避参数（σ）、概率权重参数（α）、损失规避参数（λ）3 个参数。运行结果得到两个不同的子样本：第一个样本包括 133 户农户，其特征是风险规避程度相对较高或冒险程度相对较低（即风险偏好程度较低）；第二个样本包括 226 户农户，其特征是风险规避程度相对较低或冒险程度相对较高（即风险偏好程度较高）。为方便起见，本研究把这两个样本农户分别定义为风险规避型农户、风险追求型农户。这两类农户群体中参与订单农业的户数分别为 118 户、172 户，分别占各自总量的 89%、76%，可见与风险偏好程度较低的农户样本相比，风险偏好程度较高的农户样本中的订单农业参与率相对较低。本研究仍采用空间计量模型分别对这两个样本农户的订单农业参与行为进行估计。模型的估计结果如表 6-4 所示。

从表 6-4 中的结果来看，无论是对于风险规避型农户而言，还是对于风险追求型农户而言，短视认知偏差参数（β）对农户的订单农业参与行为均具有显著的影响，进一步验证了时间偏好对订单农业参与行为的作用。

特别是，通过对两个样本的回归结果进行对比发现，市场风险变量对风险偏好程度较高的农户和风险偏好程度较低的农户的影响完全相反，即市场风险正向作用于风险规避型农户的订单农业参与行为，却负向作用于风险追求型农户的订单农业参与行为。对于风险规避型农户而言，产品的市场价格波动性越大，其越倾向于参与订单农业以寻求价格的稳定。但在风险偏好程度较高的样本中，市场风险对农户订单农业参与行为的影响为负向，这可能是由于风险追求型农户富有冒险精神并追求高收益，偏好于在市场不确定性下获取投机利润。在这种情形下，订单农业具有的长期价格保障功能对风险追求型农户不具有吸引力，这类农户倾向于选择具有自主性的市场交易模式以追求短期波动可能带来的收益上涨。

总体而言,上述研究结果表明,不同偏好类型的农户群体具有不同的订单农业参与决策结构,影响农户订单农业参与行为的因素因其时间偏好程度和风险偏好程度的不同而具有差异性。

表6-4 考虑风险偏好异质性的农户订单农业参与行为的空间计量模型估计结果

变量	风险偏好程度较低的农户		风险偏好程度较高的农户	
	估计系数	标准误差	估计系数	标准误差
空间自回归系数	0.302**	0.122	0.350	0.274
短视认知偏差(β)	4.350*	2.257	2.288***	0.883
贴现率(r)	1.751	1.075	-0.984***	0.333
年龄	-0.057**	0.020	0.002	0.017
受教育程度	-0.018	0.078	0.037	0.052
劳动力数量	0.057	0.144	0.188	0.137
养殖经验	-0.053	0.047	-0.104***	0.024
鸡舍规模	-0.151***	0.051	-0.130***	0.030
养殖收入比例	0.996	0.570	1.144**	0.525
借款能力	-0.447**	0.207	-0.026	0.121
市场风险	21.570**	8.783	-6.710*	4.036
公司距离	-0.051***	0.014	-0.011***	0.002
市场距离	0.049*	0.027	-0.025	0.019
地区	-0.808**	0.387	0.064	0.215
样本量	133		226	
R^2	0.506		0.469	
Log likelihood	-23.163		-65.967	

注:*、**、***分别表示在10%、5%和1%的水平下通过显著性检验。

三 潜在内生性讨论

在上述订单农业参与行为的模型中,仅对影响农户订单农业参与行为的可观察因素进行了控制,但未考虑时间偏好和风险偏好的潜在内生性。值得注意的是,可能存在不可观测的变量同时影响农户的个体偏好和订单农业参与行为，导致估计模型中出现遗漏变量偏差问题。例如，卢昆、马九杰（2010）指出农户过去的经历显著影响其订单农业参与决策。如果农户过去的经历与其时间偏好和风险偏好相关，并且与近期的订单农业参与决策相关，那么时间偏好参数和风险偏好参数的估计系数不仅包括这些偏好参数本身的效用，还会包括那些不可观察变量的效用，进而会导致估计有偏。

为此，本研究采用工具变量法来解决时间偏好和风险偏好的潜在内生性问题。所使用的工具变量是一系列自然灾害指标。已有文献表明，旱涝、龙卷风等自然灾害对个体的时间偏好和风险偏好具有显著的影响（Eckel et al.，2009；Bchir and Willinger，2013；Page et al.，2014；Cameron and Shah，2015；Cassar et al.，2017）。因此，本研究认为自然灾害指标能够较好地预测个体的偏好并且不会直接影响农户的订单农业参与决策，将其作为工具变量是合理的。此外，Caspi 等（2005）指出儿童和成人的人格结构具有重要的相似性，因此本研究认为农户在童年时期经历的自然灾害可能会影响其人格特质的形成，尤其是在时间偏好和风险偏好等行为偏好方面。具体而言，本研究使用农户在其童年时期所经历的重大自然灾害的频数来度量工具变量。自然灾害指标包括以下5种：①洪涝；②旱灾；③暴雪；④冰雹；⑤龙卷风。每种类型的自然灾害都是一个不同的工具变量，且在县级水平进行测量。笔者收集了过去几十年各个样本县发生的有关洪涝、旱灾、暴雪、冰雹和龙卷风等自然灾害的信息①。资料来源于历年《中国气象灾害年鉴》和江苏省气象史料。本研究遵循 Bchir 和 Willinger（2013）以及 Eckel 等（2009）的研究结果，预期自然灾害指标与短视和高风险行为倾向有关。因为个体经历过一次较大的自然灾害会使其增强对未来负面冲击持续发生的感知，这将可能导致个体更加偏好于当

---

① 鉴于本研究是采用农户在童年时期所经历重大自然灾害的频数来测量工具变量，有学者可能会担忧农户是否在样本县长大。事实上，课题组在问卷调查时，除了记录农户的现居地（即样本县），还登记了农户的身份证信息（用以发放和报销实验报酬），从证件信息能够确定农户的出生地（观察到93%的受访农户出生于调研所在地）。而且，笔者随后又进行了一次随机抽样的电话回访调查，接受电话回访的农户声称他们出生并成长于调研所在地。因此，可在一定程度上假设农户没有迁移。此外，作为一项稳健性检验，本研究还排除了出生地与其居住地不一致的农户样本再次进行工具变量模型估计，该回归结果与表6-5中的结果非常相似，表明研究结果是稳健的。

前效用而非未来效用（Cassar et al.，2017）。此外，前景理论表明，个体在遭受较大损失后倾向于采取冒险态度（Tversky and Kahneman，1992）。

本研究借鉴 Ivlevs（2015）的方法，采用工具变量法对农户的订单农业参与行为进行估计，详细估计结果见表 6-5。第一阶段回归结果反映了一系列自然灾害工具变量对时间偏好和风险偏好的影响；第二阶段回归结果反映了时间偏好和风险偏好对农户订单农业参与行为的影响。第一阶段工具变量的估计结果表明，自然灾害指标对农户的时间偏好和风险偏好大多具有显著的影响。这与本研究的预期假设一致，表明遭受较高频率重大自然灾害的农户更加缺乏耐心，也更倾向于冒险。进一步来看，工具变量模型的第二阶段回归结果表明，短视认知偏差参数（β）和损失规避参数（λ）对农户订单农业参与行为具有显著的正向影响，而风险规避参数（σ）对农户订单农业参与行为具有显著的负向影响，与本研究的主回归结果一致，表明农户的短视程度越低、风险规避程度和损失规避程度越高，则越倾向于参与订单农业。可见，在控制了潜在的内生性偏误后，时间偏好和风险偏好对农户的订单农业参与行为仍具有显著影响。

表 6-5 农户订单农业参与行为的工具变量模型估计结果

变量	第一阶段					第二阶段
	短视认知偏差（β）	贴现率（r）	风险规避（σ）	概率权重（α）	损失规避（λ）	订单农业参与
洪涝	-0.012 ** (0.005)	0.001 (0.012)	0.002 (0.007)	-0.021 ** (0.008)	-0.009 (0.063)	—
旱灾	-0.009 *** (0.003)	-0.010 (0.008)	0.027 *** (0.007)	-0.010 * (0.005)	-0.092 ** (0.044)	—
暴雪	-0.003 (0.004)	0.055 *** (0.018)	0.004 (0.008)	-0.014 (0.010)	0.058 (0.068)	—
冰雹	-0.002 ** (0.001)	0.002 (0.002)	0.004 *** (0.002)	-0.007 ** (0.003)	-0.069 *** (0.014)	—
龙卷风	-0.011 *** (0.003)	0.040 *** (0.009)	0.015 *** (0.004)	0.002 (0.008)	-0.059 * (0.036)	—
短视认知偏差（β）	—	—	—	—	—	4.151 * (2.501)

续表

变量	第一阶段					第二阶段
	短视认知偏差（β）	贴现率（r）	风险规避（σ）	概率权重（α）	损失规避（λ）	订单农业参与
贴现率（r）	—	—	—	—	—	-0.060 (0.238)
风险规避（σ）	—	—	—	—	—	-2.649** (1.348)
概率权重（α）	—	—	—	—	—	0.689 (1.174)
损失规避（λ）	—	—	—	—	—	0.324* (0.186)
控制变量	已控制	已控制	已控制	已控制	已控制	已控制
样本量	359	359	359	359	359	359
$F(5,10)$	55.529***	40.478***	47.448***	64.326***	36.410***	—
AR Wald test						Chi-sq (5) =31.22 （p值=0.000）
Durbin-Wu-Hausman (DWH)						F统计量=1.644 （p值=0.235）

注：*、**、*** 分别表示在10%、5%和1%的水平下通过显著性检验。括号中的数值为按样本县聚类的标准误差。

本研究还进行了弱工具变量检验，结果显示拒绝弱工具变量的原假设。值得注意的是，Durbin-Wu-Hausman 内生性检验并未在至少10%的显著性水平下拒绝原假设，这说明本研究的基准分析不存在严重的内生性问题。因此，并不需要用工具变量模型来估计农户的订单农业参与行为①。

四 稳健性检验

（一）时间偏好与风险偏好不同估计方法的稳健性检验

前文在估计时间偏好与风险偏好时，是通过构建一个融合准双曲线

---

① 此外，本研究还采用了 IV-Probit 模型估计农户的订单农业参与行为，呈现与表6-5类似的估计结果，再次证实了时间偏好和风险偏好对农户订单农业参与行为具有显著负向影响的结论。

贴现函数和前景理论的贴现效用模型，实现对时间偏好与风险偏好的同时估计。本部分将采用不同的估计方法单独测度农户的时间偏好与风险偏好，并验证时间偏好与风险偏好是否仍显著影响农户的订单农业参与行为。

首先，本研究参照 Tanaka 等（2010）的方法估计农户的时间偏好。需要注意的是，此处仍使用时间偏好实验中 75 个决策任务数据，但是在估计时间偏好参数时不考虑风险偏好参数，即对时间偏好参数进行单独估计。本研究使用如下所示的 Logsitic 函数来描述选择当前奖励 x 超过在 t 期间延迟奖励 y 的概率（Tanaka et al.，2010）：

$$P[x>(y,t)] = \frac{1}{1+\exp\{-\mu[x-y\beta\exp(-rt)]\}} \quad (6-4)$$

其中，参数 μ 是响应灵敏度或噪声参数。本研究采用最大似然法估计农户个体的时间偏好参数（β 和 r）。估计结果显示，参数 β 和参数 r 的平均个体估计值分别为 0.560（SD = 0.131）和 0.416（SD = 0.378）。

进一步地，本研究参照 Tanaka 等（2010）以及 Liu 和 Huang（2013）的方法对农户的风险偏好进行单独估计，具体的估计方法说明如下。

风险实验设计中的系列 1 和系列 2 用来估计效用函数中的风险规避参数 σ，以及非线性概率权重参数 α。对于任何在第 N（$1<N\leq14$）行从选项 A 向选项 B 转换的实验参与者而言，在第 $N-1$ 行参与者选择选项 A 的效用超过了选择选项 B 的效用，而在第 N 行参与者选择选项 B 的效用超过了选择选项 A 的效用。由此，可以从这个转换点处得到两个不等式组合（对于从不转换或者从第一行就转换的情况，只有一个不等式）。通过联合使用系列 1 和系列 2 的转换点，可以得到满足不等式的 σ 和 α 的取值范围。例如，假设某个实验参与者在系列 1 和系列 2 中都从第 5 行开始从选项 A 转换为选项 B，那么应满足如下不等式：

$$\begin{aligned}&v(5)+\pi(0.3)[v(20)-v(5)]>v(2.5)+\pi(0.1)[v(46.5)-v(2.5)]\\&v(5)+\pi(0.3)[v(20)-v(5)]<v(2.5)+\pi(0.1)[v(53)-v(2.5)]\\&v(15)+\pi(0.9)[v(20)-v(15)]>v(2.5)+\pi(0.7)[v(30)-v(2.5)]\\&v(15)+\pi(0.9)[v(20)-v(15)]<v(2.5)+\pi(0.7)[v(31)-v(2.5)]\end{aligned} \quad (6-5)$$

即：

$$5^{\sigma} + \exp[-(-\ln 0.3)^{\alpha}](20^{\sigma}-5^{\sigma}) > 2.5^{\sigma} + \exp[-(-\ln 0.1)^{\alpha}](46.5^{\sigma}-2.5^{\sigma})$$
$$5^{\sigma} + \exp[-(-\ln 0.3)^{\alpha}](20^{\sigma}-5^{\sigma}) < 2.5^{\sigma} + \exp[-(-\ln 0.1)^{\alpha}](53^{\sigma}-2.5^{\sigma})$$
$$15^{\sigma} + \exp[-(-\ln 0.9)^{\alpha}](20^{\sigma}-15^{\sigma}) > 2.5^{\sigma} + \exp[-(-\ln 0.7)^{\alpha}](30^{\sigma}-2.5^{\sigma})$$
$$15^{\sigma} + \exp[-(-\ln 0.9)^{\alpha}](20^{\sigma}-15^{\sigma}) < 2.5^{\sigma} + \exp[-(-\ln 0.7)^{\alpha}](31^{\sigma}-2.5^{\sigma})$$
(6-6)

对不等式（6-6）进行求解，可得出满足这些不等式的参数范围：$a < \sigma < b$ 和 $c < \alpha < d$。参考 Tanaka 等（2010）的做法，本研究取区间的中间值为参数估计值，即在以上不等式中，分别使用 $(a+b)/2$ 和 $(c+d)/2$ 作为 σ 和 α 的估计值。在获得 σ 和 α 的估计值后，可以根据系列3写出关于参数 λ 的不等式。例如，假设某个实验参与者在系列3中从第5行开始从选项 A 转换为选项 B，那么不等式应满足：

$$\pi(0.5)v(-2) + \pi(0.5)v(0.5) > \pi(0.5)v(-8) + \pi(0.5)v(15)$$
$$\pi(0.5)v(-4) + \pi(0.5)v(0.5) < \pi(0.5)v(-8) + \pi(0.5)v(15)$$
(6-7)

即：

$$\exp[-(-\ln 0.5)^{\alpha}](-2^{\alpha}\lambda + 0.5^{\alpha}) > \exp[-(-\ln 0.5)^{\alpha}](-8^{\alpha}\lambda + 15^{\alpha})$$
$$\exp[-(-\ln 0.5)^{\alpha}](-4^{\alpha}\lambda + 0.5^{\alpha}) < \exp[-(-\ln 0.5)^{\alpha}](-8^{\alpha}\lambda + 15^{\alpha})$$
(6-8)

通过求解不等式（6-8），可得到该参与者损失规避参数（λ）的取值范围。同样选取区间的中间值作为 λ 的估计值，由此可获得该实验参与者的3个风险偏好参数估计值。在本研究中，风险规避参数（σ）、概率权重参数（α）和损失规避参数（λ）的平均个体估计值分别为0.73、0.81和2.53。

接下来，本研究将上述估计的时间偏好参数与风险偏好参数放入回归方程中，检验农户的个体偏好对其订单农业参与行为的影响。此处仍采用空间计量模型方法进行估计，模型的估计结果如表6-6所示。

从表6-6中可以看出，短视认知偏差参数（β）、贴现率参数（r）和风险规避参数（σ）、概率权重参数（α）和损失规避参数（λ）这5个参数的回归系数仍然是显著的，这与表6-2中的主回归结果相一致，表明农户的时间偏好与风险偏好对其订单农业参与行为具有显著的影响。

表 6-6　农户订单农业参与行为研究中偏好参数估计方法的稳健性检验

解释变量	估计系数	标准误差
空间自回归系数	0.306***	0.101
短视认知偏差（β）	1.265*	0.731
贴现率（r）	-0.520**	0.217
风险规避（σ）	-1.781***	0.506
概率权重（α）	0.544*	0.328
损失规避（λ）	0.105*	0.060
年龄	-0.021	0.014
受教育程度	-0.002	0.039
劳动力数量	0.134	0.100
养殖经验	-0.075***	0.019
鸡舍规模	-0.112***	0.030
养殖收入比例	0.970**	0.383
借款能力	-0.119	0.093
市场风险	-0.196	3.118
公司距离	-0.012***	0.002
市场距离	0.024*	0.015
地区	-0.068	0.186
样本量	359	
R^2	0.423	
Log likelihood	-101.355	

注：*、**、***分别表示在10%、5%、1%的水平下通过显著性检验。

（二）时间偏好与风险偏好不同测量方式的稳健性检验

值得注意的是，上述参数估计方法虽然不同于本书第五章所论述的联合估计法，但时间偏好与风险偏好的表达形式仍然是分别基于准双曲线贴现函数和前景理论，且使用的数据仍然分别来自时间偏好实验中的所有75个决策信息和风险偏好实验中的所有35个决策信息。有学者可能会担忧上述方法对偏好的表达式施加了过强的函数形式假设，或者担忧实验设计中的决策任务过多会导致农户不认真对待后面的决策任务。因此，本研究还从时间偏好实验和风险偏好实验数据中分别选取第一阶段的决策任务信息，并以一种更为简单的方法测量农户的时间偏好与风险偏好，以验证不同测量方式下农户的时间偏好与风险偏好是否仍对其订单农业参与行为具有显著影响。

具体而言，本研究分别从时间偏好实验和风险偏好实验的初始设计中选择第一组数据（即系列1），观察农户在该系列决策任务中所做出的选择。在时间偏好实验系列1中（见表5-1），共有5个决策任务，每个决策任务中相对较高的延迟收益（选项B）不会改变，但随着任务决策的继续进行，当前收益（选项A）会逐渐增加并逐渐接近延迟收益。农户的选择将会在某一个决策任务中由选项B转向选项A，且越是耐心型的农户，由选项B转向选项A的时间越晚（允许农户不转换）。此处采用耐心程度来衡量农户的时间偏好（表示农户对未来事件的耐心程度）：若农户在决策任务1中就选择选项A，则耐心程度赋值为1，表明农户的时间偏好程度很高（即耐心程度很低）；若农户在决策任务2中从选项B切换到选项A，则耐心程度赋值为2；依此类推，若农户在决策任务5中从选项B切换到选项A，则耐心程度赋值为5；特别是，若农户在决策任务5中仍选择选项B，则表示农户的耐心程度非常高，此时赋值为6。可见，耐心程度的数值越大，表示农户的时间偏好程度越低。在本研究中，耐心程度变量的个体平均值为3.540（SD = 1.074）。

风险偏好的测量也使用类似的方法。在风险偏好实验系列1中（见表5-2），共有14个决策任务，刚开始农户可能会选择相对保守的选项A，因为选项B对农户的吸引力不够大。但是，随着选项B中的奖金不断提高（从最初的34元提高到最终的850元），农户冒险的动力会越来越足，农户的选择将会在某一点由选项A转向选项B（同样允许农户不转换）。越是保守型农户，由选项A转向选项B的时间越晚。此处采用保守程度来衡量农户的风险偏好（表示农户对待风险事件的保守程度或风险规避程度）：若农户在决策任务1中就选择选项B，则将保守程度赋值为1，表示农户的风险偏好程度很高（即保守程度很低）；若农户在决策任务2中从选项A切换到选项B，则保守程度赋值为2；依此类推，若农户在决策任务14中从选项A切换到选项B，则保守程度赋值为14；特别是，若农户在决策任务14中仍选择选项A，则表示农户的保守程度非常高，此时赋值为15。可见，保守程度的数值越大，表示农户的风险偏好程度越低。在本研究中，保守程度变量的个体平均值为 6.585（SD = 4.276）。

接下来，本研究采用空间计量模型探讨上述参数对农户订单农业参与行为的影响，回归结果如表 6-7 所示。结果表明，无论是衡量时间偏好的耐心程度变量，还是衡量风险偏好的保守程度变量，它们均显著影响农户的订单农业参与行为，表明时间偏好程度和风险偏好程度越低的农户，参与订单农业的概率越大。

表 6-7 农户订单农业参与行为研究中偏好测量方式的稳健性检验

解释变量	估计系数	标准误差
空间自回归系数	0.337***	0.105
耐心程度	0.189**	0.084
保守程度	0.086***	0.026
年龄	-0.015	0.012
受教育程度	0.0008	0.038
劳动力数量	0.116	0.094
养殖经验	-0.080***	0.018
鸡舍规模	-0.094***	0.026
养殖收入比例	0.835**	0.370
借款能力	-0.151*	0.090
市场风险	-2.179	2.925
公司距离	-0.012***	0.002
市场距离	0.027**	0.013
地区	-0.057	0.170
样本量	359	
R^2	0.400	
Log likelihood	-106.211	

注：*、**、*** 分别表示在 10%、5% 和 1% 的水平下通过显著性检验。

第三节 进一步讨论：农户对契约属性的选择偏好研究

上文实证结果表明时间偏好和风险偏好是农户参与订单农业的关键因

素，耐心程度、风险规避程度和损失规避程度越高的农户越倾向于参与订单农业。进一步的调查发现，尽管有些农户签订了契约，但是对具体契约属性的偏好不相同。比如，耐心程度低的农户可能更偏好短期契约；风险规避程度高的农户可能更偏好固定价格条款，以降低收益波动的风险；而富有冒险精神的农户可能更偏好短期合同和浮动价格条款，以实现市场和契约模式的自由切换。然而，在现实中，多数禽业龙头企业设定浮动价格和浮动补贴，即合同上并未明确列示契约价格等条款，存在"隐性契约"内容。在面临市场风险时，企业往往会凭借其在契约关系中的强势地位，通过结算价格的相应调整进行成本转移，使农户的利润大打折扣[①]。另外，现实中的农户往往是风险规避型的，农户参与订单农业的动机主要是应对产品的价格风险，浮动的价格条款可能不利于农户长期选择参与订单农业。事实上，契约设计是一个复杂的过程，涉及许多权衡因素，而且农户在面临不同市场时可能会表现出不同的风险偏好（Schipmann and Qaim, 2011）。现有文献关于农户对特定契约条款（即契约属性）的偏好研究尚缺乏深入调查。更好地了解有关农户契约属性偏好的信息，有利于农业企业设计出更具针对性的合同内容，同时也能促使政策制定者制定更合适的政策，从而营造有利的制度环境。因此，本节进一步探究农户对不同契约属性的偏好。

一 变量说明

（一）因变量

以往有关契约属性或契约安排的研究多从契约期限、收购商类型、服务类型、定价方式以及激励制度等角度展开（钟文晶、罗必良，2014；王亚飞等，2014；朋文欢、黄祖辉，2017）。本研究聚焦于"龙头企业+农户"型的生产合同，该模式下的收购商多为龙头企业，且其会向农户提供生产资料和技术指导，因而本研究并未关注收购商类型、服务类型等属

[①] 例如，通过对江苏镇江、扬州针对温氏、立华契约养禽户的案例调研发现，在 H7N9 禽流感疫情影响下，公司面临巨亏，其虽然与养禽户履约，但试图通过提高鸡苗价格、饲料价格、降低补贴来降低企业损失（这些都未在原先的契约中列明），这些成本的上涨与奖励补贴的下降直接压缩了农户的利润空间。

性，仅重点关注契约期限、价格条款以及补贴方式这3个属性。有关契约期限、价格条款、补贴方式的定义详见表6-8。

（1）契约期限。通常而言，肉鸡饲养周期为60~90天。本研究采用0-1虚拟变量进行衡量，0表示短期契约，1表示长期契约。

（2）价格条款。价格条款涉及农户从龙头企业领取生产资料以及向企业出售肉鸡的价格结算方式，主要分为固定价格条款和浮动价格条款。固定价格条款是指农户在与企业签约时就在合同上明确列示有关鸡苗、饲料等生产资料以及企业收购肉鸡的价格。浮动价格条款是指企业为了防止市场价格出现较大波动，并不在签约时约定具体的价格，而是仅约定一个最低的保护价。本研究采用0-1虚拟变量衡量，0表示浮动价格条款，1表示固定价格条款。

（3）补贴方式。龙头企业提供的补贴通常包括设备补贴、养殖补贴和达标奖励等，与农户结算时的收益密切相关。现实中补贴方式一般有两种标准：一种是按照保证效率的原则，对于当期养殖效益好的农户给予较高的激励，而给予养殖收益差的农户较少的奖励，即浮动补贴方式；另一种是按照平均的原则，给予所有农户相同的补贴，即固定补贴方式。本研究采用0-1虚拟变量进行衡量，0表示浮动补贴方式，1表示固定补贴方式。

表6-8 不同类型契约属性的定义及说明

契约属性	分类及取值	具体示例
契约期限	0=短期契约	单份合同的期限在3个月及以内
	1=长期契约	单份合同的期限在3个月以上
价格条款	0=浮动价格条款	比如，鸡苗价格浮动在2~6元/只、饲料价格浮动在80~200元/袋、成品鸡价格浮动在6~20元/只
	1=固定价格条款	比如，鸡苗价格固定在4元/只、饲料价格固定在140元/袋、成品鸡价格固定在13元/千克
补贴方式	0=浮动补贴方式	比如，龙头企业按照养殖成果给予养殖效益好的农户3元/只的补贴，给予养殖收益差的农户1元/只的补贴
	1=固定补贴方式	比如，龙头企业按照出栏量给予所有农户2元/只的补贴

（二）解释变量

核心解释变量为衡量时间偏好与风险偏好的5个参数——短视认知偏

差参数（β）、贴现率参数（r）、风险规避参数（σ）、损失规避参数（λ）、概率权重参数（α）。通常而言，耐心程度较高的农户更加重视订单农业参与所带来的长期收益，而风险规避程度较高的农户更需要有一个确定的买方，以降低销售风险、保障产品销售渠道的稳定。相比长期契约，短期契约虽然意味着农户面临较高的销售风险，但益处在于可以随时根据市场行情决定是否签约。因此，本研究预期时间偏好程度和风险偏好程度越低的农户越偏好于选择长期契约。

在浮动价格条款情形下，农户承担了价格浮动风险，同时也有机会享受到市场价格上涨带来的收益，但是长远来看不利于农户的风险分担和利润分配。而在固定价格条款情况下农户不用考虑涨价和跌价风险。因此，本研究预期时间偏好程度和风险偏好程度越低的农户越倾向于选择具有固定价格条款的契约。

合同中的补贴条款能够增加农户的当期收入。通常而言，风险偏好型农户往往更关注最高收益，而风险规避型农户可能更追求收益的稳定，并且越是有耐心的农户会越看重收入水平的长期稳定，而非短期波动可能带来的收益上涨。因此，本研究预期时间偏好程度和风险偏好程度越低的农户越偏好于具有固定补贴方式的契约。

此外，本研究还控制了一系列变量，包括农户的年龄、受教育程度、劳动力数量、鸡舍规模、养殖经验、养殖收入比例、借款能力、市场风险、公司距离、市场距离和地区。变量的描述性统计结果见表6-9。

表6-9 农户对契约属性选择偏好研究中的变量描述性统计

变量	变量定义	平均值	标准差
被解释变量			
契约期限	0=短期契约；1=长期契约	0.793	0.406
价格条款	0=浮动价格条款；1=固定价格条款	0.690	0.463
补贴方式	0=浮动补贴方式；1=固定补贴方式	0.714	0.453
核心解释变量			
短视认知偏差（β）	反映短期贴现因子，β越小表示短视认知偏差程度越高	0.643	0.126
贴现率（r）	反映长期贴现率，r越小表示耐心程度越高	0.307	0.275

续表

变量	变量定义	平均值	标准差
风险规避（σ）	反映价值函数的曲率，σ越小表示风险规避程度越高	0.795	0.210
概率权重（α）	反映评估概率事件的精确程度，α越小表示越会低估小概率事件、高估大概率事件	0.778	0.266
损失规避（λ）	反映损失厌恶程度，λ越小表示损失规避程度越低	2.318	2.028
控制变量			
年龄	户主年龄（岁）	48.748	9.691
受教育程度	户主受正规学校教育年限（年）	7.307	2.646
劳动力数量	家庭具有劳动能力的人口数量（人）	2.810	1.027
鸡舍规模	鸡舍面积（10^3平方米）	1.782	1.828
养殖经验	从事肉鸡养殖的年限（年）	6.390	4.144
养殖收入比例	肉鸡养殖净收入占家庭总净收入的比例	0.724	0.263
借款能力	借5万元左右急用钱：1表示根本不可能；2表示很难；3表示有点难；4表示比较容易；5表示非常容易	3.390	1.111
市场风险	过去24个月区域活鸡市场价格的方差（从2014年1月至2015年12月）	0.336	0.047
公司距离	农户与最近的养殖企业的距离（千米）	17.171	10.008
市场距离	农户与最近的肉鸡销售市场的距离（千米）	5.395	6.542
地区	1表示苏北；2表示苏中；3表示苏南	1.886	0.859

本研究所用到的数据为290户参与订单农业的肉鸡养殖农户。从表6-9中可以看出，选择长期契约、固定价格条款、固定补贴方式的农户样本分别占79.3%、69.0%、71.4%。整体来看，参与订单农业的农户样本中，偏好具有固定价格条款和固定补贴方式的长期契约的农户占绝大多数。这可能是因为参与订单农业的农户普遍具有较高的风险规避程度，而风险规避程度越高的农户越偏好于长期契约和固定绩效型契约，以降低风险的不确定性。

二　计量模型设定

本研究采用多变量Probit模型（Multivariate Probit，MVP）分析农户契约属性选择偏好的影响因素。通常而言，可以分别利用3个简单的二元

Probit 模型来研究相关因素对 3 种契约属性（契约期限、价格条款、补贴方式）的影响。相应的 Probit 模型如下：

$$\Pr(Y_j = 1 \mid X) = \Phi(\beta' X) \quad (6-9)$$

式（6-9）中，Y_j（$j=1,2,3$）取值为 0 或 1，表示农户对某种契约属性的选择偏好；X 为自变量。

在现实中，农户可能会同时偏好不同类型的契约属性，而且这些选择偏好之间并不相互排斥。因而，某些不能观测到的因素可能会同时影响农户对不同契约属性的选择偏好，即上述简单的二元 Probit 模型的误差项之间存在相关性。若不考虑这种内生性问题，而采用多个二元 Probit 模型分别研究农户对契约属性的选择偏好，则有可能会导致估计结果偏误。

因此，本研究运用多变量 Probit 模型对影响农户契约属性偏好的因素进行分析，该模型允许不同方程的误差项之间存在相关性（Greene, 2011）。多变量 Probit 模型的表达式如下：

$$Y_j^* = \eta_j X + \mu_j, \quad j = 1, 2, 3 \quad (6-10)$$

$$Y_j = \begin{cases} 1 & \text{如果 } Y_j^* > 0 \\ 0 & \text{其他} \end{cases} \quad (6-11)$$

式（6-10）中，$j=1,2,3$ 分别表示契约期限、价格条款、补贴方式 3 种契约属性；Y_j 为最终结果变量，Y_j^* 为潜在变量；X 表示影响农户契约属性偏好的各因素；η_j 为相应的估计系数；μ_j（$j=1,2,3$）为随机扰动项。遵循零条件均值与变异值的多元正态分布为 $MVN(0, \Psi)$（潘丹、孔凡斌，2015），协方差矩阵 Ψ 如下：

$$\begin{bmatrix} 1 & \rho_{12} & \rho_{13} \\ \rho_{12} & 1 & \rho_{23} \\ \rho_{13} & \rho_{23} & 1 \end{bmatrix} \quad (6-12)$$

式（6-12）中，非对角线上的元素代表不同契约属性方程的随机扰动项间无法观测的联系，非零值表明各潜变量随机扰动项之间存在关联，应该采用多变量 Probit 模型进行估计。若非对角线上的元素值显著大于 0，则说明不同类型的契约属性呈现互补效应；若非对角线上的元素值显著小于 0，则说明不同类型的契约属性呈现替代效应。

三 农户契约属性选择偏好的实证分析

多变量 Probit 模型的回归结果如表 6-10 所示。模型估计结果显示,似然比检验的卡方值为 77.237,且在 1% 的显著性水平下通过检验,表明各方程随机扰动项之间存在相关性,农户对不同契约属性的偏好是相互影响的,使用多变量 Probit 模型来分析农户选择偏好是合适的。3 个协方差 (ρ_{12}、ρ_{13}、ρ_{23}) 均通过了显著性检验,这意味着农户选择某种契约属性受到是否选择其他契约属性的影响,并且协方差系数均为正数,说明不同契约属性之间呈现互补效应。

本研究重点关注时间偏好与风险偏好对农户契约属性选择偏好的影响。表 6-10 中的回归结果显示,短视认知偏差参数 (β) 和贴现率参数 (r) 对契约期限属性的估计值分别为 2.551 和 -1.393,且分别在 5% 和 1% 的显著性水平下通过检验。这表明越具有耐心的农户越倾向于选择长期契约。

风险规避参数 (σ) 对契约期限、价格条款、补贴方式的估计值分别为 -1.970、-1.201、-1.271,且均通过显著性检验,表明风险规避程度越高的农户越偏好长期契约及带有固定价格条款和固定补贴方式的契约。损失规避参数 (λ) 对契约期限、价格条款、补贴方式的估计值各为 0.313、0.293、0.151,且均通过了显著性检验,表明农户的损失规避程度越高,越偏好长期契约以及具有固定价格条款和固定补贴方式的契约。对于损失厌恶型农户而言,浮动价格和浮动补贴虽然有机会获取更多的收益,但是与同等价值的收益相比,这类农户更加看重损失造成的效用减少,因而更倾向于选择固定绩效型契约,而选择长期契约以及具有固定价格条款和固定补贴方式的契约更有利于获得长期稳定的收益,以降低收入的不确定性或潜在的损失。此外,概率权重参数 (α) 对契约期限、价格条款的估计值分别为 1.043 和 1.351,且分别在 5% 和 1% 的显著性水平下通过检验,表明评估概率事件越准确的农户越偏好于长期契约以及具有固定价格条款的契约。这类农户往往不会低估市场风险和生产风险发生的概率,从而倾向于签订长期契约并锁定契约价格,以规避生产经营和销售过程中所面临的各类风险损失。

表 6-10　农户对契约属性选择偏好的多变量 Probit 模型估计结果

变量	契约期限	价格条款	补贴方式
短视认知偏差（β）	2.551** (1.301)	0.695 (0.789)	0.902 (0.780)
贴现率（r）	-1.393*** (0.460)	-0.279 (0.306)	-0.413 (0.391)
风险规避（σ）	-1.970*** (0.632)	-1.201** (0.490)	-1.271*** (0.475)
概率权重（α）	1.043** (0.464)	1.351*** (0.339)	0.275 (0.323)
损失规避（λ）	0.313*** (0.104)	0.293*** (0.074)	0.151*** (0.053)
年龄	0.035*** (0.013)	-0.017 (0.011)	-0.006 (0.010)
受教育程度	0.052 (0.043)	-0.009 (0.033)	-0.026 (0.038)
劳动力数量	0.203 (0.139)	-0.117 (0.110)	0.008 (0.107)
鸡舍规模	0.011 (0.075)	0.056 (0.072)	0.079 (0.750)
养殖经验	0.006 (0.035)	0.005 (0.027)	0.024 (0.026)
养殖收入比例	-0.241 (0.443)	-0.651* (0.375)	-0.208 (0.358)
借款能力	-0.020 (0.101)	-0.024 (0.077)	0.019 (0.077)
市场风险	-2.730 (3.563)	-6.650** (3.375)	-1.433 (3.187)
公司距离	-0.020 (0.013)	-0.004 (0.010)	-0.005 (0.010)
市场距离	0.006 (0.013)	-0.013 (0.011)	-0.005 (0.012)
地区	0.388 (0.240)	0.476*** (0.185)	0.217 (0.175)
ρ_{12}	0.235*		
ρ_{13}	0.297**		

续表

变量	契约期限	价格条款	补贴方式
ρ_{23}	0.789 ***		
似然比检验	原假设 $\rho_{12}=\rho_{13}=\rho_{23}=0$:	chi^2 (3) =77.237	Prob > chi^2 = 0.0000
样本量	290		
Log likelihood	-332.460		
Wald chi^2 (48)	227.86 ***		

注：*、**、*** 分别表示在 10%、5% 和 1% 的水平下通过显著性检验，括号中的数值为稳健标准误差。

第四节 本章小结

本章采用空间计量模型实证检验时间偏好与风险偏好对农户订单农业参与行为的影响，以及行为决策的空间溢出效应，并进一步采用聚类分析方法对样本进行分类，探讨不同时间偏好和风险偏好类型农户的订单农业参与决策的差异性。此外，本章还运用多变量 Probit 模型分析农户对契约属性的选择偏好。研究结果表明以下 4 点。

（1）时间偏好与风险偏好对农户订单农业参与行为均具有显著影响。具体而言，农户的耐心程度、风险规避程度和损失规避程度越高，以及评估概率事件越准确，则农户参与订单农业的概率越大。然而，实证结果并未证实经典文献强调的市场风险对农户订单农业参与动机的影响。

（2）农户的订单农业参与行为存在空间相关性。农户在做出订单农业参与决策时具有空间溢出效应，体现了农户行为决策的同群性。农户是否参与订单农业受周围邻居的影响，如果参与后取得了较好的经济效益，这种信息和影响会传播和扩散到周围农户，促进其参与订单农业，这将会提高政府对订单农业的推行效率。

（3）考虑农户个体偏好的异质性后发现，市场风险仅对时间偏好程度和风险偏好程度相对较低的农户的订单农业参与行为具有显著正向影响。对于短视程度与冒险程度较低的农户而言，市场风险越大，农户参与订单农业的概率越大。这表明农户的时间偏好和风险偏好削弱了市场风险对农户订单农业参与行为的促进作用。

（4）针对农户契约属性选择偏好的研究结果表明，时间偏好与风险偏好显著影响农户对契约条款的选择偏好。具体而言，短视程度和冒险程度越高的农户，越倾向于选择短期契约；而风险规避程度和损失规避程度越高的农户，越偏好于具有固定价格条款及固定补贴方式的契约。

第七章

契约关系的稳定：农户违约行为研究

如前文所述，"龙头企业+农户"型契约模式在促进小农户与大市场的衔接、降低农户市场风险、促进农户增收等方面发挥了积极的作用。然而，学者们对现实的考察发现，订单农业的实践效果与人们的期望相去甚远，除了订单农业参与率低之外，契约关系稳定性方面也令人担忧。现实中，大量分散农户的违约现象屡禁不止，来源于农户层面的风险成为订单农业中契约风险的根源（李彬，2009），并且已经成为制约中国农业产业化进一步发展的瓶颈（生秀东，2007；万俊毅等，2010）。

当前学者们从交易成本、资产专用性、声誉机制和契约条款等视角所进行的探索，为本书研究农户违约行为提供了十分有益的借鉴。但不难发现，已有文献主要集中于从外部因素解释农户违约行为的机制，而忽视了农户的个体内在特征（即代理人的行为偏好、贴现等因素），特别是没有基于这些违约动机背后行为主体的自身偏好对农户违约行为的作用机制进行深入分析。已有研究表明，发展中国家的农户普遍具有短视或不耐心的时间偏好特征（Wang et al.，2016），且这种特征会对农户在采纳新技术、开展新项目、选择投入品等涉及短期和长期成本和收益等跨期决策方面产生重要影响（Duquette et al.，2012）。此外，风险偏好也被认为是影响农户行为决策的一个重要因素（Tanaka et al.，2010；Liu，2013；侯麟科等，2013；Liu and Huang，2013），农户的风险态度将会对行为决策信息的主观效用评价过程产生重要的作用。所以时间偏好与风险偏好是农户违约行为的重要影响因素。然而，当前研究较少同时关注农户个体的时间偏好与风险偏好特征，在个体偏好对契约农户违约行为的影响机制方面，更是缺乏系统分析及实证论述。

基于此，本章从时间偏好与风险偏好视角切入，对农户在订单农业参与过程中的违约行为进行深入分析：首先，基于考虑有限理性和认知偏差的农户行为模型，构建经济计量模型；其次利用江苏省肉鸡养殖户调查数据对研究假说进行实证检验，揭示时间偏好与风险偏好对农户生产阶段和销售阶段违约行为的影响，并进一步探索不同群体农户违约行为决策的差异。

第一节 农户违约行为研究的模型设定

本研究旨在从时间偏好和风险偏好视角研究契约农户的违约行为，因而因变量为参与生产合同的农户的违约行为。在生产合同模式下，鸡苗、饲料、药品等生产投入品的采购和最终产品的销售均由龙头企业负责，而农户则需要按龙头企业的要求建设符合标准的禽舍、采购相关设备、进行防疫及饲养管理，并预付保证金（周力，2016）。龙头企业规定农户不能通过非公司渠道购买鸡苗、饲料、药品等投入品，不得将公司提供的产品以及签约养殖的成鸡转售给第三方，否则将被视为违约。

在有关农户违约或契约关系稳定性的文献中，已有研究大多仅考虑销售阶段的履约或违约行为，认为农户履约行为是指农户在某一次合作中，完全按照合同条款所规定的内容，将自己所生产的农产品销售给合作伙伴的行为。实际上对于生产合同而言，农户的违约行为主要体现在两个阶段：一是在生产阶段，农户从龙头企业以外的渠道购买投入品（比如从兽药店购买药品）以降低饲养成本，或者从外部市场获取激素类药物或其他违禁药物，以促进家禽生长和缩短生产周期；二是在销售阶段，当市场价格高于契约价格时，农户基于利益的驱动可能隐藏部分产量以减少履约数量，而将隐藏成品鸡的产量按市场价格卖出，赚取市场价格与契约价格之间的差价。此外，如导论所述，尽管存在产品延迟交付、交付产品质量不合格、将企业提供的投入品用作非签约产品等其他违约现象（Guo et al.，2007；Barrett et al.，2012），但鉴于课题组在对农户的实际调研中很少观察到这些情形，本研究仅考虑现实中普遍存在的两种典型违约行为：一是生产阶段违约，具体是指农户在肉鸡养殖阶段从非龙头企业渠道购买部分兽药；二是销售阶段违约，具体是指农户在肉鸡销售阶段变卖部分签约养殖的肉鸡。

由此可见,本研究将农户的违约行为细化为两个具体的指标,且均以离散值 0 或 1 表示。数值 1 表示农户发生生产阶段违约行为或销售阶段违约行为,0 表示农户未发生违约行为。通常而言,可以分别利用两个独立的 Probit 模型来研究相关因素对农户生产阶段违约和销售阶段违约的影响。但值得注意的是,农户在生产阶段和销售阶段的违约行为并不是相互独立的,而是具有很强的内生性特征,一些观察不到的因素既影响农户的生产阶段违约决策,也影响农户的销售阶段违约决策。例如,尽管农户在生产阶段从外部市场购买兽药可能会直接降低饲养成本或促进家禽产量,或者当市场行情大好时农户在销售阶段变卖部分产品能够从市场上获得较高的差价利润,但是如果农户同时选择在生产阶段和销售阶段违约,则会大幅增加违约行为被发现的概率。所以农户需要在权衡各种因素后做出最佳决策,选择符合其利益最大化的违约组合方案。显然,如果不考虑它们之间的相互影响,而利用两个独立的 Probit 模型来研究农户不同阶段违约行为的影响因素,则估计结果将会出现偏误。而且采用单方程模型也无法考虑到农户在生产阶段和销售阶段均违约的情形,从而造成样本信息的损失。

据此,本研究采用双变量 Probit 模型来分析农户不同阶段违约行为的影响因素,该模型允许不同方程的误差项之间存在相关性,从而避免了有偏估计(Greene,2011)。双变量 Probit 模型的表达形式如下:

$$breach_{ip}^* = \tau_p time_{ip} + \psi_p risk_{ip} + \zeta_p Z_{ip} + \varepsilon_{ip}$$
$$breach_{is}^* = \tau_s time_{is} + \psi_s risk_{is} + \zeta_s Z_{is} + \varepsilon_{is}$$
$$[\varepsilon_{ip}, \varepsilon_{is}] \sim N_2(0,0,1,1,\rho), -1 < \rho < 1 \quad (7-1)$$

其中,$breach_{ip}^*$ 和 $breach_{is}^*$ 是无法观测到的潜在变量,分别代表农户 i 在生产和销售阶段的违约行为;$time_i$ 和 $risk_i$ 为关键解释变量,分别表示农户 i 的时间偏好和风险偏好;Z_i 表示一组控制变量,包括农户家庭特征、生产特征、契约条款、外部市场特征等。ε_{ip} 和 ε_{is} 是符合独立同分布的随机误差项,ρ 为两者的相关系数。如果 $\rho \neq 0$,则表示 ε_{ip} 和 ε_{is} 具有相关性。

被解释变量 $breach_{ip}$ 和 $breach_{is}$ 可由下述方程观测到:

$$breach_{ip} = 1 \quad if \quad breach_{ip}^* > 0, \quad 0 \quad otherwise$$
$$breach_{is} = 1 \quad if \quad breach_{is}^* > 0, \quad 0 \quad otherwise \quad (7-2)$$

$breach_{ip}$ 和 $breach_{is}$ 为最终结果变量，如果潜变量 $breach_{ip}^*$ 或 $breach_{is}^*$ 大于 0，则 $breach_{ip}$ 或 $breach_{is}$ 等于 1，表示农户实施相应的违约行为。

双变量 Probit 模型的参数可通过如下所示的对数似然函数、采用全信息极大似然估计法进行估计（Greene，2011）：

$$\ln L = \sum \ln \Phi [q_{ip}(\tau_p time_{ip} + \psi_p risk_{ip} + \zeta_p Z_{ip}), q_{is}(\tau_s time_{is} + \psi_s risk_{is} + \zeta_s Z_{is}), q_{ip}q_{is}\rho]$$

(7-3)

Φ 表示相关性为 ρ 的二元标准正态分布的累积密度函数；q_{ip} 和 q_{is} 分别等于 $2breach_{ip} - 1$ 和 $2breach_{is} - 1$。

边际效应可由条件均值进一步导出并在结果部分中报告。

第二节　农户违约行为研究的变量选取

一　变量选取

（一）核心解释变量

本研究所关注的核心解释变量为农户的时间偏好和风险偏好，主要借鉴 Nguyen（2011）的研究，采用实验经济学方法进行测度。

（1）时间偏好。本研究使用准双曲线贴现函数描述农户的时间偏好，具体包括如下两个测量指标。①短视认知偏差参数（β）。参数 β 反映对当前效用的偏好程度，β 值越小表示越偏好当前的效用，即短视认知偏差程度越高。短视认知偏差程度越高的农户，在做出短期决策时表现出的不耐烦程度越高，并越重视眼前的利益而低估未来的长期效用（Loewenstein and O'Donoghue，2004；Wang et al.，2016）。因此，本研究预期短视认知偏差程度越高（即 β 值越小）的农户，在订单农业中违约的可能性越高。②贴现率参数（r）。参数 r 是与长期贴现因子相对应的标准贴现率。较高的贴现率与低估长期决策中的未来事件有关（Tanaka et al.，2010；Liebenehm and Waibel，2014），故本研究预期贴现率越高（即 r 值越大）的农户，在订单农业中违约的概率越大。特别是，鉴于与销售阶段相比农户在生产阶段所面临的未来违约成本的贴现率更大，本研究预期农户在生产阶段的违约行为受时间偏好的影响更为明显。事实上，农户在养殖过程中，当其饲养的肉鸡出现生病倾向时,时间偏好程度高的农户可能更加缺乏耐心等待公司技术员的到来,而是倾向于自己从附近的市场上购买药品。而且,为了促进肉鸡快速生长,缺乏耐心的农户更倾向于使用激素类等违禁药物。此外,由于龙头企业规定的投入品价格要显著高于现货市场价格,农户在生产阶段从外部市场购买药品可以在一定程度上降低饲养成本,从而产生较大的违约激励。

(2) 风险偏好。本研究使用前景理论来描述农户的风险偏好,并用如下3个指标进行测量。①风险规避参数 (σ)。参数 σ 决定获利和损失的价值函数的凹形,可解释为风险规避的替代指标,σ 值越小,表示风险规避程度越大 (Liebenehm and Waibel, 2014)。违约对于农户而言属于一种冒险行为,因为违约行为一旦暴露,农户将遭受较高的违约惩罚。特别是,农户违约被发现后将会被龙头企业终止合同,进而只能选择进入外部市场,不仅面临市场价格波动风险,还面临着信誉损失所产生的交易难度增加等风险。因此,本研究预期风险规避程度越高(即 σ 值越小)的农户,在订单农业中违约的可能性越低(郭锦墉等,2007b)。②概率权重参数 (α)。参数 α 是概率权重的一种替代指标(Prelec, 1998),表示对概率事件预测或评估的准确性,$\alpha < 1$ 表明受访农户不能准确评估概率信息,即高估不太可能发生的期望事件,而低估很可能发生的不幸运事件(Tanaka et al., 2010)。α 值越小,表示越无法准确评估概率信息。就违约行为而言,在这种心理作用的驱使下,评估概率信息不准确的农户会过高地信赖自己的能力,容易低估违约行为被签约龙头企业发现和惩罚的可能性。因此,本研究预期评估概率信息越不准确(即 α 较小)的农户,在订单农业中违约的可能性越大。③损失规避参数 (λ)。参数 λ 反映了损失规避的程度,λ 值越大表示损失规避程度越高。前景理论认为,一定量的损失给人们带来的效用降低要超过相同的收益给人们带来的效用增加(Tversky and Kahneman, 1992)。农户违约所获得的收益是要以损失专用性资产投资、保证金、违约金为潜在代价的,同时也面临着信誉损失所产生的交易难度增加等风险。可见农户的违约行为虽然会带来短期的收益,但一旦行为暴露,将会造成很大的损失。对于损失规避程度高的农户而言,相对于违约带来的好处,他们更看重违约带来的损失。因此本研究预期损失规避程度越高(即 λ 越大)的农户,在订单农业中违约的概率越低。

（二）控制变量

除了时间偏好和风险偏好会对农户违约行为产生影响之外，农户的个体和家庭特征、生产特征、契约条款、市场外部因素也可能是影响农户违约行为的因素（Hou et al.，2019），因而需要在违约模型中加以控制。控制变量的选取说明如下。

（1）个体和家庭特征。①年龄。年龄较大的农户对订单农业的长远意义认识更深刻，即会更看重履约所带来的长远收益。因此本研究预期户主年龄显著负向作用于违约行为。②受教育程度。农户户主的受教育程度越高，越能正确评估违约所带来的未来信誉的损失以及成本的增加，因而违约的概率越低（郭锦墉等，2007b）。本研究预期户主的受教育程度对违约行为具有显著的负向作用。③劳动力数量。劳动力规模较大的家庭往往具有较为丰富的社会关系资源，能够有较多的机会去寻找有利的市场价格，独自解决生产和销售问题的能力也较强，所以违约后果对该类农户造成的影响相对较小（Wang et al.，2011）。因此，本研究预期家庭劳动力数量越多，农户违约的概率越大。

（2）生产特征。①养殖经验。通常而言，农户的养殖年限越长，积累的养殖经验和社会资本越丰富，养殖技术和独立销售能力越高（祝宏辉、王秀清，2007；Birthal et al.，2005）。而且正是由于养殖年限较长的农户在养殖技术方面更为娴熟，所以当其喂养的肉鸡生病时，他们更倾向于自己购买兽药而非等待技术人员的指导。本研究预期养殖年限越长的农户违约的概率越大。②鸡舍规模。农户家庭的鸡舍面积在一定程度上反映了养殖规模，大规模农户的违约概率通常低于小规模农户的违约概率（Zylbersztajn and Nadalini，2004）。这是因为农户的养殖规模越大，表明农户越依赖于这类收入来源并且面临的风险也越大，因此本研究预期养殖规模越大的农户越不倾向于违约。

（3）契约条款。研究表明，农户履约或违约受到契约设计的影响（Guo，2007；Guo and Jolly，2008；Kumar et al.，2013）。①保证金。专用性资产对供应链纵向协作关系的稳定性具有显著影响（Williams and Karen，1985；Karantininis et al.，2010），要求农户进行专用性投资的契约安排有利于提升农户的履约率（Guo and Jolly，2008；Kumar et al.，2013）。为抑制农户把农产品转售给市场的机会主义行为，龙头企业通常会在签约时要求农户支付一定数量的保证金，作为企业提供给农户鸡苗、原材料的预付款，因而保证金可看作农户追加的保证契约履行的专用性资产[1]。农户所缴纳的保证金越多，违约所造成的损失将会越大，即农户的违约成本会越高。因此本研究预期保证金负向作用于农户的违约行为。②契约期限。契约期限是指农户与龙头企业签订单份合同的期限。考虑到违约会影响到农户与企业的再次合作，契约期限越长越有利于农户履约（Guo and Jolly，2008）。因而本研究预期契约期限对农户的违约行为具有显著负向影响。③补贴条款。在本研究中，龙头企业提供的奖励包括设备补贴、养殖补贴和达标奖励等，其中达标奖励与农户的产品质量有关。合同中的补贴条款能够增加农户的当期收入并且有利于激发农户与企业合作的积极性，因而本研究预期补贴越多，农户违约的可能性越小（Guo and Jolly，2008）。

（4）市场外部因素。①市场风险。市场价格波动是农业的主要风险来源（Knoeber and Thurman，1995）。市场风险越大，农户和企业之间的渠道关系越不稳定，农户违约的可能性越高（赵西亮等，2005；郭锦墉等，2007b；聂辉华，2013）。因此本研究预期市场风险对农户违约行为具有显著的正向影响。②公司距离。农场至交易地点的距离，能在一定程度上反映农户与买方合作的交易成本，被视为影响农户违约和契约关系稳定性的重要因素（Sartwelle et al.，2000；Zylbersztajn and Nadalini，2004；Haji，2010）。本研究采用农户养殖场与签约公司的距离来衡量契约交易成本，通过 GPS 定位收集养殖场与龙头企业具体位置的经纬度，然后根据两地经纬度计算公司距离。通常而言，农户距离签约公司越远，则农户的运输成本等交易成本就越高（Haji，2010），而且随着公司距离的增加，龙头企业对农户的监督和技术指导可能会减弱。因此，本研究预期公司距离越远的农户，在订单农业中违约的概率越大。

---

[1] 以温氏为例，在刚开始签约时，温氏要求养殖户支付 4 元/只的保证金，作为领养雏鸡的预付款。当肉鸡销售时，只要单位肉鸡价格与企业收购价格之差不超过 4 元，农户在外部市场交易就会得不偿失。因此，这 4 元/只的保证金可看作农户保证契约履行的专用性资产。如果农户违约被发现，企业将拒绝退还保证金，这无疑增加了农户的违约成本，可见保证金对农户的事后违约行为具有抑制效应（万俊毅、欧晓明，2010）。

二 样本描述性统计

变量的描述性统计详见表7-1。在契约农户样本中,农户的平均年龄接近49岁,平均受教育年限约为7年,平均养殖年限约为6年。在契约安排方面,契约农户缴纳的保证金约为6元/只,获得企业的养殖补贴不足1元/只,平均契约期限约2年。此外,契约农户的养殖场至其签约企业的距离接近20千米。

在契约农户样本中,约有22%的农户在生产阶段违约,约19%的农户在销售阶段违约。

表7-1 农户违约行为研究中的变量描述性统计

变量	变量定义	平均值	标准差
被解释变量			
生产阶段违约	若农户从外部市场上购买部分投入品记为1,否则为0	0.217	0.413
销售阶段违约	若农户在外部市场上转售部分成品鸡记为1,否则为0	0.186	0.390
核心解释变量			
短视认知偏差(β)	反映短期贴现因子,β越小表示短视认知偏差程度越高	0.643	0.126
贴现率(r)	反映长期贴现率,r越小表示耐心程度越高	0.307	0.275
风险规避(σ)	反映价值函数的曲率,σ越小表示风险规避程度越高	0.795	0.210
概率权重(α)	反映评估概率事件的精确程度,α越小表示越会低估小概率事件、高估大概率事件	0.778	0.266
损失规避(λ)	反映损失厌恶程度,λ越小表示损失规避程度越低	2.318	2.028
控制变量			
年龄	户主年龄(岁)	48.748	9.691
受教育程度	户主受正规学校教育年限(年)	7.307	2.646
劳动力数量	家庭具有劳动能力的人口数量(人)	2.810	1.027
鸡舍规模	鸡舍面积(10^3平方米)	1.782	1.828
养殖经验	从事肉鸡养殖的年限(年)	6.390	4.144
契约期限	农户与公司签订单份契约的年限(年)	1.864	3.113

续表

变量	变量定义	平均值	标准差
补贴	农户从公司获取的补贴,包括设备补贴、养殖补贴、奖金等(元/只)	0.538	1.245
保证金	农户缴纳的保证金(元/只)	6.470	2.776
市场风险	过去24个月区域活鸡市场价格的方差(从2014年1月至2015年12月)	0.336	0.047
公司距离	农户与最近的养殖企业的距离(千米)	17.171	10.008

第三节 农户违约行为的实证分析

一 农户违约决策的双变量Probit模型估计结果

本研究采用双变量Probit模型对契约农户的生产阶段违约行为和销售阶段违约行为进行同时估计,模型的估计结果详见表7-2。表7-2中包含两个模型:在模型(1)中,自变量只包括核心解释变量,即时间偏好参数(β、r)和风险偏好参数(σ、α、λ);在模型(2)中,进一步加入了控制变量。两个模型的估计结果均显示,参数ρ在1%的显著性水平下通过检验[模型(1)中,$\rho=0.475$;模型(2)中,$\rho=0.495$],这意味着农户在生产阶段和销售阶段的违约决策是相互关联的,表明双变量Probit模型比两个独立的Probit模型更为有效。

首先分析时间偏好的系数估计结果。表7-2中模型(1)和(2)的估计结果均显示,短视认知偏差参数(β)对农户生产阶段和销售阶段的违约行为均具有显著的影响。参数β越小,表示农户的短视认知偏差程度越高。在生产阶段违约和销售阶段违约模型中,β的系数均为负数,且均在1%的显著性水平下通过检验,说明短视认知偏差程度越高的农户越倾向于违约。该结果符合本研究的预期假说,表明农户的认知偏差会导致其对长期最优决策的偏离,带来生产或销售决策的误判:农户在进行短期生产或销售决策时,由于受到短视认知偏差因子的影响,会更加看重当前的违约收益而低估未来的违约成本,进而更倾向于违约。时间偏好的另一个指标——反映长期贴现系数的固定贴现率(r),对农户生产阶段和销售阶段的违约行为也均具有显著的影响。参数 r 越大表示农户的耐心程度越低，生产阶段违约模型和销售阶段违约模型中 r 的系数均为正数，且均在 1% 的显著性水平下通过检验，表明耐心程度越低的农户越倾向于违约。该结果同样符合本研究的预期假说。

以上关于时间偏好参数的估计结果表明，随着农户短视程度的提高或耐心程度的下降，在违约所带来的当期收益（即投机利润等）与违约惩罚及信誉损失等成本之间，农户更加偏好眼前的违约利益，而低估违约所造成的长期后果，从而产生违约行为。对农户的采访可以佐证这个观点。在实际调查过程中，常常观察到一些农户由于缺乏耐心和急功近利，而倾向于从外部渠道购买兽药。这些农户在时间偏好实验中表现出较高的短视程度，他们不愿意选择等待，无论未来能拿到多少金额，他们几乎都选择立刻拿到现金，据这类农户所述，他们对未来的事件不太关注，认为拿到手的才是好的。

例如，在对东海县一位已经与连云港温氏公司签约 7 年的农户进行问卷和实验调查时，发现该农户在时间偏好实验中表现出极度缺乏耐心，而且在交谈中该农户表示，当他养殖的肉鸡突然生病时他没有耐心等待公司技术员的到来，认为从附近的兽药店购买药品更方便、快捷；该农户还表示，温氏公司提供的投入品价格相对较高，而从商贩处购买药品可以在一定程度上节省饲养成本。根据温氏公司的定价机制，如果农户从公司购买药品，平均每只肉鸡的兽药成本为 1 元，而根据 2016 年 5 月东海县的市场价格，平均每只肉鸡的兽药成本仅为 0.5 元，所以农户从外部市场购买药品可以节约 0.5 元的生产成本。此外，笔者还观察到有些短视程度高的农户在养殖过程中将激素类药物（如喹乙醇）作为饲料添加剂，以促进家禽的生长速度并期望能更快地出售。与之相反，还有一些农户在时间偏好实验中几乎一直选择等待，他们认为与立刻到手的报酬相比，未来的收益更高，等待更加划算，而这类农户的违约倾向通常较低。以上这些案例进一步佐证了时间偏好对农户违约行为的促进作用：即使是在潜在的违约成本较高的情况下，短视程度或不耐心程度较高的农户也会更加重视眼前的利益（如节约饲养成本、增加家禽重量和缩短生产周期等），从而更倾向于违约（如从兽药店或零售商处购买药品）。

根据表 7-2 的估计结果，发现风险规避参数（σ）对农户生产阶段和销售阶段的违约行为均具有显著的影响。参数 σ 越小,表示农户的风险规避程度越高。在生产阶段违约和销售阶段违约模型中,σ 的系数均为正数,且均在1%的显著性水平下通过检验,表明风险规避程度越高的农户违约的可能性越小。该结果符合本研究的预期假说。在实际调研中,我们观察到有些农户在风险偏好实验中表现出对风险的极度厌恶,与收益较大但较为冒险的组合方案相比,他们往往倾向于选择一个收益较小但保险的组合方案,现实中观察到这类农户的违约倾向很低。事实上,违约对于农户而言属于一种冒险行为,并且风险规避程度越高的农户越重视订单农业带来的风险分担等益处,越不愿意破坏与企业的良好合作关系。否则违约一旦被发现,进入外部市场将会面临较大的市场风险以及信誉损失所产生的交易难度增加等风险。所以,风险规避程度越高的农户越不倾向于违约。然而,其他两个风险偏好指标——概率权重参数(α)和损失规避参数(λ)对农户生产阶段和销售阶段违约行为的影响并不显著。通常而言,评估概率信息不准确的农户会低估违约被发现的概率,并且损失规避程度低的农户不太重视违约所造成的潜在信誉损失和保证金损失等,而那些能够准确评估概率信息以及损失规避程度高的农户对违约成本的赋值较高。但是,由于公共执法低效和监管不力,农户在主观上可能会认为违约并不能给其造成直接和较大损失,从而导致概率权重参数和损失规避参数的影响不显著。

表7-2 时间偏好与风险偏好对农户违约行为影响的双变量Probit模型估计结果

变量	模型（1）生产阶段违约	模型（1）销售阶段违约	模型（2）生产阶段违约	模型（2）销售阶段违约
短视认知偏差(β)	-7.992*** (1.457)	-3.934*** (0.938)	-8.640*** (1.554)	-3.915*** (1.014)
贴现率(r)	2.264*** (0.679)	1.549*** (0.268)	2.619*** (0.760)	1.647*** (0.269)
风险规避(σ)	2.247*** (0.695)	1.961*** (0.599)	2.672*** (0.767)	1.943*** (0.627)
概率权重(α)	-0.675 (0.433)	-0.265 (0.353)	-0.730 (0.464)	-0.262 (0.356)
损失规避(λ)	-0.073 (0.069)	-0.026 (0.060)	-0.008 (0.070)	-0.023 (0.062)

续表

变量	模型（1）		模型（2）	
	生产阶段违约	销售阶段违约	生产阶段违约	销售阶段违约
年龄	—	—	0.001 (0.013)	-0.018 (0.013)
受教育程度	—	—	-0.001 (0.053)	0.024 (0.048)
劳动力数量	—	—	0.108 (0.110)	0.191* (0.104)
鸡舍规模	—	—	-0.355** (0.140)	-0.028 (0.065)
养殖经验	—	—	-0.052 (0.035)	0.010 (0.033)
契约期限	—	—	0.038 (0.042)	0.030 (0.039)
补贴	—	—	-0.146 (0.326)	-0.027 (0.105)
保证金	—	—	-0.044 (0.048)	-0.036 (0.041)
市场风险	—	—	-3.972 (2.735)	-1.821 (2.192)
公司距离	—	—	0.017 (0.012)	0.006 (0.011)
样本量		290		290
ρ		0.475***		0.495***
Pseudo - Log likelihood		-160.379		-151.074

注：*、**、*** 分别表示在10%、5%和1%的水平下通过显著性检验。括号中的数值为稳健标准误差。

为了确定自变量对农户生产阶段和销售阶段违约行为的影响程度，本研究进一步计算了双变量 Probit 模型中参数估计的边际效应（见表7-3）。此处重点分析时间偏好和风险偏好参数的边际效应。以模型（2）的估计结果为例，参数 β 的边际效应表明，β 每降低一个标准差将使生产阶段违约和销售阶段违约的概率分别提高；参数 r 的边际效应表明，r 每增加一个标准差将导致生产阶段违约和销售阶段违约的概率分别提高 10.8% 和

8.5%。以上有关时间偏好的边际效应结果表明,与销售阶段的违约行为相比,时间偏好对农户生产阶段违约行为的影响更加显著。该结果可能源于以下三点原因:第一,在肉鸡养殖过程中,虽然公司技术员会定期上门向农户提供技术指导服务,但有些农户会因担心其喂养的肉鸡容易生病或病死,没有耐心等待公司技术员到来,而擅自使用公司以外的药物进行处理,倾向于从附近的兽药店或鸡贩子处购买兽药;第二,为了"套牢"农户,公司规定的投入品价格通常高于现货市场价格,农户从外部市场购买药品能够节约成本,同时农户从外部市场购买激素类兽药能促进肉鸡生长,缩短生产周期,这些都将导致农户在生产阶段违约的动机更大(而在销售阶段,成鸡的市场价格不一定会高于公司收购的价格,所以在销售阶段违约的可能性会略低于生产阶段);第三,与生产阶段的违约决策相比,农户在销售阶段的违约决策发生在更远的未来,因而农户在生产阶段更有可能因较高贴现率而导致违约行为的发生。表7-3中的边际效应结果还显示,风险规避参数(σ)每增加一个标准差将导致生产违约和销售违约的概率分别提高8.4%和7.6%。这说明与销售阶段的违约行为相比,风险偏好对农户生产违约行为的影响可能更为明显。另外,从表7-3也可以看出,短视认知偏差参数(β)的边际效应高于其他变量,说明农户违约行为受时间偏好的影响更为明显。

值得注意的是,表7-2和表7-3中模型(2)的估计结果显示,公司距离变量和保证金变量均未对农户的违约行为产生显著影响。该结果不符合本研究的预期假说,这意味着新制度经济学所强调的交易成本和专用性投资,可能不会对订单农业中龙头企业和农户间契约关系的稳定性产生直接作用。

表7-3　农户违约行为研究中双变量Probit模型的边际效应

变量	模型(1)		模型(2)	
	生产阶段违约	销售阶段违约	生产阶段违约	销售阶段违约
短视认知偏差(β)	-1.491*** (0.265)	-0.809*** (0.207)	-1.301*** (0.212)	-0.734*** (0.208)
贴现率(r)	0.423*** (0.126)	0.318*** (0.060)	0.394*** (0.108)	0.309*** (0.060)

续表

变量	模型（1）		模型（2）	
	生产阶段违约	销售阶段违约	生产阶段违约	销售阶段违约
风险规避（σ）	0.419*** (0.128)	0.403*** (0.131)	0.402*** (0.118)	0.364*** (0.122)
概率权重（α）	-0.126 (0.082)	-0.055 (0.073)	-0.110 (0.068)	-0.049 (0.068)
损失规避（λ）	-0.014 (0.013)	-0.005 (0.012)	-0.001 (0.011)	-0.004 (0.012)
年龄	—	—	0.0002 (0.002)	-0.003 (0.002)
受教育程度	—	—	-0.0001 (0.008)	0.005 (0.009)
劳动力数量	—	—	0.016 (0.017)	0.036* (0.019)
鸡舍规模	—	—	-0.053*** (0.019)	-0.005 (0.012)
养殖经验	—	—	-0.008 (0.005)	0.002 (0.006)
契约期限	—	—	0.006 (0.006)	0.006 (0.007)
补贴	—	—	-0.022 (0.050)	-0.005 (0.020)
保证金	—	—	-0.007 (0.007)	-0.007 (0.008)
市场风险	—	—	-0.598 (0.407)	-0.342 (0.415)
公司距离	—	—	0.003 (0.002)	0.001 (0.002)
样本量		290		290

注：*、**、***分别表示在10%、5%和1%的水平下通过显著性检验。括号中的数值为稳健标准误差。

二 基于异质性偏好的农户违约决策分析

尽管新制度经济学认为交易成本和专用性投资对契约稳定性具有重要作用（Williams and Karen，1985；Haji，2010），但它们的关系并未从上文的回归结果中得到证实。这可能归因于上述农户违约行为的研究采取的是整体样本的回归分析,并没有考虑到时间偏好与风险偏好的异质性。据此,本研究假设样本不是同质的,即假设不同偏好类型的农户做出违约决策时使用不同的标准,并基于时间偏好与风险偏好进一步分析交易成本和专用性投资对农户违约行为决策的影响差异。

(一) 考虑时间偏好异质性的农户违约决策分析

为了检验样本的异质性,本研究采用平方欧式距离和 Ward 方法,首先针对时间偏好进行聚类分析。聚类分析中包括短视认知偏差 (β) 和贴现率 (r) 两个变量。运行结果得到两个不同的子样本。样本1包括213个农户,其特征是短视程度或不耐心程度相对较低(即时间偏好程度低);样本2包括77个农户,其特征是短视程度或不耐心程度相对较高(即时间偏好程度高)。这两类农户样本中违约的户数分别为34户、45户,分别占各自总量的16%、58%。可见,不同时间偏好类型农户的违约率存在较大差异,短视程度较高的农户样本中的违约率更高。为了更详细地探索这两个样本之间的差异,本研究进一步采用双变量 Probit 模型分别对不同时间偏好类型农户的违约行为进行估计。回归结果如表7-4所示。

从表7-4可以看出,两个样本中的 ρ 值分别在5%和1%的显著性水平下通过检验,表明采用双变量 Probit 模型的估计结果可信度较高。模型的回归结果显示,不同时间偏好类型下农户违约行为的影响因素差异较大,即时间偏好异质性特征较为明显。特别是,保证金变量和公司距离变量在时间偏好程度较低的农户样本中表现出显著的影响作用,该结果符合本研究的预期。考虑异质性的价值正是体现在这种情形下。如果将样本同质化,就会得出保证金变量和公司距离变量均不影响农户违约行为的结论。然而,当考虑了样本的异质性后结果发生了改变:在时间偏好程度较低的农户样本中,无论是公司距离变量还是保证金变量,均对农户生产阶段和销售阶段的违约行为产生显著影响,表明交易成本和专用性资产对短视程度较低的农户起作用。对于这类农户而言,农户养殖场与龙头企业的距离越远、缴纳的保证金越少,则农户在订单农业中违约的概率越大。

然而,结果显示,在时间偏好程度较高的农户样本中,保证金变量和公司距离变量对农户违约行为的影响作用仍不显著。这表明交易成本和专用性资产对短视程度较高或耐心程度较低的农户不起作用。可能的原因在于,时间偏好程度较高的农户更看重眼前利益,而低估违约所造成的未来成本,这导致声誉等传统机制对契约关系稳定性的作用被削弱。

此外,从表7-4还可以看出,无论是对于时间偏好程度较低的农户样本,还是对于时间偏好程度较高的农户样本,风险规避参数(σ)对农户生产阶段和销售阶段的违约行为均具有显著影响,进一步验证了风险偏好对农户违约的促进作用。

表7-4 考虑时间偏好异质性的农户违约行为双变量Probit模型估计结果

变量	时间偏好程度较低的农户		时间偏好程度较高的农户	
	生产阶段违约	销售阶段违约	生产阶段违约	销售阶段违约
风险规避(σ)	1.724 * (0.887)	1.440 * (0.848)	7.332 *** (1.346)	3.322 *** (0.768)
概率权重(α)	-0.068 (0.639)	-0.646 (0.523)	-0.437 (0.536)	0.387 (0.469)
损失规避(λ)	0.137 (0.098)	0.104 (0.075)	-0.172 * (0.091)	-0.144 (0.100)
年龄	-0.024 (0.016)	-0.021 (0.013)	0.074 * (0.040)	-0.009 (0.030)
受教育程度	0.064 (0.056)	0.006 (0.058)	-0.082 (0.112)	0.050 (0.086)
劳动力数量	-0.049 (0.142)	0.158 (0.129)	-0.175 (0.280)	-0.040 (0.235)
鸡舍规模	-0.290 ** (0.136)	0.052 (0.091)	-0.032 (0.089)	-0.004 (0.056)
养殖经验	0.025 (0.041)	0.070 * (0.041)	-0.154 * (0.083)	-0.046 (0.056)
契约期限	0.064 (0.047)	0.068 (0.045)	-0.074 (0.084)	0.001 (0.069)
补贴	-0.648 * (0.370)	-0.210 (0.285)	-0.362 (0.506)	-0.087 (0.450)
保证金	-0.131 ** (0.063)	-0.115 ** (0.052)	0.174 (0.113)	0.077 (0.084)

续表

变量	时间偏好程度较低的农户		时间偏好程度较高的农户	
	生产阶段违约	销售阶段违约	生产阶段违约	销售阶段违约
市场风险	-8.520** (3.651)	-4.189 (2.729)	-8.431* (4.776)	-4.559 (4.176)
公司距离	0.053*** (0.013)	0.027** (0.013)	-0.023 (0.026)	-0.016 (0.021)
样本量	213		77	
ρ	0.473**		0.691***	
Pseudo-Log likelihood	-101.839		-50.864	

注：*、**、***分别表示在10%、5%和1%的水平下通过显著性检验。括号中的数值为稳健标准误差。

（二）考虑风险偏好异质性的农户违约行为分析

本研究进一步基于风险偏好异质性分析农户违约行为决策的差异。此处仍采用平方欧式距离和Ward方法，对风险偏好的三个参数——风险规避（σ）、概率权重（α）、损失规避（λ）进行聚类分析。运行结果得到两个不同的子样本：样本1包括118个农户，其特征是风险厌恶程度或保守程度相对较高（即风险偏好程度较低）；样本2包括172个农户，其特征是冒险程度相对较高（即风险偏好程度较高）。这两类农户样本中违约的户数分别为22户、57户，分别占各自总量的19%、33%，可见风险偏好程度较高的农户样本中的违约率更高。本研究进一步采用双变量Probit模型分别对这两个样本农户的生产阶段违约行为和销售阶段违约行为进行估计。模型的估计结果如表7-5所示。

从表7-5可以看出，无论是针对风险偏好程度低的农户样本，还是针对风险偏好程度高的农户样本，短视认知偏差参数（β）对农户生产阶段和销售阶段的违约行为均具有显著的影响，这进一步验证了时间偏好对农户违约的促进作用。然而，结果还显示农户违约行为决策的影响因素因风险偏好程度的不同而异。特别是，在风险偏好程度较低的农户样本中，公司距离变量和保证金变量对农户生产阶段和销售阶段的违约行为均产生显著影响，这表明交易成本和专用性投资对契约关系稳定性的影响机制，在风险规避程度较高的农户样本中发挥了作用。对于这类农户而言，养殖场与龙头企业的距离越近，或农户缴纳的保证金越高，则农户违约的概率越小。然而，在风险偏好程度较高的农户样本中，公司距离变量和保证金变量对农户生产阶段和销售阶段的违约行为的影响均不显著，该结果可能意味着农户的风险偏好削弱了交易成本和专用性投资等传统机制对契约关系稳定性的作用。

此外，结果还显示，其他控制变量对不同风险偏好类型农户的违约行为决策的影响也具有差异性。比如，在风险偏好程度较低的农户样本中，年龄变量对农户生产阶段和销售阶段的违约行为均产生显著的负向影响，劳动力数量对生产阶段和销售阶段的违约行为均产生显著的正向影响，但上述变量在风险偏好程度较高的农户样本中的影响不显著。

总之，上述分样本的研究结果表明，不同时间偏好与风险偏好类型的农户群体具有不同的行为决策结构，影响农户违约行为决策的因素因其时间偏好和风险偏好程度的不同而具有差异性。农户的时间偏好与风险偏好在一定程度上削弱了交易成本和专用性投资等传统机制对契约关系稳定性的作用。

表 7-5　考虑风险偏好异质性的农户违约行为双变量 Probit 模型估计结果

变量	风险偏好程度较低的农户		风险偏好程度较高的农户	
	生产阶段违约	销售阶段违约	生产阶段违约	销售阶段违约
短视认知偏差（β）	-8.616*** (2.676)	-10.051*** (2.582)	-10.129*** (1.400)	-4.362*** (1.017)
贴现率（r）	2.243*** (0.642)	0.295 (1.076)	2.006** (0.845)	1.771*** (0.352)
年龄	-0.064*** (0.020)	-0.076*** (0.020)	0.004 (0.018)	-0.006 (0.016)
受教育程度	-0.052 (0.071)	0.064 (0.066)	0.105 (0.074)	-0.008 (0.062)
劳动力数量	0.396** (0.193)	0.423** (0.174)	-0.026 (0.143)	0.032 (0.122)
鸡舍规模	-0.288** (0.138)	-0.026 (0.058)	-0.400* (0.209)	-0.261* (0.154)
养殖经验	-0.018 (0.057)	0.179*** (0.066)	-0.052 (0.046)	-0.044 (0.041)

续表

变量	风险偏好程度较低的农户		风险偏好程度较高的农户	
	生产阶段违约	销售阶段违约	生产阶段违约	销售阶段违约
契约期限	-0.018 (0.073)	0.187 (0.086)	0.057 (0.058)	0.027 (0.046)
补贴	-0.527 (0.508)	-0.867 (0.664)	-0.177 (0.485)	-0.069 (0.258)
保证金	-0.152* (0.081)	-0.089* (0.050)	-0.024 (0.065)	0.008 (0.053)
市场风险	-6.555 (4.833)	5.509 (5.529)	-3.636 (3.163)	-2.026 (2.665)
公司距离	0.091*** (0.026)	0.047** (0.022)	-0.0004 (0.015)	0.018 (0.013)
样本量	118		172	
ρ	0.697		0.616***	
Pseudo-Log likelihood	-41.019		-99.224	

注：*、**、***分别表示在10%、5%和1%的水平下通过显著性检验。括号中的数值为稳健标准误差。

三 潜在内生性讨论

在上述违约行为模型中，仅对影响农户违约行为的可观察因素进行了控制，但未考虑时间偏好和风险偏好的潜在内生性。需要注意的是，可能存在不可观测的变量同时影响农户的个体偏好和违约行为，导致估计模型中出现遗漏变量偏差问题。例如，本次调查没有考虑农户过去的经历（如之前的违约行为）。研究发现，农户过去的违约经历将会影响本期的违约行为决策（Kunte et al., 2017）。因此，如果农户过去的经历与其时间偏好和风险偏好相关，并且与违约决策相关，那么时间偏好参数和风险偏好参数的估计系数就不仅包括这些偏好参数本身的效应，还包括那些不可观察变量的效应，进而将会导致估计有偏。

本研究使用工具变量法来解决时间偏好和风险偏好的潜在内生性问题，所选取的工具变量为一系列自然灾害指标，包括洪涝、旱灾、暴雪、冰雹和龙卷风，分别根据农户在其童年时期（0~18岁）经历上述重大自然灾害的频数进行度量。关于工具变量的具体说明详见本书第六章第二节，此处不再赘述。

工具变量的估计结果详见表7－6。其中，表7－6的上半部分为第一阶段回归结果，反映了工具变量对时间偏好与风险偏好的影响；表7－6的下半部分为第二阶段回归结果，反映了时间偏好与风险偏好对农户生产阶段违约行为和销售阶段违约行为的影响。第一阶段工具变量的估计结果显示，无论是生产阶段违约模型还是销售阶段违约模型，自然灾害指标对农户的时间偏好和风险偏好均具有显著的影响。进一步来看，工具变量模型的第二阶段回归结果表明，短视认知偏差参数（β）对农户生产阶段和销售阶段的违约行为均具有显著的负向影响，而风险规避参数（σ）对农户生产阶段和销售阶段的违约行为均具有显著的正向影响。该结果与本研究的预期假说一致，意味着越重视当期利益、越冒险的农户，在订单农业中违约的可能性越大。这一结果表明，在控制了潜在的内生性偏误后，时间偏好和风险偏好对农户的违约行为仍具有显著影响①。

本研究还进行了弱工具变量检验，结果显示拒绝弱工具变量的原假设。值得注意的是，Durbin－Wu－Hausman内生性检验并未在至少10%的显著性水平上拒绝原假设（见表7－6底部），这表明本研究的基准分析并不存在严重的内生性问题。因此，用工具变量回归模型来估计农户违约行为是不必要的②。

表7－6 农户生产阶段与销售阶段违约行为的工具变量模型估计结果

第一阶段	因变量				
	短视认知偏差（β）	贴现率（r）	风险规避（σ）	概率权重（α）	损失规避（λ）
洪涝	－0.011** (0.005)	0.007 (0.011)	0.003 (0.007)	－0.021* (0.012)	－0.015 (0.062)

---

① 如前文所述，鉴于本研究的工具变量是采用农户在童年时期所经历重大自然灾害的频数进行测量的，有学者可能会担忧农户是否在样本县长大。作为一项稳健性检验，本部分的研究同样排除了出生地与其居住地不一致的农户样本，再次进行工具变量模型估计，结果显示该回归结果与表7－6中的回归结果非常相似，表明研究结论是稳健的。
② 此外，本研究还采用了IV－Probit模型估计农户生产阶段与销售阶段的违约行为，均得到了与表7－6相似的估计结果，证实了短视程度和冒险程度越高的农户越易违约的结论，再次表明实证分析结果是稳健的。

续表

第一阶段	因变量				
	短视认知偏差（β）	贴现率（r）	风险规避（σ）	概率权重（α）	损失规避（λ）
干旱	-0.009** (0.004)	-0.009 (0.008)	0.025*** (0.006)	0.007 (0.009)	-0.096** (0.048)
暴风雪	-0.003 (0.006)	0.045*** (0.017)	0.004 (0.011)	-0.018 (0.016)	0.129 (0.099)
冰雹	-0.002 (0.002)	0.001 (0.003)	0.004** (0.002)	-0.010*** (0.003)	-0.056** (0.023)
龙卷风	-0.014*** (0.005)	0.024** (0.012)	0.013* (0.008)	0.016 (0.011)	-0.119* (0.066)
控制变量	已控制	已控制	已控制	已控制	已控制
样本量	290	290	290	290	290
$F(5,10)$	78.552***	27.902***	25.852***	24.235***	35.323***

第二阶段	因变量	
	生产阶段违约	销售阶段违约
短视认知偏差（β）	-4.097*** (1.349)	-3.097*** (1.103)
贴现率（r）	0.288 (0.348)	0.034 (0.373)
风险规避（σ）	1.367* (0.816)	1.697* (0.984)
概率权重（α）	0.150 (0.528)	0.181 (0.310)
损失规避（λ）	-0.097 (0.062)	-0.084 (0.064)
控制变量	已控制	已控制
样本量	290	290
AR Wald test	Chi-sq(5) = 490.12 (p-value = 0.000)	Chi-sq(5) = 350.23 (p-value = 0.000)

续表

第二阶段	因变量	
	生产阶段违约	销售阶段违约
Durbin – Wu – Hausman（dwh）	F – statistic = 2.040 （p – value = 0.158）	F – statistic = 2.438 （p – value = 0.108）

注：*、**、*** 分别表示在 10%、5% 和 1% 的水平下通过显著性检验。括号中的数值为按样本县聚类的标准误差。本研究使用 IV – 2SLS 方法分别估计生产阶段违约和销售阶段违约模型。由于两个模型的第一阶段估计结果完全相同，因此表中只报告其中一个的第一阶段回归结果。

四 稳健性检验

（一）时间偏好与风险偏好不同估计方法和测量方式的稳健性检验

如前所述，本书第五章在测度农户时间偏好与风险偏好时，是通过构建一个基于准双曲线贴现函数和前景理论的贴现效用模型，同时对时间偏好与风险偏好进行估计，并且在估计过程中使用了时间偏好实验与风险偏好实验中的所有 110 个决策任务。本节将采用不同的估计方法和测量方法对农户的时间偏好与风险偏好进行测度，并验证时间偏好与风险偏好是否仍显著影响农户的违约行为。

本研究首先借鉴 Tanaka 等（2010）的方法，分别对农户的时间偏好与风险偏好进行单独估计。关于时间偏好与风险偏好的单独估计方法说明，详见本书第六章第二节，此处不再赘述。在契约农户样本中，对时间偏好参数的估计结果显示，短视认知偏差（β）和贴现率（r）的平均个体估计值分别为 0.574 和 0.388。风险偏好参数的估计结果显示，风险规避（σ）、概率权重（α）和损失规避（λ）的平均个体估计值分别为 0.72、0.83 和 2.57。接下来，本研究利用双变量 Probit 模型检验上述时间偏好与风险偏好参数对农户生产阶段和销售阶段违约行为的影响。模型的估计结果如表 7 – 7 所示。结果表明，短视认知偏差（β）、贴现率（r）和风险规避（σ）这 3 个参数对农户生产阶段和销售阶段的违约行为均具有显著影响，这与本研究的主回归结果（见表 7 – 2）相一致，验证了研究结果的稳健性。

需要说明的是，上述方法是对时间偏好与风险偏好参数进行单独估计，虽然不同于本书第四章所论述的联合估计法，但时间偏好表达形式仍然是基于准双曲线贴现函数，且其数据来自时间偏好实验中的所有 75 个决策信息，风险偏好表达形式仍然基于前景理论，且其数据来自风险偏好实验中的所有35个决策信息。因此，本研究进一步从时间偏好实验和风险偏好实验数据中分别选取第一阶段的决策任务信息，并且以一种更为简单的方法衡量农户的时间偏好与风险偏好，以验证不同测量方式下时间偏好与风险偏好是否仍对农户违约行为具有显著影响。该方法的具体说明详见本书第六章第二节。在该方法下，农户的时间偏好采用"耐心程度"变量进行衡量，取值1~6，数值越大表示耐心程度越高，即时间偏好程度越低。风险偏好采用"保守程度"变量进行衡量，取值1~15，数值越大表示保守程度越高，即风险偏好程度越低。在契约农户样本中，"耐心程度"变量的平均个体估计值为3.666，"保守程度"变量的平均个体估计值为7.224。接下来，本研究采用双变量Probit模型实证检验上述参数对农户生产阶段和销售阶段违约行为的影响。回归结果如表7-8所示。模型估计的结果显示，无论是衡量时间偏好的耐心程度变量，还是衡量风险偏好的保守程度变量，它们均显著影响农户的生产阶段违约行为和销售阶段违约行为。该结果符合本研究的预期，表明时间偏好程度和风险偏好程度越高的农户，在订单农业中违约的概率越大。

表7-7 农户违约行为研究中偏好参数估计方法的稳健性检验

变量	模型（1） 生产阶段违约	模型（1） 销售阶段违约	模型（2） 生产阶段违约	模型（2） 销售阶段违约
短视认知偏差（β）	-6.973*** (1.271)	-3.545*** (0.805)	-7.569*** (1.343)	-3.536*** (0.882)
贴现率（r）	1.671*** (0.409)	1.209*** (0.233)	1.942*** (0.431)	1.286*** (0.238)
风险规避（σ）	5.272*** (0.823)	3.713*** (0.553)	5.989*** (0.946)	3.754*** (0.592)
概率权重（α）	-0.649 (0.421)	-0.269 (0.350)	-0.689 (0.457)	-0.253 (0.355)
损失规避（λ）	-0.078 (0.071)	-0.027 (0.060)	-0.015 (0.074)	-0.024 (0.062)
年龄	—	—	0.003 (0.013)	-0.016 (0.013)

续表

变量	模型（1）		模型（2）	
	生产阶段违约	销售阶段违约	生产阶段违约	销售阶段违约
受教育程度	—	—	0.016 (0.053)	0.035 (0.048)
劳动力数量	—	—	0.116 (0.107)	0.198* (0.104)
鸡舍规模	—	—	-0.361** (0.142)	-0.032 (0.072)
养殖经验	—	—	-0.046 (0.036)	0.013 (0.033)
契约期限	—	—	0.037 (0.042)	0.030 (0.039)
补贴	—	—	-0.158 (0.349)	-0.030 (0.116)
保证金	—	—	-0.044 (0.047)	-0.038 (0.042)
市场风险	—	—	-3.285 (2.837)	-1.592 (2.185)
公司距离	—	—	0.018 (0.013)	0.006 (0.012)
样本量		290		290
ρ		0.513***		0.531***
Pseudo - Log likelihood		-164.605		-155.259

注：*、**、***分别表示在10%、5%和1%的水平下通过显著性检验。括号中的数值为稳健标准误差。

表7-8 农户违约行为研究中偏好测量方式的稳健性检验

	模型（1）		模型（2）	
	生产阶段违约	销售阶段违约	生产阶段违约	销售阶段违约
耐心程度	-0.663*** (0.114)	-0.436*** (0.086)	-0.626*** (0.115)	-0.408*** (0.091)
保守程度	-0.159*** (0.028)	-0.127*** (0.023)	-0.138*** (0.297)	-0.114*** (0.026)
年龄	—	—	-0.015 (0.011)	-0.026** (0.012)

续表

	模型（1）		模型（2）	
	生产阶段违约	销售阶段违约	生产阶段违约	销售阶段违约
受教育程度	—	—	0.031 (0.043)	0.029 (0.038)
劳动力数量	—	—	-0.039 (0.096)	0.110* (0.100)
鸡舍规模	—	—	-0.173** (0.087)	-0.009 (0.046)
养殖经验	—	—	-0.013 (0.029)	0.020 (0.030)
契约期限	—	—	-0.002 (0.035)	0.015 (0.035)
补贴	—	—	-0.496* (0.299)	-0.181 (0.250)
保证金	—	—	-0.046 (0.034)	-0.044 (0.035)
市场风险	—	—	-1.291 (2.361)	-0.498 (2.105)
公司距离	—	—	0.007 (0.010)	0.001 (0.010)
样本量		290		290
ρ		0.692***		0.702***
Pseudo-Log likelihood		-204.293		-195.136

注：*、**、***分别表示在10%、5%和1%的水平下通过显著性检验。括号中的数值为稳健标准误差。

（二）排除未如实报告违约的农户的稳健性检验

为了更好地识别农户违约行为，本研究设计两个渠道来识别农户的违约行为：一是通过设置一系列具体问题，直接询问农户在生产阶段和销售阶段的履约情况；二是在问卷中设置一些"陷阱"问题，以确定农户是否从非企业渠道购买兽药。后者与农户使用的预防性药物类型有关。在问卷设计时，这些有关预防性药物的题项中混入了一些龙头企业不提供的激素类药物和其他违禁药物。据此，可以在一定程度上观察到是否存在农户未如实报告生产阶段违约的情况。

在实际调查过程中，笔者观察到有 12 个农户声称没有违反合约，却被发现使用了违禁药物。这些农户可被视为不诚实的或不愿披露自身的违约行为。另有 51 名农户披露了他们的生产阶段违约行为，这些农户可被视为诚实的（他们愿意披露自身的违约行为）。有学者可能会担忧农户的违约披露意愿与时间偏好或风险偏好相关，若果真如此，将会改变对结果的解释。例如，农户如实报告自己的违约行为可能被认为是一种冒险行为（因为这会增加被龙头企业发现的可能性），所以没有如实报告的农户可能更加保守、谨慎，并且可能更加关注长期的后果。鉴于此，本研究通过排除未如实报告违约的农户样本来进行稳健性检验，回归结果见表 7 - 9。结果显示，短视认知偏差（β）、贴现率（r）和风险规避（σ）这 3 个参数对农户生产阶段和销售阶段的违约行为均具有显著影响，表明即使不考虑这些未如实报告违约的农户样本，时间偏好与风险偏好对农户违约行为影响的结果仍是稳健的。

值得注意的是，本研究还进一步检验了农户未如实报告违约是否与其时间偏好和风险偏好相关。被解释变量由 0 - 1 虚拟变量表示，数值 1 表示被访农户没有如实披露违约，否则取值为 0。解释变量为衡量时间偏好与风险偏好的 5 个参数。OLS 模型的估计结果见 7 - 10。结果显示，所有时间偏好参数和风险偏好参数对农户未如实报告行为的影响均不显著，这进一步消除了对农户违约披露意愿与时间偏好或风险偏好有关联的担忧。

表 7 - 9　排除未如实报告违约的农户样本的稳健性检验

变量	模型（1）生产阶段违约	模型（1）销售阶段违约	模型（2）生产阶段违约	模型（2）销售阶段违约
短视认知偏差（β）	-7.720*** (1.512)	-3.865*** (1.008)	-8.696*** (1.687)	-3.856*** (1.078)
贴现率（r）	2.144*** (0.672)	1.473*** (0.281)	2.679*** (0.775)	1.637*** (0.294)
风险规避（σ）	2.060*** (0.682)	2.255*** (0.674)	2.818*** (0.789)	2.270*** (0.683)
概率权重（α）	-0.716 (0.485)	-0.546 (0.366)	-0.895 (0.546)	-0.579 (0.385)
损失规避（λ）	-0.063 (0.074)	0.020 (0.061)	0.012 (0.075)	0.024 (0.063)

续表

变量	模型（1）		模型（2）	
	生产阶段违约	销售阶段违约	生产阶段违约	销售阶段违约
年龄	—	—	0.009 (0.013)	-0.008 (0.014)
受教育程度	—	—	-0.020 (0.055)	0.029 (0.050)
劳动力数量	—	—	0.121 (0.119)	0.179* (0.108)
鸡舍规模	—	—	-0.393** (0.165)	-0.032 (0.064)
养殖经验	—	—	-0.066 (0.040)	0.006 (0.035)
契约期限	—	—	0.051 (0.047)	0.038 (0.041)
补贴	—	—	0.010 (0.319)	-0.001 (0.059)
保证金	—	—	-0.048 (0.057)	-0.027 (0.044)
市场风险	—	—	-5.323* (2.996)	-2.366 (2.262)
公司距离	—	—	0.020 (0.013)	0.006 (0.012)
样本量	278		278	
ρ	0.412***		0.406***	
Pseudo - Log likelihood	-142.986		-133.939	

注：*、**、***分别表示在10%、5%和1%的水平下通过显著性检验。括号中的数值为稳健标准误差。

表7-10 农户未如实报告违约与其时间偏好和风险偏好的关系检验

变量	（1）	（2）	（3）
短视认知偏差（β）	0.777 (1.316)	—	0.373 (1.625)
贴现率（r）	-0.211 (0.544)	—	-0.181 (0.600)
风险规避（σ）	—	-0.472 (0.871)	-0.374 (1.021)

续表

变量	（1）	（2）	（3）
概率权重（α）	—	-0.096 (0.698)	-0.046 (0.762)
损失规避（λ）	—	0.033 (0.132)	0.028 (0.134)
样本量	63	63	63
Pseudo - Log likelihood	-30.481	-30.422	-30.366

注：括号中的数值为稳健标准误差。

（三）排除小型龙头企业的稳健性检验

如前文数据部分所描述，本研究所选取的肉鸡龙头企业规模各不相同，龙头企业之间的契约安排和执行也具有差异性。作为一种稳健性检验，本研究在回归模型设定中按龙头企业来聚类标准误差。回归结果如表7-11所示。从表7-11可看出，短视认知偏差（β）、贴现率（r）和风险规避（σ）这3个参数对农户生产阶段和销售阶段的违约行为仍具有显著影响。此外，对标准误差进行聚类后，结果显示劳动力数量对农户的生产阶段违约和销售阶段违约均具有显著的正向作用。该结果符合本研究的预期，表明家庭劳动力规模较大，农户违约的概率越高。这是由于劳动力数量多的家庭往往具有较丰富的社会关系资源，独自解决生产和销售问题的能力也较强，所以违约后果对这类家庭造成的影响相对较小。

此外，在样本中约有14%的受访农户与小型龙头企业签订了契约。签约于小型龙头企业的农户，其行为表现可能会与其余样本农户的行为表现有所不同。这是因为，与大型龙头企业相比，小型龙头企业的监督与执行机制相对不健全，从而本身可能会引致更高的违约概率。因此，本研究进一步通过排除与小型龙头企业签约的农户样本来进行稳健性检验，回归结果见表7-12。结果显示，短视认知偏差（β）、贴现率（r）和风险规避（σ）对农户生产阶段和销售阶段的违约行为均具有显著影响，这与全样本的回归结果一致，表明短视程度越高或耐心程度越低的农户，以及风险规避程度越低的农户，在订单农业中违约的概率越大。

表7-11 农户违约行为研究中基于龙头企业聚类标准误的稳健性检验

变量	模型（1）生产阶段违约	模型（1）销售阶段违约	模型（2）生产阶段违约	模型（2）销售阶段违约
短视认知偏差（β）	-7.992*** (1.812)	-3.934*** (0.924)	-8.640*** (2.036)	-3.915*** (1.034)
贴现率（r）	2.264*** (0.773)	1.549*** (0.242)	2.619*** (0.888)	1.647*** (0.231)
风险规避（σ）	2.247*** (0.515)	1.961*** (0.555)	2.672*** (0.583)	1.943*** (0.581)
概率权重（α）	-0.675 (0.601)	-0.265 (0.508)	-0.730 (0.580)	-0.262 (0.447)
损失规避（λ）	-0.073 (0.047)	-0.026 (0.078)	-0.008 (0.054)	-0.023 (0.082)
年龄	—	—	0.001 (0.011)	-0.018 (0.012)
受教育程度	—	—	-0.001 (0.043)	0.024 (0.056)
劳动力数量	—	—	0.108* (0.059)	0.191*** (0.067)
鸡舍规模	—	—	-0.355** (0.147)	-0.028 (0.065)
养殖经验	—	—	-0.052 (0.052)	0.010 (0.035)
契约期限	—	—	0.038 (0.048)	0.030 (0.052)
补贴	—	—	-0.146 (0.264)	-0.027 (0.138)
保证金	—	—	-0.044 (0.040)	-0.036 (0.036)
市场风险	—	—	-3.972 (3.049)	-1.821 (2.269)
公司距离	—	—	0.017 (0.014)	0.006 (0.010)
样本量	290		290	
ρ	0.475***		0.495***	
Pseudo-Log likelihood	-160.379		-151.074	

注：*、**、***分别表示在10%、5%和1%的水平下通过显著性检验。括号中的数值为按龙头企业聚类的稳健标准误差。

表 7-12　排除与小型龙头企业签约农户样本的稳健性检验

变量	模型（1）生产阶段违约	模型（1）销售阶段违约	模型（2）生产阶段违约	模型（2）销售阶段违约
短视认知偏差（β）	-7.749*** (1.467)	-3.782*** (0.979)	-8.189*** (1.522)	-3.630*** (1.028)
贴现率（r）	2.482*** (0.830)	1.719*** (0.302)	2.795*** (0.883)	1.839*** (0.311)
风险规避（σ）	2.167*** (0.720)	1.706*** (0.608)	2.608*** (0.760)	1.765*** (0.650)
概率权重（α）	-0.808* (0.451)	-0.406 (0.369)	-0.883* (0.486)	-0.385 (0.378)
损失规避（λ）	-0.052 (0.076)	-0.078 (0.067)	-0.002 (0.072)	-0.065 (0.071)
年龄	—	—	0.003 (0.014)	-0.011 (0.013)
受教育程度	—	—	0.0004 (0.052)	0.049 (0.050)
劳动力数量	—	—	0.116 (0.111)	0.137 (0.108)
鸡舍规模	—	—	-0.254** (0.122)	-0.022 (0.111)
养殖经验	—	—	-0.075** (0.037)	0.003 (0.035)
契约期限	—	—	-0.007 (0.045)	0.016 (0.041)
补贴	—	—	-0.186 (0.324)	0.010 (0.280)
保证金	—	—	-0.017 (0.051)	-0.016 (0.047)
市场风险	—	—	-3.940 (2.878)	-2.168 (2.288)
公司距离	—	—	0.021 (0.013)	0.016 (0.012)

续表

变量	模型（1）		模型（2）	
	生产阶段违约	销售阶段违约	生产阶段违约	销售阶段违约
样本量	250		250	
ρ	0.484***		0.511***	
Pseudo – Log likelihood	-144.841		-137.299	

注：*、**、***分别表示在10%、5%和1%的水平下通过显著性检验。括号中的数值为稳健标准误差。

除了上述稳健性检验之外，本研究还使用两个独立的 Probit 模型分别估计农户生产阶段的违约行为以及销售阶段的违约行为。相关回归结果见表7-13。可以看出，表7-13中的回归结果与表7-2中的主回归结果相似，短视认知偏差（β）、贴现率（r）和风险规避（σ）仍然具有统计学意义。

表7-13 农户生产阶段和销售阶段违约行为的 Probit 模型估计结果

变量	模型（1）		模型（2）	
	生产阶段违约	销售阶段违约	生产阶段违约	销售阶段违约
短视认知偏差（β）	-8.355*** (1.556)	-3.984*** (0.980)	-9.169*** (1.719)	-3.958*** (1.048)
贴现率（r）	2.242*** (0.653)	1.570*** (0.300)	2.604*** (0.745)	1.657*** (0.301)
风险规避（σ）	2.072*** (0.704)	1.905*** (0.599)	2.526*** (0.782)	1.882*** (0.625)
概率权重（α）	-0.698 (0.429)	-0.261 (0.359)	-0.754 (0.472)	-0.273 (0.361)
损失规避（λ）	-0.086 (0.071)	-0.036 (0.061)	-0.025 (0.072)	-0.029 (0.063)
年龄	—	—	0.001 (0.014)	-0.018 (0.013)
受教育程度	—	—	-0.006 (0.052)	0.026 (0.047)
劳动力数量	—	—	0.096 (0.109)	0.193* (0.103)

续表

变量	模型（1）		模型（2）	
	生产阶段违约	销售阶段违约	生产阶段违约	销售阶段违约
鸡舍规模	—	—	-0.355*** (0.132)	-0.028 (0.065)
养殖经验	—	—	-0.050 (0.036)	0.007 (0.032)
契约期限	—	—	0.031 (0.043)	0.024 (0.040)
补贴	—	—	-0.155 (0.315)	-0.034 (0.127)
保证金	—	—	-0.037 (0.048)	-0.033 (0.041)
市场风险	—	—	-3.614 (2.732)	-1.595 (2.230)
公司距离	—	—	0.016 (0.012)	0.006 (0.011)
样本量	290	290	290	290
Pseudo - Log likelihood	-71.482	-93.863	-65.162	-90.739

注：*、**、***分别表示在10%、5%和1%的水平下通过显著性检验。括号中的数值为稳健标准误差。

总之，以上这些稳健性检验的估计结果均一致表明，农户的时间偏好与风险偏好对其违约行为具有显著的正向影响，即短视程度越高、冒险程度越高的农户，违约的概率越大。

第四节 本章小结

本章采用双变量 Probit 模型实证分析时间偏好与风险偏好对农户生产阶段和销售阶段违约行为的影响，并采用聚类分析对样本进行分类，深入探讨异质性偏好农户的违约行为决策特点。研究结果表明以下3点。

（1）时间偏好与风险偏好对农户生产阶段和销售阶段的违约行为均具有显著影响。具体而言，农户的短视认知偏差越大或耐心程度越低，以及风险规避程度越低，则农户在订单农业中违约的概率越大。

（2）与销售阶段的违约行为相比，农户在生产阶段的违约行为受时间偏好和风险偏好的影响更为明显。然而，实证结果并未证实新制度经济学强调的交易成本和专用性投资对契约关系稳定性的直接作用。

（3）考虑农户时间偏好与风险偏好的异质性之后发现，交易成本和专用性投资对时间偏好程度和风险偏好程度相对较低的农户的违约行为具有显著影响。而对于时间偏好程度与风险偏好程度较高的农户而言，交易成本和专用性投资的影响仍不显著。这表明农户的短视态度和风险倾向可能削弱了交易成本和专用性投资等传统机制对契约关系稳定性的作用。

第八章
契约关系的延续：农户续约决策研究

稳定的农产品交易关系有利于降低农户的市场风险和交易成本（田敏等，2014），但是对龙头企业和契约农户的实地调查发现，履约困难和农户的续约积极性不高是并存的两个现实问题。黄梦思等（2018）对契约实践的调研也表明，农户对订单农业并未表现出强烈的续约热情，导致订单农业的契约关系不稳定。对现有文献的梳理发现，关于契约关系稳定性的研究大多仅关注订单农业的违约维度，而针对农户续约维度的专门研究还很少，并且缺乏清晰和明确的理论框架支持。本书第七章已经从时间偏好与风险偏好的视角实证检验了影响农户违约决策的关键因素，本章将重点研究现有文献关注较少的续约维度，对农户续约决策的关键影响因素进行深入分析，以期从农户视角解释当前形势下订单农业续约率低的现实困境。

农户续约意愿是指在下一个生产周期，农户仍然愿意与龙头企业签订契约。提高农户续约意愿是"龙头企业＋农户"型契约模式长期稳定发展的基础（黄梦思等，2018），但农户的续约决策不同于农户的订单农业参与决策，续约是农户基于现有契约关系而做出的愿意与龙头企业继续签订契约的决策。事实上，农户的订单农业续约决策属于对契约关系的重复选择决策，遵循感知价值理论。因此，本章将基于感知价值理论构建分析框架来研究影响农户续约意愿的关键因素。在考虑时间偏好与风险偏好的基础上，进一步引入感知价值理论的两个重要变量——感知利益和感知风险，分析农户时间偏好、风险偏好、感知利益、感知风险对农户续约意愿的影响机制；利用江苏省肉鸡养殖户的调查数据，采用结构方程模型实证检验上述变量对农户续约意愿的影响路径；进一步地，以农户的生产规模特征为调节变量,通过分群组结构方程模型深入挖掘不同群体农户续约决策的差异,以期能够揭示农户长期续约行为意向决策过程的内在规律,为完善中国订单农业支持政策、提高订单农业续约率和促进契约稳定性提供理论与实证依据。

第一节　农户续约决策的理论模型构建

基于本书第三章对农户契约行为决策分析框架的论述,农户的行为决策是基于成本收益分析且受到心理因素和外部因素的共同作用,其中,农户个体的心理加工过程影响其对客观成本收益信息的主观编辑和评价。认知心理学的信息加工理论将行为决策信息的心理加工过程分解为信息收集、信息编辑和信息评价等阶段(Kahneman and Tversky,1979)。针对农户的续约决策,其续约决策的相关成本收益信息会散落于不同时点之上,因而在信息收集阶段,农户需要对当期的和长期的续约成本与收益信息等进行收集。在对决策信息进行效用评价之前,农户这一行为主体需要利用时间处理工具,将收集到的不同时间点的续约成本信息和收益信息转化到同一时点,所以,在续约决策的信息编辑阶段,不同时点信息的迁移过程会受到农户时间偏好的影响。而在续约决策的信息评价阶段,农户需要对编辑后的决策信息进行主观效用评价,此时基于前景理论的效用函数特征表明,农户在面临收益的情况下是风险规避的,在面临损失是风险追求的,且等量的损失与等量的收益相比对农户的心理影响程度更大,所以农户在续约决策信息的效用评价阶段会受到其自身风险偏好的重要影响。

此外,不同于订单农业参与决策,农户续约决策是农户基于现有契约关系的亲身体验后做出的愿意继续签订契约的决策,所以农户对订单农业参与的价值感知可视为农户续约的重要动机。感知价值理论起源于产品营销领域对顾客意愿及行为的研究(Zeithaml,1988)。其中顾客感知价值被认为是一种抽象概念,是基于个体认知的视角,从个体体验的角度出发,对某种具体产品、服务或行为的感知利益和感知成本(或感知风险)的主观权衡和评价(Monroe,1991;Sheth et al.,1991)。感知价值理论认为,感知价值是驱动顾客做出购买行为决策尤其是重复购买或持续购买决策的主要因素。陈明亮（2003）、李东进等（2007）的实证研究也均证实了顾客感知价值与其重复购买意愿之间具有显著正相关关系。若将顾客感知价值研究放于我国订单农业推广的情景下，重复购买意愿可以相应转变为农户的续约意愿。因此从研究范畴上来看，农户的订单农业续约决策属于对契约交易关系的重复选择决策，遵循感知价值理论。

事实上，农户之所以愿意续约，一方面是基于前期的订单企业参与经历对与龙头企业合作的绩效价值感知较高，另一方面是预期未来与该龙头企业合作的风险或成本比较小，能够继续获得利益价值（田敏等，2014）。农户的订单农业续约决策实际上就是对"龙头企业+农户"型订单农业模式的重复选择行为决策，农户作为该契约关系中的产品和服务的需求方，会对上一个契约周期中龙头企业提供的农资、技术、金融和市场服务中的感知利益和感知风险进行主观衡量和评价，从而做出是否续约的决策。由此农户对参与订单农业的感知利益和感知风险变量还将作用于农户对续约决策的信息收集、编辑和评价阶段。需要注意的是，时间偏好和风险偏好也可能会影响农户对订单农业的感知价值。例如，耐心型农户以及风险规避型农户更加能够意识到订单农业对其风险分担的作用，并且更加看重订单农业所带来的长远收益，从而对订单农业参与的价值感知程度较高。基于上述分析，本研究预期农户对订单农业的感知利益和感知风险，以及农户的时间偏好与风险偏好是影响农户续约决策的重要因素，并且感知价值在农户个体偏好与其续约意愿之间具有中介作用。

此外，除了时间偏好、风险偏好和感知价值这些心理因素，在续约决策模型中还需控制一些外部因素或客观因素。换言之，可以将农户持续参与订单农业的行为决策理解为两个过程：第一个过程是感知到订单农业参与行为是有益的且风险较小，从而产生内在动力；第二个过程是基于自身资源禀赋水平衡量是否需要持续参与。家庭禀赋是一种资源拥有状况，拥有良好的资源禀赋的农户具有比较优势，并且能够在交易活动中提高其自身的市场竞争力（侯晶、侯博，2018）。研究表明，包括家庭经济资本（如家庭总收入）、人力资本（如受教育程度和劳动力数量）、社会资本（如担任村干部）等在内的家庭禀赋对农户销售渠道的选择具有显著影响（徐家鹏、李崇光，2012；严静娴、陈昭玖，2016）。对于家庭禀赋处于劣势的农户，参与订单农业后能够有效缓解其在资金、技术、农资、信息等方面的生产瓶颈约束，这类农户对订单农业的满意度较高，从而续约意愿较为强烈；相比之下，家庭禀赋具有优势的农户则拥有更多的渠道和机会获取较好的技术和更有效的信息以从事独立生产，导致其续约意愿不强烈。由此，本研究还预期农户的家庭禀赋对其续约意愿具有显著的负向影响，即家庭禀赋越匮乏的农户，其长期续约意愿越强烈。

基于上述理论分析，本研究构建包含感知利益、感知风险、时间偏好、风险偏好、家庭禀赋等变量的农户续约决策模型，理论框架见图8-1。其中，时间偏好、风险偏好、感知利益、感知风险、家庭禀赋将直接影响农户对订单农业的续约意愿，而农户的感知利益和感知风险可能会对时间偏好、风险偏好与续约意愿之间的关系产生中介作用。

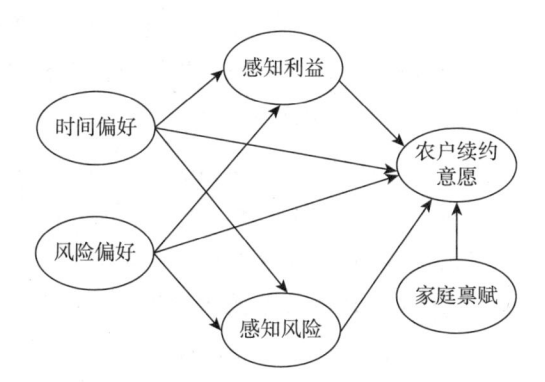

图8-1 农户续约决策机制的理论模型

第二节 农户续约决策研究的变量与模型设定

一 变量设计

为保证测量问题具有良好的内容效度，相关变量的设计主要基于文献综述、相关研究文献及专家审查和修改，并结合预调研结果，采用封闭式题型设计具体问题。调查问题涵盖了本章研究所要求的所有内容，涉及了农户续约意愿模型不同维度的测量项目。这些测量项目包含6个潜变量相关的22个观测变量（见表8-1）。潜变量分别为感知利益（PB）、感知风险（PR）、时间偏好（TIME）、风险偏好（RISK）、家庭禀赋（HE）及农户续约意愿（INT）。

感知利益、感知风险、农户续约意愿 3 个潜变量所对应的观测变量均采用李克特五级量表形式进行测量，数值 1～5 分别表示"非常不赞同""不太赞同""一般""有点赞同""非常赞同"。其中，感知利益潜变量的测量项目为：①您认为与企业签约能提高养鸡收入（PB1）；②您认为与企业签约能降低生产风险和市场风险（PB2）；③您认为与企业签约能保证鸡苗、饲料、药品供应及质量（PB3）。感知风险或成本的测量项目为：①您认为与企业的合作门槛高，比如专用性投资高、鸡舍和设备的建设要求高、养鸡规模要求高等（PR1）；②您认为与企业合作的程序麻烦、复杂（PR2）；③感知企业显性违约风险，比如担心企业不按时支付货款、到期日不按合约规定收购农产品等（PR3）；④感知企业隐性违约风险，比如担心企业会降低补贴、提高饲料与苗鸡费、提高保证金、变更苗鸡排定数量和料肉比等（PR4）。农户续约意愿的测量指标为：①您愿意和企业长期签约（INT1）；②您愿意推荐周围人与企业签约（INT2）。

本研究中时间偏好潜变量的测量指标为：①短视认知偏差参数 β（TIME1），β 值越大表示短视认知偏差越小；②贴现率参数 r（TIME2），r 越大表示农户越缺乏耐心；③农户对未来事件的耐心程度（TIME3），值越大表示农户越有耐心。风险偏好潜变量的测量指标为：①风险规避参数 σ（RISK1），σ 值越大表示越偏好风险；②概率权重参数 α（RISK2），α 值越大表示越能准确评估概率事件；③损失规避参数 λ（RISK3），λ 值越大表示越厌恶损失；④农户对待风险事件的保守程度（RISK4），值越大表示农户越规避风险。在上述测量指标中，参数 β、r、σ、α、λ 是基于贴现效用模型和最大似然技术进行测算（具体方法见本书第五章第三节），耐心程度和保守程度是基于简单实验法进行测量（具体方法见第六章第二节）。需要说明的是，在运行结构方程模型之前，对时间偏好潜变量和风险偏好潜变量的部分测量指标进行以下处理：对于时间偏好潜变量的前两个测量指标，分别用 β 和 $1-r$ 表示，其数值越大，表示时间偏好程度越低（即越具有耐心）；对于风险偏好的前三个测量指标，分别用 $1-\sigma$、α、λ 表示，其数值越大，表示风险偏好程度越低（即风险规避程度越高或越保守）。

表 8-1　农户续约意愿研究中的变量描述性统计

潜变量	测量题项	代码	均值	标准差
感知利益（PB）	您认为与企业签约能提高养鸡收入	PB1	3.171	1.234
	您认为与企业签约能降低生产风险和市场风险	PB2	3.284	1.350
	您认为与企业签约能保证鸡苗、饲料、药品供应及质量	PB3	3.313	1.365
感知风险（PR）	您认为与企业的合作门槛高，比如专用性投资高、鸡舍和设备的建设要求高、养鸡规模要求高等	PR1	2.763	1.250
	您认为与企业合作的程序麻烦、复杂	PR2	2.611	1.394
	感知企业显性违约风险，比如担心企业不按时支付货款、到期日不按合约规定收购农产品等	PR3	2.204	1.321
	感知企业隐性违约风险，比如担心企业会降低补贴、提高饲料与鸡苗费、提高保证金、变更苗鸡排定数量和料肉比等	PR4	2.706	1.316
时间偏好（TIME）	短视认知偏差参数（β）	TIME1	0.688	0.083
	贴现率参数（r）	TIME2	0.247	0.226
	农户对未来事件的耐心程度	TIME3	3.872	0.975
风险偏好（RISK）	风险规避参数（σ）	RISK1	0.740	0.171
	概率权重参数（α）	RISK2	0.799	0.259
	损失规避参数（λ）	RISK3	2.519	2.190
	农户对风险事件的保守程度	RISK4	8.147	4.094
家庭禀赋（HE）	劳动力数量	HE1	2.867	1.056
	受教育程度（年）	HE2	7.095	2.767
	家庭年收入净值（万元）	HE3	12.669	8.241
	借款能力（用借5万元左右急用钱衡量：1表示根本不可能；5表示非常容易）	HE4	3.369	1.124
	家中是否有村干部（1=是；0=否）	HE5	0.128	0.335
	是否有亲友养鸡（1=是；0=否）	HE6	0.673	0.470
农户续约意愿（INT）	您愿意和企业长期签约	INT1	3.564	1.356
	您愿意推荐周围人与企业签约	INT2	3.261	1.336

家庭禀赋的测量指标包括：①劳动力数量（HE1），表示家庭具有劳动能力的人口数量；②受教育程度（HE2），以户主受正规学校教育年数衡量；③家庭年收入净值（HE3），单位为万元；④借款能力（HE4），用借5万元左右急用钱衡量：1=根本不可能，2=很难，3=有点难，4=比

较容易，5＝非常容易；⑤家中是否有村干部（HE5），用 0－1 虚拟变量衡量，1 表示家中有村干部，0 表示没有；⑥是否有亲友养鸡（HE6），用 0－1 虚拟变量衡量，1 表示有亲友在养鸡，0 表示没有。

二 样本特征分析

相关变量的描述统计详见表 8－1。在这些已经签约并当期履约的农户样本中，农户的平均年龄为 49 岁，平均受教育年限约为 7 年，平均养殖年限约为 6 年，平均养殖规模接近 5 万只/年。就家庭特点而言，受访农户家庭平均劳动力数量为 3 人，平均家庭年收入约为 13 万元。此外，家中有村干部或有亲友养鸡的受访农户并不多，这反映了农户的社会资本存量普遍较低。

值得注意的是，对长期签约意愿的调查结果显示（见图 8－2），25.59% 的受访农户（54 个农户）不愿意与企业长期签约，10.43% 的受访农户（22 个农户）持中立态度，63.98% 的受访农户（135 个农户）表达了良好的续约意愿。特别是，仅有 29.86% 的受访农户（63 名农户）表示非常愿意与企业长期签约。

针对推荐意愿的调查发现（见图 8－3），32.22% 的受访农户（68 个农户）不愿意向周围人推荐，15.17% 的受访农户（32 个农户）持中立态度，52.61% 的受访农户（111 个农户）愿意向周围人推荐与企业签约。特别是，仅有 19.43% 的受访农户（41 个农户）表示非常愿意向他人推荐。可见，总体而言，在这类已经参与订单农业且当期履约的农户样本中，农户长期的续约意愿并不强烈。

三 计量模型设定

为了检验上述模型中的复杂因果关系，本研究应用结构方程模型分析农户续约意愿与其影响因素之间的内在关系。作为一种借助理论进行假设检验的统计建模技术，结构方程模型的优势在于能够为难以直接观测到的潜变量提供一种容易观测和处理的方式，并且能够将难以避免的主观测量误差纳入模型中（吴明隆，2010）。在社会研究领域，很多变量不便于准确、直接地用单个指标测量，而通过运用结构方程模型，这些潜在变量可以通过多个观测变量来共同体现（如本章所关注的感知利益、感知风险

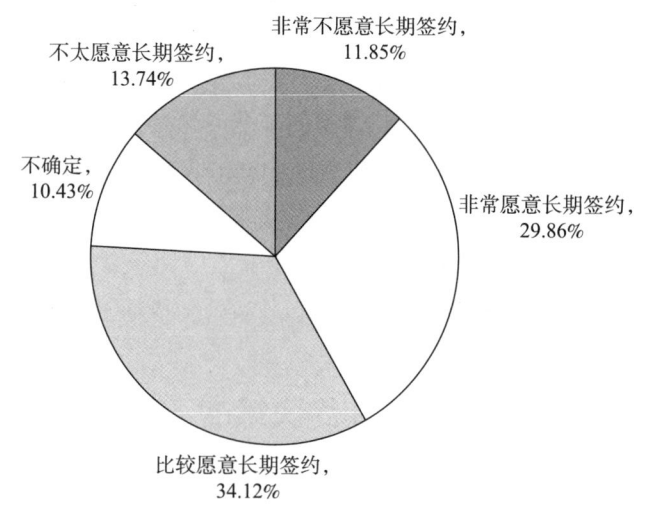

图 8-2 农户愿意与龙头企业长期签约的程度

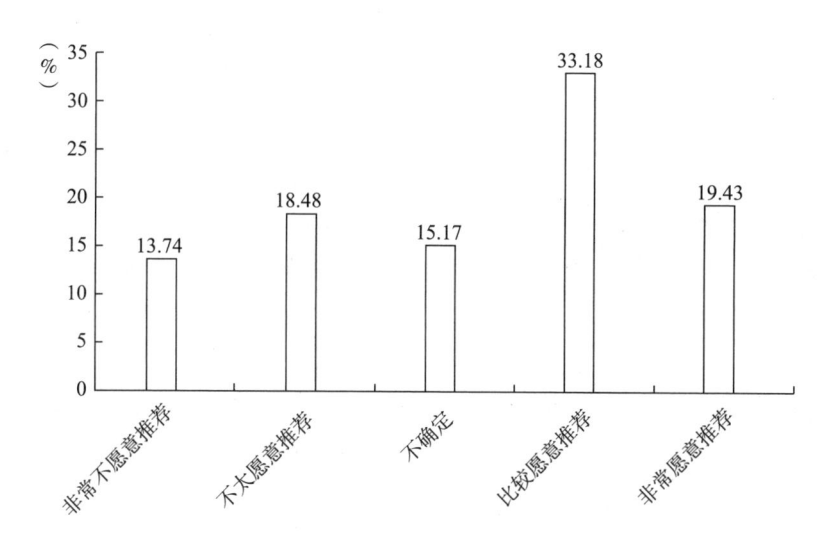

图 8-3 农户愿意推荐他人与龙头企业签约的程度

等,这些变量在结构方程中被称为潜变量),并且能够同时估计各潜变量之间的关系以及潜变量与其对应观测变量之间的关系。除此之外,结构方程模型还具有能同时处理多个因变量且能估计模型整体优度等优点,故本研究选择使用结构方程模型来分析农户的续约意愿。SEM 的表达式为:

$$\eta = B\eta + \Gamma\xi + \zeta \tag{8-1}$$

$$y = \Lambda_y \eta + \varepsilon \tag{8-2}$$

$$x = \Lambda_x \xi + \delta \qquad (8-3)$$

其中，式（8-1）表示反映潜变量之间结构关系的结构模型，式（8-2）和式（8-3）为反映潜变量和可测变量间关系的测量模型，ξ 和 η 分别代表外生潜变量与内生潜变量，B 表示内生潜变量之间的关系，Γ 表示外生潜变量对内生潜变量影响的路径系数，Λ_x 是外生观测变量在外生潜变量上的因子载荷矩阵，Λ_y 是内生观测变量在内生潜变量上的因子载荷矩阵，ζ 代表结构方程的残差项，δ 和 ε 分别为外生指标 x 和内生指标 y 的误差项。

第三节 农户续约决策的实证分析

一 信度检验和探索性因子分析

本研究选取克伦巴赫 α 系数，运用 SPSS 24.0 软件对样本数据集进行信度检验。通常而言，克伦巴赫 α 系数若大于 0.7 则表示信度很高，而小于 0.35 则属于低信度，应予以删除（Guielford，1965）。表 8-2 中的结果显示，总体克伦巴赫 α 系数为 0.892，各个潜变量维度的克伦巴赫 α 系数也较高，表明样本数据具有良好的内部一致性。如前所述，本研究共包含的可测变量有 22 个，力求尽可能涵盖各潜变量的所有信息。但是，过多的变量将会增加分析的复杂性以及模型拟合的难度，因而本研究拟采用探索性因子分析方法浓缩测量指标，为模型拟合做准备。

如表 8-2 所示，总体因子分析适当性检验的 Kaiser-Meyer-Olkin (KMO) 值为 0.967，且 Bartlett 球形度检验的近似卡方为 4902.116，显著性水平小于 0.001，这表明原始变量间有共同因素存在，适合使用因子分析法。

表 8-2 农户续约意愿研究中变量的信度和效度检验

潜变量	克伦巴赫 α 系数	KMO	Barlett 球形度检验
感知利益（PB）	0.939	0.768	563.459 (p - value = 0.000)
感知风险（PR）	0.784	0.740	490.938 (p - value = 0.000)

续表

潜变量	克伦巴赫α系数	KMO	Barlett球形度检验
时间偏好（TIME）	0.657	0.732	397.772 (p-value = 0.000)
风险偏好（RISK）	0.638	0.811	478.853 (p-value = 0.000)
家庭禀赋（HE）	0.604	0.845	596.796 (p-value = 0.000)
农户续约意愿（INT）	0.957	0.600	388.543 (p-value = 0.000)
总体	0.892	0.967	4902.116 (p-value = 0.000)

表8-3 农户续约意愿研究中的探索性因子分析结果

潜变量	测量题项	克伦巴赫α系数	公因子数	因子共同成分	累计方差解释率（%）
感知利益（PB）	PB1	0.939	1	0.937	89.37
	PB2			0.949	
	PB3			0.950	
感知风险（PR）	PR1	0.923	1	0.937	86.81
	PR2			0.940	
	PR4			0.918	
时间偏好（TIME）	TIME1	0.657	1	0.913	83.14
	TIME2			0.887	
	TIME3			0.935	
风险偏好（RISK）	RISK1	0.658	1	0.901	80.56
	RISK3			0.873	
	RISK4			0.918	
家庭禀赋（HE）	HE1	0.656	1	0.893	78.27
	HE2			0.854	
	HE3			0.873	
	HE4			0.910	
农户续约意愿（INT）	INT1	0.957	1	0.979	95.96
	INT2			0.979	

进一步运用计量软件分别对假设模型中6个潜变量的可测变量进行探索性因子分析。由于各变量之间存在相关性,本研究采用Oblimin斜角旋转法确定各因子个数。指标筛选的标准如下:①删除因子载荷小于0.5的测量项目;②删除测量项目数量小于2的共同因素。经过多次筛选,本研究最终保留了符合要求的18个测量项目。

表8-3反映了每个潜变量下所保留的可测变量的标准因子载荷及信度检验等情况。结果显示,每个潜变量下只有一个公因子且第一公因子的方差贡献率与因子载荷都超过0.7,说明这6个维度具有良好的结构效度。此外,对各潜变量的再次信度检验表明,各部分的克伦巴赫α系数均大于0.6,说明问卷测量问题具有较高的可靠性和可信度。以上结果证实了假设模型各维度结构合理,相应的指标变量也得以确认。

二 结构方程模型的拟合度检验

本研究使用Amos软件作为结构方程模型分析的工具,拟进行验证性因子分析。在分析实证结果之前,需要对模型拟合的各项评价指标进行检验。模型拟合度评价指标是考察理论结构模型对数据拟合程度的统计指标,通常包括拟合优度指数(GFI)、近似误差均方根(RMSEA)、增量拟合指数(IFI)、规范拟合指数(NFI)、塔克-刘易斯指数(TLI)、比较拟合指数(CFI)、均方根残差(RMR)、调整拟合优度(AGFI)和卡方自由度比(CMIN/DF)等。

本研究中结构方程模型的整体拟合度检验如表8-4所示。模型拟合结果显示,结构方程模型的GFI为0.904,高于0.9的临界标准值;RNSEA值为0.077,小于0.1的标准临界值;IFI、NFI、TLI、CFI的值均高于0.9的标准临界值;卡方自由度比小于标准临界值2。总体而言,表8-4中的各个评价指标基本达到理想状态,表明模型整体拟合性较好,路径分析假设模型有效。图8-4为修正后的农户续约意愿的结构方程模型路径图。

表8-4 农户续约意愿模型的拟合优度检验结果

统计检验量	含义	实际拟合值	标准	拟合结果
GFI	拟合优度指数	0.904	>0.90	理想
RMSEA	近似误差均方根	0.077	<0.1	理想

续表

统计检验量	含义	实际拟合值	标准	拟合结果
IFI	增量拟合指数	0.963	>0.90	理想
NFI	规范拟合指数	0.935	>0.90	理想
TLI	塔克-刘易斯指数	0.953	>0.90	理想
CFI	比较拟合指数	0.963	>0.90	理想
RMR	均方根残差	0.061	<0.05	接近
AGFI	调整拟合优度	0.825	>0.80	理想
CMIN/DF	卡方自由度比	1.965	<2	理想

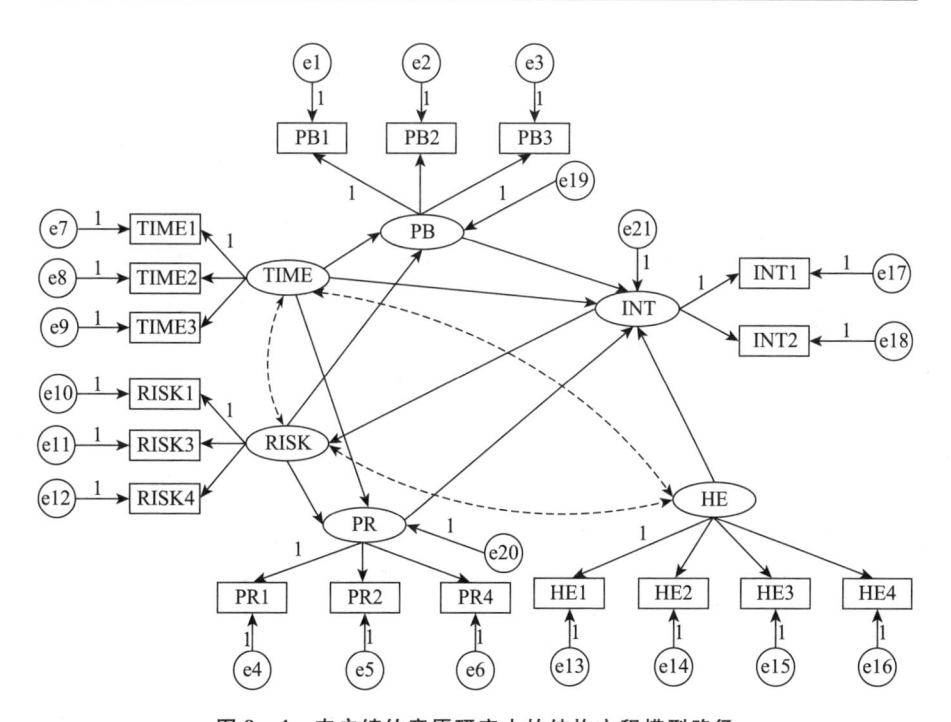

图 8-4 农户续约意愿研究中的结构方程模型路径

三 结构方程模型的估计结果

结构模型和测量模型中各变量之间的路径系数运算结果如表 8-5 所示。表 8-5 中潜变量之间的关系显示，感知利益潜变量、感知风险潜变量分别与农户的续约意愿呈正相关关系和负相关关系，这两个潜变量对农户续约意愿的标准化路径系数分别为 0.600 和 -0.926，且分别在5%和1%的显著性水平下通过检验。该结果符合本研究的预期，表明农户对订单农业的感知利益越高，以及感知风险或成本越小，则农户的续约意愿越强烈。不难理解，农户对订单农业参与过程中的绩效感知程度越高，以及对订单农业参与过程中的风险或成本感知程度越低，则农户对订单农业总体的价值感知程度就越高，对订单农业的评价也越积极，进而农户长期续约的意愿也就越强烈；反之，如果农户对参与订单农业的价值感知程度越低，则其主观上就越不愿意续约。特别是，研究结果显示，与感知利益相比，感知风险对农户续约意愿的影响更大。

从结构模型的估计结果还可以看出，时间偏好潜变量和风险偏好潜变量对农户的续约意愿产生直接的影响，而且路径"时间偏好——感知利益——农户续约意愿"，以及路径"风险偏好——感知利益——农户续约意愿"的结果显示，感知利益会在个体偏好对农户续约意愿的影响中起部分中介作用。具体而言，时间偏好潜变量、风险偏好潜变量对农户续约意愿的标准化系数分别为 0.683 和 0.366，且分别在5%和1%的显著性水平下通过检验，表明这两个潜变量对农户的续约意愿具有显著正向影响。对于时间偏好潜变量和风险偏好潜变量的测量指标，其数值越大分别代表耐心程度越高及风险规避程度越高，因此本研究结果表明，农户越具有耐心以及越规避风险（即时间偏好程度和风险偏好程度越低），则其长期续约的意愿越强烈。在将感知价值细分为感知利益和感知风险后，结果显示时间偏好与风险偏好对感知利益均有显著影响（标准化系数分别为 0.799 和 0.232）。农户的时间偏好程度和风险偏好程度越低，表明农户越有耐心且承受风险的能力越低，基于此，这类农户越看重订单农业对其风险分担的作用及参与订单农业所带来的长远收益，因而他们对订单农业的利益感知度就越高。感知利益对个体偏好与农户续约意愿的中介作用表明，农户的耐心程度与风险规避程度会强化感知利益对农户续约意愿的正向影响，也就是说，当农户的时间偏好和风险偏好水平较低时，如果农户对参与订单农业的利益感知程度较高，将会更加强化农户的续约倾向。

表8-5 农户续约意愿的结构方程模型估计结果

路径	未标准化路径系数	标准误差	标准化路径系数	显著性（p值）
结构模型				
INT ←— PB	0.762	0.298	0.600	**
INT ←— PR	-1.302	0.227	-0.926	***
INT ←— TIME	28.431	12.677	0.683	**
INT ←— RISK	2.923	0.515	0.366	***
INT ←— HE	-0.639	0.502	-0.507	0.203
PB ←— TIME	32.987	14.674	0.799	**
PB ←— RISK	1.835	0.506	0.232	***
PR ←— TIME	-38.176	31.065	-0.727	0.219
PR ←— RISK	-3.440	2.451	-0.341	0.161
测量模型				
PB1 ←— PB	1.000	—	0.901	—
PB2 ←— PB	1.123	0.050	0.925	***
PB3 ←— PB	1.136	0.051	0.926	***
PR1 ←— PR	1.000	—	0.897	—
PR2 ←— PR	1.158	0.052	0.931	***
PR4 ←— PR	0.987	0.053	0.865	***
TIME1 ←— TIME	1.000	—	0.160	—
TIME2 ←— TIME	7.312	3.326	0.504	**
TIME3 ←— TIME	48.669	21.390	0.913	**
RISK1 ←— RISK	1.000	—	0.639	—
RISK3 ←— RISK	8.131	0.988	0.634	***
RISK4 ←— RISK	28.734	2.570	0.956	***
HE1 ←— HE	1.000	—	—	—
HE2 ←— HE	2.630	0.188	0.785	***
HE3 ←— HE	6.835	0.46	0.815	***
HE4 ←— HE	1.309	0.070	0.924	***
INT1 ←— INT	1.000	—	—	—

续表

路径	未标准化路径系数	标准误差	标准化路径系数	显著性（p值）
INT2 ←—— INT	1.003	0.030	0.938	***

注：*、**、***分别表示10%、5%、1%的显著性水平；带"—"的6条路径表示其作为SEM进行参数估计的基准。

总体而言，本研究的实证结果与前文核心假说基本一致，从而也在一定程度上证明了本研究所构建模型的合理性。但值得注意的是，家庭禀赋潜变量对农户续约意愿的路径系数没有在至少10%的显著性水平下通过检验，这一结果与本研究的预期相悖。从理论上说，家庭禀赋较高的农户学习能力较强，之前加入订单农业可能使其掌握了一些关键生产技术和养殖经验，而且其拥有更多的渠道和机会获取较好的技术和更有效的信息，所以这类农户应更加倾向于退出契约以从事独立生产。然而，实证结果并未发现农户家庭禀赋对其续约意愿的显著负向作用。可能的解释是，家庭禀赋具有优势的农户经营规模普遍较大，随着经营规模的扩大，产品产量增加，这可能引起产品销售难度的增大；同时，由于农户所面临的生产投入和经营风险逐步增大，农户对风险的敏感程度较高，为了获得稳定的销售渠道，家庭禀赋高的农户也可能会倾向于持续参与订单农业以规避销售风险和生产风险。由此正、反两作用导致农户的家庭禀赋对其续约意愿的影响不显著。

第四节 异质性农户续约决策的差异性分析

上文结构方程模型的估计结果表明，家庭禀赋潜变量对农户续约意愿的影响并不显著，这可能是受访农户生产规模的异质性所导致。因此，本研究进一步探讨不同规模农户在其续约决策方面的差异特点。

本研究拟采用多群组结构方程模型分析不同群体农户的续约决策机制的差异性。多群组结构方程模型分析是用于评估适配于某一样本的模型是否也适配于其他不同的样本群体，即评估假设模型在不同样本间是否相等或者估计参数是否具有不变性（王海涛、王凯，2012；Hou and Hou，2019）。本研究多群组分析以农户的生产规模为调节变量，以评估本研究构建的假设模型是否适用于不同规模的农户续约意愿研究。根据我国畜牧统计资料的统计口径，本研究将年出栏量小于 5 万只肉鸡的农户定义为中小规模农户，将年出栏量大于及等于 5 万只肉鸡的农户定义为大规模农户。两个样本中分别包含 121 个农户和 90 个农户。

一　多群组结构方程模型的拟合度检验

为找出最适配的路径模型，在多群组分析时，需要进行各种参数限制。本研究通过对预设模型、方差相等模型、协方差相等模型、模型不变性模型、路径系数相等模型 5 个模型输出结果适配度的对比分析，最终选择预设模型（即对模型不做任何参数限制）作为本研究的多群组分析模型。

多群组结构方程模型的整体拟合度检验如表 8-6 所示。结果显示，各个评价指标基本达到理想状态，反映多群组分析模型与样本数据适配情况较好，路径分析假设模型有效。

表 8-6　异质性农户续约意愿模型的拟合优度检验结果

统计检验量	中小规模农户样本 实际拟合值	拟合结果	大规模农户样本 实际拟合值	拟合结果
GFI	0.902	理想	0.905	理想
RMSEA	0.084	理想	0.088	理想
IFI	0.956	理想	0.955	理想
NFI	0.909	理想	0.896	理想
TLI	0.945	理想	0.943	理想
CFI	0.956	理想	0.954	理想
RMR	0.067	接近	0.062	接近
AGFI	0.792	接近	0.786	接近
CMIN/DF	1.843	理想	1.622	理想

二　多群组结构方程模型的估计结果

表 8-7 呈现了多群组结构方程模型的估计结果。从表 8-7 可看出，感知利益和感知风险对不同生产规模农户的续约意愿均具有显著影响。但

分组样本的模型估计结果也体现出一定的差异性：与大规模农户相比，中小规模农户的续约决策受时间偏好、风险偏好和家庭禀赋的影响更为显著。具体说明如下。

（1）时间偏好潜变量对大规模农户续约意愿的影响不显著，但对中小规模农户的续约意愿具有显著的影响。农户经营规模的不同将导致其农业生产目标存在差异，大规模农户通常注重长期收益，而小规模农户更加注重短期目标和效用（徐志刚等，2018）。这是由于与大规模农户相比，小规模农户收入较低，储蓄和资本较少，当期收益的边际效用较高，即对当前收益较为敏感。因而小规模农户的时间偏好程度越高，其越看重短期效用而越不重视参与订单农业的长期收益，从而越不利于其做出与龙头企业长期合作的决策。因此与大规模农户相比，中小规模农户的续约决策更受时间偏好的影响。

（2）与此类似，结果显示风险偏好潜变量对大规模农户的影响不显著，但对中小规模农户的续约意愿具有显著的影响。这可能是由于不同规模农户进行肉鸡市场交易时搜寻市场需求和价格变化、寻找潜在交易对象和交易途径等信息成本存在差异，以及不同规模农户在交易时的谈判能力不同。小规模农户单位农产品所分摊的信息成本较高，参与市场竞争的能力较弱，同时也难以承担运输到批发市场交易的费用和风险，面临较大的流通约束。为了降低市场风险和交易成本，风险规避程度和损失规避程度越高的小规模农户，与企业长期签约的意愿越强烈。伴随着生产规模的扩大，农户的风险承担能力和交易谈判能力等会有所提高，单位农产品所分摊的信息成本也会降低，因而农户的风险规避态度和损失规避态度对其续约意愿的作用将会减弱。所以，与大规模农户相比，风险偏好对中小规模农户长期参与订单农业的影响更明显。

（3）结果还显示，家庭禀赋潜变量对中小规模农户的续约意愿具有显著负向影响，但对大规模农户续约意愿的影响不显著，说明家庭禀赋对不同规模农户的续约行为决策的作用存在差异。可能的原因在于，对于中小规模农户而言，家庭禀赋具有劣势的农户更加缺乏获取新技术及有效信息的渠道和机会，因而对契约模式的销售渠道的依赖性更强，长期参与订单农业的概率更高；而对于大规模农户而言，其家庭禀赋普遍具有优势，且差异不大，由此导致家庭禀赋变量对大规模农户并未呈现显著影响。

表8-7 不同规模农户续约意愿的多群组结构方程模型估计结果

路径	中小规模农户样本 未标准化路径系数	标准误差	标准化路径系数	大规模农户样本 未标准化路径系数	标准误差	标准化路径系数
结构模型						
INT ← PB	0.847**	0.339	0.643	0.420*	0.253	0.394
INT ← PR	-1.090***	0.204	-0.864	-1.068***	0.362	-0.654
INT ← TIME	23.698**	10.678	0.716	36.658	33.305	0.631
INT ← RISK	2.452***	0.610	0.327	3.860	2.383	0.413
INT ← HE	-0.355*	0.215	-0.278	-1.115	0.693	-0.936
PB ← TIME	26.603**	11.956	0.831	43.505*	25.896	0.758
PB ← RISK	1.386**	0.594	0.191	2.499***	0.890	0.271
PR ← TIME	-25.365	29.253	-0.601	-56.239	65.859	-0.813
PR ← RISK	-1.941	2.441	-0.203	-1.904	3.941	-0.171
测量模型						
PB1 ← PB	1.000	—	0.881	1.000	—	0.930
PB2 ← PB	1.212***	0.073	0.925	1.028***	0.061	0.936
PB3 ← PB	1.222***	0.070	0.945	1.029***	0.070	0.899
PR1 ← PR	1.000	—	0.888	1.000	—	0.923
PR2 ← PR	1.204***	0.069	0.936	1.070***	0.066	0.930
PR4 ← PR	0.965***	0.070	0.845	0.972***	0.070	0.888
TIME1 ← TIME	1.000	—	0.200	1.000	—	0.120
TIME2 ← TIME	6.304**	2.928	0.507	8.924	8.200	0.499
TIME3 ← TIME	40.546**	17.867	0.911	63.379*	38.412	0.933
RISK1 ← RISK	1.000	—	0.665	1.000	—	0.591
RISK3 ← RISK	8.826***	1.267	0.665	6.969***	1.453	0.588
RISK4 ← RISK	27.432***	2.971	0.944	31.886***	4.798	0.978
HE1 ← HE	1.000	—	0.856	1.000	—	0.867
HE2 ← HE	2.570***	0.227	0.787	2.814***	0.278	0.816
HE3 ← HE	5.662***	0.449	0.838	8.882***	0.870	0.820
HE4 ← HE	1.180***	0.077	0.925	1.518***	0.118	0.920
INT1 ← INT	1.000	—	0.982	1.000	—	0.972
INT2 ← INT	1.026***	0.038	0.943	0.999***	0.047	0.941

注：*、**、***分别表示在10%、5%、1%的水平下通过显著性检验；带"—"的6条路径表示其作为SEM进行参数估计的基准。

第五节 本章小结

本章借鉴感知价值理论框架，引入感知价值理论中的两个重要变量——感知利益和感知风险，采用结构方程模型检验和分析时间偏好、风险偏好、感知利益、感知风险等对农户续约意愿的影响机制，并考虑了感知价值在农户个体偏好与续约决策之间的中介作用。此外，本章进一步以农户的生产规模特征为调节变量，通过分群组结构方程模型深入挖掘农户续约决策的差异。研究结论表明以下3点。

（1）感知利益和感知风险显著影响农户的续约意愿。具体而言，农户对参与订单农业的绩效的感知程度越高，以及对参与订单农业的成本或风险的感知程度越低，则农户与龙头企业长期签约的意愿和推荐周围人签约的意愿越强烈；并且与感知利益相比，农户对订单农业参与过程中风险或成本的感知，对农户续约意愿的影响更为显著。

（2）时间偏好与风险偏好显著影响农户的续约意愿。具体而言，农户的耐心程度越高，以及风险规避程度越高，则其长期续约的意愿越强烈。结果还显示，农户的时间偏好与风险偏好对感知利益的影响均显著，表明农户的感知利益对个体偏好与续约意愿之间的关系具有中介作用。

（3）进一步的分群组结构方程模型结果表明，不同生产规模的农户具有不同的自身资源禀赋及个体偏好，导致影响农户长期续约决策的因素存在差异。具体而言，时间偏好、风险偏好和家庭禀赋潜变量对中小规模农户的续约决策具有显著的影响，但这些变量对大规模农户续约意愿的影响不显著。

第九章

研究结论与政策建议

第一节 主要研究结论

本书基于行为经济学视角,以时间偏好理论、前景理论及有限理性下的成本收益分析框架为基础,旨在通过系统、深入的理论和实证分析,探究农户时间偏好和风险偏好对其订单农业参与行为、违约行为与长期续约意愿的影响机制与路径,剖析异质性农户行为决策的特点,解释中国订单农业实践中的订单农业参与及契约关系稳定性问题。为此,本书在全面分析当前订单农业实施效果的基础上,按照订单农业中龙头企业与农户间契约关系的发展过程,从契约关系的形成、契约关系的稳定、契约关系的延续3个层面,深入剖析了时间偏好与风险偏好对农户订单农业参与决策、违约决策、续约决策的影响机制,为系统研究基于农户个体偏好视角的订单农业参与行为及契约关系稳定性问题提供了较为完整的逻辑分析框架。随后,采用实验经济学方法并构建贴现效用模型来测量和估算农户的时间偏好与风险偏好,在此基础上应用计量方法围绕农户契约行为决策展开了一系列实证研究,从而深入系统地阐释了农户订单农业参与行为规律及契约关系稳定性的影响因素。本书主要的研究结论如下。

(1)农户收入效应的估计结果显示,订单农业在整体上能够提高农户的收入水平,但对不同收入层次农户的影响存在较大差异性,即订单农业仅对低收入层次农户的收入产生显著的提升作用,对其他收入层次农户的增收作用并不显著。农户生产行为及技术采纳行为的估计结果显示,订单农业能够显著促进农户安全生产、低碳农业生产、环境友好型技术采纳的概率。

（2）时间偏好与风险偏好参数的估计结果显示，农户整体上呈现短视型、风险厌恶型和损失规避型特征，且通常无法准确评估概率事件，但不同群体农户的时间偏好和风险偏好特征存在较大差异性。农户整体缺乏耐心且存在短视认知偏差，对风险和损失的规避程度较高，并且倾向于低估风险或不幸事件发生的概率。从分特征来看，与契约农户相比，非契约农户具有更高的时间偏好程度和风险偏好程度，即更加缺乏耐心并更富有冒险精神；与履约农户相比，违约农户具有更高的时间偏好程度和风险偏好程度；与具有长期续约意愿的农户相比，不愿意续约的农户具有更高的时间偏好程度和风险偏好程度。

（3）农户订单农业参与行为的实证分析结果显示，农户的订单农业参与决策存在正向空间相关性，且时间偏好和风险偏好因素对农户订单农业参与行为和契约属性选择偏好均具有显著影响，但不同偏好类型的农户的订单农业参与决策具有差异性。具体而言：农户是否参与订单农业在一定程度上受其周围邻居的影响，农户在做出订单农业参与决策时具有正相关的空间溢出效应，体现了农户行为决策的同群性。农户的短视认知偏差越小、耐心程度越高，以及农户的风险规避程度和损失规避程度越高、评估概率事件越准确，则农户参与订单农业的可能性越大。时间偏好和风险偏好对农户契约条款选择偏好的影响体现在，短视程度越高和冒险程度越高的农户，越倾向于选择短期契约，而风险规避程度和损失规避程度越高的农户，越偏好于具有固定价格条款及固定补贴方式的契约。此外，对于短视程度与冒险程度较低的农户而言，市场风险越大，农户参与订单农业的概率越大。

（4）农户违约行为的实证分析结果显示，时间偏好和风险偏好对农户生产阶段和销售阶段的违约行为均具有显著影响，但不同偏好类型农户的违约决策结构具有差异性。具体而言：农户的短视程度越高、风险规避程度越低，则农户违约的概率越大；而且，与销售阶段的违约行为相比，农户在生产阶段的违约行为受时间偏好与风险偏好的影响更大；此外，农户的短视程度和风险倾向削弱了交易成本和专用性投资等传统机制对契约稳定性的作用，即交易成本和专用性投资仅对时间偏好程度和风险偏好程度相对较低的农户的违约行为具有显著影响。

（5）农户长期续约意愿的实证分析结果显示，时间偏好、风险偏好、感知利益和感知风险对农户续约意愿产生显著影响，并且感知利益对个体偏好和续约意愿间的关系具有中介作用，但不同生产规模的农户在续约意愿方面具有差异性。具体而言：农户的耐心程度和风险规避程度越高，则其长期续约意愿越强烈；农户对订单农业参与绩效的感知程度越高，以及对订单农业参与成本或风险的感知程度越低，则农户的续约概率越大；且与感知利益相比，农户参与订单农业的感知风险对其续约决策的影响更为明显。此外，进一步的分群组结构方程模型结果表明，时间偏好、风险偏好和家庭禀赋潜变量显著影响中小规模农户的续约意愿，但对大规模农户的作用不明显。

第二节 政策建议

在当前订单农业参与率低与违约率高的现实背景下，对农户订单农业参与、契约履行、契约延续等行为决策的深入理解，对于完善中国订单农业相关政策、提高农户订单农业参与率及契约关系稳定性、促进中国农业产业化进程具有重要的政策含义。基于本书的研究与结论，提出如下建议。

（1）加大对契约执行的监管力度，提高契约条款的透明度，引导龙头企业制定有利于农户的具有多样化属性的契约。

政府部门应为龙头企业与农户提供有利于契约关系建立与发展的市场环境和法律体系，加大监管力度，为双方提供充分的市场信息和监管信息。特别是，还应引导龙头企业提供具有固定价格条款和固定补贴方式的长期契约。签订长期契约、固定价格契约可以更好地帮助农户规避销售风险并提高农户对订单农业参与的长远利益感知，但当前，龙头企业以签订短期契约和实行浮动价格条款和浮动补贴方式为主。浮动价格条款和浮动补贴方式给了企业更多实施机会主义行为的可能，导致风险和利益分配失衡，在市场行情不好时相对弱势的农户往往承担了更多的风险和损失。在这种情形下，农户不仅得不到以市场价出售产品的平均利润，而且经营利润往往被公司盘剥或者成为公司转嫁市场风险的对象，导致其不愿签约或退出契约，引发契约关系的不稳定。而固定价格的定价方式可以帮助农户规避价格风险，固定的补贴方式能够帮助农户在一定程度上稳定收入。

因此，应引导龙头企业提供具有固定价格条款和固定补贴方式的长期契约，这也将有助于挖掘潜在的风险规避型农户加入订单农业。当然，带有浮动价格条款和浮动补贴方式的短期契约也不应废除，提供短期、具有浮动价格和浮动补贴方式属性的契约可能会吸引风险偏好型农户加入，从而有利于农户订单农业参与率的有效提升。特别是，在契约双方市场能力不对等的现实情境下，政府要优先监督龙头企业主动履行契约，有效约束订单农业中企业的违约行为，以降低农户对订单农业参与过程中的感知风险，改善农户对订单农业的认知，以提高农户的续约意愿。

（2）基于农户的时间偏好和风险偏好特性完善订单农业的履约约束机制，设计有利于增加农户当期履约收益和短期违约成本的制度。

订单农业没有被农户广泛利用和接受，说明存在政府干预的空间去帮助市场提高契约运行效率，所以，政府除了引导企业提供多样化属性的契约，如设计更有利于帮助农户分担风险的契约条款，以吸引不同风险偏好的农户加入订单农业并提高其履约率，还应引导龙头企业完善能够增加农户当期履约收益或者能够提高农户短期违约成本的制度设计。

对于龙头企业而言，通过机制优化设计，加大对农户履约的监管及惩罚机制的执行力度，可缩短违约收益与成本之间的时间差距，提高农户违约被发现的概率及违约所造成的预期损失，进而能够有效降低农户的违约概率。基于农户时间偏好的非理性现象，龙头企业可以采取锁定技术对认知偏差进行干预，即提前进行契约制度设计与安排，使农户对违约的成本和收益之间的比较有可能出现逆转，短视认知偏差发生的作用程度下降。因此，进一步改进企业契约条款和相关农业政策的设计，特别是完善能够增加农户履约的短期收益的制度设计（如补贴和奖励时间前置并分时期给付），或者能够增加农户违约的短期成本的制度设计（如提高保证金和预付款比例），通过对未来收益或成本的即期改变干预农户的认知偏差，将有助于降低农户违约率、促进契约关系的稳定性。

（3）加强订单农业宣传，提高小规模农户对订单农业的认知，同时进一步加强订单农业的示范作用，发挥正向空间溢出效应。

首先，借助电视、广播、报纸和网络等媒介途径加强订单农业宣传，努力让订单农业理念深入人心，提高农户对生产阶段和销售阶段的风险认知，将有助于农户尤其是风险偏好型农户和短视型农户愿意加入订单农业以分散生产和销售风险、保障收入的持久稳定。特别是，政府应该更多地关注和支持对小规模农户的订单农业宣传，提高小农户对订单农业的感知价值，降低小农户对订单农业的信息不对称程度。

其次，重视农户间的同群效应现象。农户是否参加订单农业受周围邻居的影响，如果参与订单农业取得了较好的经济效益，这种信息和影响会传播和扩散到周围农户，促进其参与订单农业，这将会提高政府对订单农业的推行效率。因此，积极发挥大规模农户的示范带头作用，进一步加大订单农业效果的传播力度，这对有效提高农户参与订单农业的积极性，提升整体订单农业参与率和续约率具有重要意义。

（4）积极扶持和推进订单农业组织模式创新和发展，建立合理的盈余分配制度和风险分担机制，健全农业保险体系，以提高订单农业的抗风险能力及价值感知。

"龙头企业+农户"型契约模式虽然在整体上有助于促进农户增收，但从本研究结果来看，目前的模式对一部分农户的收入促进作用并未发挥出来，其原因可能在于龙头企业和农户双方的市场能力不对等，农户难以分享到订单农业的增值效益，这将影响农户长期参与订单农业的积极性。而中介组织介入的新型订单农业组织模式将有助于缓解龙头企业和农户之间的市场权利不均衡问题。所以积极扶持和推进订单农业组织模式创新和发展，引导农民合作经济组织和中介组织的良性发展，建立合理的盈余分配制度，将有助于农户获取订单农业的增值效益，增强农户对订单农业的价值感知，进而提高农户的订单农业参与率及长期续约意愿。

政府部门在引导农户和农业龙头企业加入农产品市场协会等第三方中介组织的同时，还应鼓励农民专业合作社等其他组织充分发挥调节利益纠纷、规范经营行为等监管作用，使交易双方在面对不断变化的农产品市场环境时，能够最大限度地维持契约关系稳定。此外，风险基金制度安排虽然可以帮助农户化解一些系统性的生产风险，但是经营管理水平因农户而异，因此为应对异质性的个体生产风险，政府还应建立健全农业保险体系，分担订单农业农户所面临的生产风险，提高订单农业的抗风险能力，进而有效提高农户订单农业参与率，促进契约关系的稳定性。

第三节 不足与展望

受到研究工具、研究资料以及研究能力的限制，本研究也存在一些不足和需要后期研究不断完善的地方，主要表现在以下5个方面。

（1）农户的时间偏好被简化为准双曲线贴现形式，决策问题的时间背景也被设定为离散的、有限时长的，这么做虽有助于得到清晰、简洁的结论，但可能与农户所处的真实决策环境有一定差距，未来进一步的研究应尝试将模型拓展到连续时间的、各个自我的生存时间服从随机分布的情况，或有可能得到更深入的结果。

（2）出于数据可得性的考虑，本研究仅从农户的视角考察了契约关系的稳定性，未对龙头企业可能存在的违约行为进行深入分析。在农业产业化实践中，农户和企业均存在违约动机，有关企业违约行为的研究对丰富契约理论也具有较为重要的意义。未来研究可以从龙头企业视角来考察农产品契约交易关系的稳定性。

（3）目前鲜见针对中国农户个体偏好展开田野实验的文献，故本研究中实验机制的设计及研究结论的比较分析可能有待进一步完善。此外，不同农业行业的风险及时间特征不同，未来研究还应进一步考虑行业特征和地区的影响，并努力探索研究结论的产业差异和地区差异。

（4）本研究依次分析了农户订单农业参与行为、农户违约行为、农户长期续约意愿，但由于使用的是截面数据，无法反映农户的动态决策，因此进一步的研究可以设计一个类似于现实世界的订单农业实验，以模拟农户的动态决策过程。在这样的订单农业实验中，存在契约形式和外部市场两个销售渠道，并包含3个潜在的决策阶段：农户可选择是否与龙头企业签订合同，并决定当期是否履约，以及下一期是否续约。

（5）现有的供应链契约设计多是定位于单周期静态契约的研究，鲜有动态契约设计的研究。动态契约是指长期契约中每一期产出都与以前的整个历史相关，即依赖当前和过去的产出。动态契约更符合供应链契约的稳定性和持续性特点，其更能实时激励农户长期参与并履行契约。未来研究可以通过考虑农户的时间偏好和风险偏好等行为特征，将委托代理模型应用到农产品供应链中农户激励契约设计中，构建两阶段动态激励契约，以实现契约机制的优化。

参考文献

[1] Abdollahzadeh, G., Damalas, C. A., Sharifzadeh, M. S., Ahmadi-Gorgi, H., "Attitude Towards and Intention to Use Biological Control among Citrus Farmers in Iran", *Crop Protection* 108, 2018, pp. 95 – 101.

[2] Abebe, G. K., Bijman, J., Kemp, R., Omta, O., Tsegaye, A., "Contract Farming Configuration: Smallholders' Preferences for Contract Design Attributes", *Food Policy* 40, 2013, pp. 14 – 24.

[3] Acemoglu, D., Robinson., J., *Why Nations Fail: The Origins of Power, Prosperity and Poverty*, New York: Crown Business, 2012.

[4] Ajzen, I., "The Theory of Planned Behavior", *Organizational Behavior and Human Decision Processes* 2, 1991, pp. 179 – 211.

[5] Akerlof, G. E., "Behavioral Macroeconomics and Macroeconomic Behavior", *American Economic Review* 92, 2002, pp. 411 – 433.

[6] Allen, D. W., Lueck, D., "Risk Preferences and the Economics of Contracts", *American Economic Review* 85 (2), 1995, pp. 447 – 451.

[7] Andersen, S., Harrison, G. W., Lau, M. I., Rutstrom, E. E., "Elicitation Using Multiple Price List Formats", *Experimental Economics* 9 (4), 2006, pp. 383 – 405.

[8] Andersen, S., Harrison, G. W., Lau, M. I., Rutstrom, E. E., "Eliciting Risk and Time Preferences", *Econometrica* 76 (3), 2008, pp. 583 – 618.

[9] Anderson, C. L., Dietz, M., Gordon, A., Klawitter, M., "Discount Rates in Vietnam", *Economic Development and Cultural Change* 52 (4), 2004, pp. 873 – 887.

[10] Anselin, L., *Spatial Econometrics: Methods and Models*, Dordrecht: Kluwer Academic Publishers, 1988.

[11] Barrett, C. B., Bachke, M. E., Bellemare, M. F., Michelson, H. C., Narayanan, S., Walker, T. F., "Smallholder Participation in Contract Farming: Comparative Evidence from Five Countries", *World Development* 40 (4), 2012, pp. 715 – 730.

[12] Bchir, M. A., Willinger, M., "Does the Exposure to Natural Hazards Affect Risk and Time Preferences? Some Insights from a Field Experiment in Perú", Unpublished Manuscript. http://www.lameta.univ-montp1.fr/Documents/DR2013 – 04. pdf.

[13] Beach, R. H., DeAngelo, B. J., Rose, S., Li, C., Salas, W., DelGrosso, S. J., "Mitigation Potential and Costs for Global Agricultural Greenhouse Gas Emissions", *Agricultural Economics* 38, 2008, pp. 109 – 115.

[14] Beckmann, V., Boger, S., "Courts and Contract Enforcement in Transition Agriculture: Theory and Evidence from Poland", *Agricultural Economics* 31, 2004, pp. 251 – 263.

[15] Bellemare, M. F., Brown, Z. S., "On the (Mis) Use of Wealth as a Proxy for Risk Aversion", *American Journal of Agricultural Economics* 92 (1), 2009, pp. 273 – 282.

[16] Bellemare, M. F., "As You Sow, So Shall You Reap: The Welfare Impacts of Contract Farming", *World Development* 40 (7), 2012, pp. 1418 – 1434.

[17] Benhabib, J., Bisin, A., Schotter, A., "Present-bias, Quasi-hyperbolic Discounting, and Fixed Costs", *Games and Economic Behavior* 69 (2), 2010, pp. 205 – 223.

[18] Bennetzen, E. H., Smith, P., Porter, J. R., "Decoupling of Greenhouse Gas Emissions from Global Agricultural Production: 1970 – 2050", *Global Change Biology* 22, 2016, pp. 763 – 781.

[19] Besanko, D., Dranove, D, Shanley, M., *Economics of Strategy*, New York: Wiley, 2000.

[20] Bijman, J., "Contract Farming in Developing Countries: An Overview", Working Paper, Department of Business Administration, Wageningen Uni-

versity, 2008.

[21] Birthal, P. S., Joshi, P. K., Gulati, A., "Vertical Coordination in High Value Commodities: Implications for the Smallholders", MTID Discussion Paper 85, IFPRI, 2005.

[22] Boone, T., "The Exercise Physiology Code of Ethics: A Dilemma or a Atandard of Conduct?" *Professionalization of Exercise Physiology* 5 (11), 2002, pp. 66 – 77.

[23] Bossange, A. V., Knudson, K. M., Shrestha, A., Harben, R., Mitchell, J. P., "The Potential for Conservation Tillage Adoption in the San Joaquin Valley, California: A qualitative Study of Farmer Perspectives and Opportunities for Extension", *PLoS ONE* 11, 2016, e0167612.

[24] Boz, I., "Determinants of Farmers' Enrollment in Voluntary Environmental Programs: Evidence from the Eregli Reed Bed Area of Turkey", *Environment, Development and Sustainability* 20, 2018, pp. 2643 – 2661.

[25] Brick, K., Visser, M., "Risk Preferences, Technology Adoption and Insurance Uptake: A Framed Experiment", *Journal of Economic Behavior & Organization* 118, 2015, pp. 383 – 396.

[26] Cahyadi, E. R., Waibel, H., "Contract Farming and Vulnerability to Poverty among Oil Palm Smallholders in Indonesia", *Journal of Development Studies* 52 (5), 2016, pp. 681 – 695.

[27] Camarotto, C., Dal Ferro, N., Piccoli, I., Polese, R., Furlan, L., Chiarini, F., Morari, F., "Conservation Agriculture and Cover Crop Practices to Regulate Water, Carbon and Nitrogen Cycles in the Low-lying Venetian Plain", *Catena* 167, 2018, pp. 236 – 249.

[28] Cameron, L., Shah, M., "Risk-taking Behavior in the Wake of Natural Disasters", *Journal of Human Resources* 50 (2), 2015, pp. 484 – 515.

[29] Caspi, A., Roberts, B. W., Shiner, R. L., "Personality Development: Stability and Change", *Annual Review of Psychology* 56 (1), 2005, pp. 453 – 484.

[30] Cassar, A., Healy, A., von Kessler, C., "Trust, Risk, and Time Preferences after a Natural Disaster: Experimental Evidence from Thailand",

World Development 94, 2017, pp. 90 - 105.

[31] Chavas, J., Holt, M. T., "Economic Behavior under Uncertainty: A Joint Analysis of Risk Preferences and Technology", *Review of Economics and Statistics* 78 (2), 1996, pp. 329 - 335.

[32] Clarke, C. L., Shackleton, S. E., Powell, M., "Climate Change Perceptions, Drought Responses and Views on Carbon Farming amongst Commercial Livestock and Game Farmers in the Semiarid Great Fish River Valley, Eastern Cape Province, South Africa", *African Journal of Range and Forage Science* 29, 2012, pp. 12 - 23.

[33] Cliff, A. D., Ord, J. K., *Spatial Processes: Models and Applications*, London: Pion, 1981.

[34] Coase, R. H., "The Nature of the Firm", *Economica* 4 (16), 1937, pp. 386 - 405.

[35] Coller, M., Harrison, G., Rutstrom, E., "Latent Process Heterogeneity in Discounting Behavior", *Oxford Economic Papers* 64, 2012, pp. 375 - 391.

[36] Cronin, J. J., Brady, M. K., Hult, G. T. M., "Assessing the Effects of Quality, Value, and Customer Satisfaction on Consumer Behavioral Intentions in Service Environments", *Journal of Retailing* 76 (2), 2000, pp. 193 - 218.

[37] DellaVigna, S., Malmendier, U., "Contract Design and Self-control: Theory and Evidence", *Quarterly Journal of Economics* 119 (2), 2004, pp. 353 - 402.

[38] Diamond, P., Koszegi, B., "Quasi-hyperbolic Discounting and Retirement", *Journal of Public Economics* 87, 2003, pp. 1839 - 1872.

[39] Dixit, A., "Trade Expansion and Contract Enforcement", *Journal of Political Economy* 111 (6), 2003, pp. 1292 - 1317.

[40] Dubois, P., "Moral Hazard, Land Fertility and Sharecropping in a Rural Area of the Philippines", *Journal of Development Economics* 68 (1), 2002, pp. 35 - 64.

[41] Duffy, J., "Macroeconomics: A Survey of Laboratory Research", University of Pittsburgh, Department of Economics, Working Papers:

334, 2008.

[42] Duquette, E., Higgins, N., Horowitz, J., "Farmer Discount Rates: Experimental Evidence", *American Journal of Agricultural Economics* 94 (2), 2012, pp. 451 – 456.

[43] Eckel, C. C., El-Gamal, M. A., Wilson, R. K., "Risk Loving after the Storm: A Bayesian-Network Study of Hurricane Katrina Evacuees", *Journal of Economic Behavior & Organization* 69 (2), 2009, pp. 110 – 124.

[44] Ellickson, R. C., "The Aim of Order without Law", *Journal of Institutional and Theoretical Economics* 150, 1994, pp. 97 – 100.

[45] FAO, "FAQ: What is Contract Farming?" Contract Farming Resource Centre, Food and Agriculture Organization of the United Nations, 2017. http://www.fao.org/in-action/contract-farming/faq/en/.

[46] Fargione, J., Hill, J., Tilman, D., Polasky, S., Hawthorne, P., "Land Clearing and the Biofuel Carbon Debt", *Science* 319, 2008, pp. 1235 – 1238.

[47] Fishbein, M., Ajzen, I., *Belief, Attitude, Intention and Behavior: An Introduction to Theory and Research*, MA: Addison-Welsey, 1975.

[48] Fisher, I., *The Theory of Interest*, New York: The Macmillan Co., 1930.

[49] Flint, D. J, Woodruff, R. B., Cardial, S. F., "Exploring the Phenomenon of Customer, Desired Value Change in a Business-to Business Context", *Journal of Marketing* 66 (10), 2002, pp. 102 – 117.

[50] Foss, K., Foss, N., "Theoretical Isolation in Contract Theory: Suppressing Margins and Entrepreneurship", *Journal of Economic Methodology* 7 (3), 2000, pp. 313 – 339.

[51] Frank, S. D., Henderson, D. R., "Transaction Costs as Determinants of Vertical Coordination in the US Food Industries", *American Journal of Agricultural Economics* 74, 1992, pp. 942 – 950.

[52] Frederick, S., Loewenstein, G., O'Donoghue, T., "Time Discounting and Time Preference: A Critical Review", *Journal of Economic Literature* 40 (2), 2002, pp. 351 – 401.

[53] Fuentes, M., Hidalgo, C., Etchevers, J., León, F., Guerrero, A.,

Dendooven, L., Verhulst, N., Govaerts, B., "Conservation Agriculture, Increased Organic Carbon in the Top-soil Macro-Aggregates and Reduced Soil CO Emissions", *Plant and Soil* 355, 2012, pp. 183 – 197.

[54] Fukunaga, K., Huffman, W. E., "The Role of Risk and Transaction Costs in Contract Design: Evidence From Farmland Lease Contracts in U. S. Agriculture", *American Journal of Agricultural Economics* 91 (1), 2009, pp. 237 – 249.

[55] Gagné, R. M., Briggs, L. J., *Principles of Instructional Design* (second edition), New York: Holt, Rinehart and Winston, 1974.

[56] Galotti, K. M., *Cognitive Psychology*, New York: Michele Sordi, 2008.

[57] Gao, Y., Zhang, X., Lu, J., Wu, L., Yin, S., "Adoption Behavior of Green Control Techniques by Family Farms in China: Evidence from 676 Family Farms in Huang-huai-hai Plain", *Crop Protection* 99, 2017, pp. 76 – 84.

[58] Garbach, K., Lubell, M., DeClerck, F. A. J., "Payment for Ecosystem Services: The Roles of Positive Incentives and Information Sharing in Stimulating Adoption of Silvopastoral Conservation Practices", *Agriculture, Ecosystems & Environment* 156, 2012, pp. 27 – 36.

[59] Gow, H. R., Streeter, D. H., Swinnen, J. F. M., "How Private Contract Enforcement Mechanisms Can Succeed Where Public Institutions Fail: The Case of Juhocukor A. S.", *Agricultural Economics* 23 (3), 2000, pp. 253 – 265.

[60] Gramzow, A., Batt, P. J., Afari-Sefa, V., Petrick, M., Roothaert, R., "Linking Smallholder Vegetable Producers to Markets-A Comparison of a Vegetable Producer Group and a Contract-Farming Arrangement in the Lushoto District of Tanzania", *Journal of Rural Studies* 63, 2018, pp. 168 – 179.

[61] Gray, A. W., Boehlje, M. D., "Risk Sharing and Transactions Costs in Producer-processor Supply Chains", *Choices: The Magazine of Food, Farm, and Resource Issues* 20 (4), 2005, pp. 281 – 286.

[62] Greene, W. H., *Econometric Analysis* (7th edition), New York: Prentice Hall Press, 2011.

[63] Gronroos, C., *Service Management and Marketing*, New York: Wiley, 2000.

[64] Guielford, J. P., *Fundamental Statics in Psychology and Education*, New York: Mc Graw-Hill, NY, USA, 1965.

[65] Guo, H., Jolly, R. W., Zhu, J., "Contract Farming in China: Perspectives of Farm Households and Agribusiness Firms", *Comparative Economic Studies* 49 (2), 2007, pp. 285 – 312.

[66] Guo, H., Jolly, R. W., "Contractual Arrangements and Enforcements in Transition Agriculture: Theory and Evidence from China", *Food Policy* 33 (6), 2008, pp. 570 – 575.

[67] Guo, J. T., Krause, A., "Dynamic Nonlinear Income Taxation with Quasi-hyperbolic Discounting and no Commitment", *Journal of Economic Behavior & Organization* 109, 2015, pp. 101 – 119.

[68] Haji, J., "The Enforcement of Traditional Vegetable Marketing Contracts in the Eastern and Central Parts of Ethiopia", *Journal of African Economies* 19 (5), 2010, pp. 768 – 792.

[69] Harrison, G. W., Lau, M. I., Rutstrom, E., "Theory, Experimental Design and Econometrics are Complementary (and So Are Lab and Field Experiments)", Working Paper, Department of Risk Management & Insurance and Center for the Economic Analysis of Risk, Robinson College of Business, Georgia State University, USA, 2011.

[70] Harrison, G. W., Lau, M. I., Williams, M. B., "Estimating Individual Discount Rates in Denmark: A Field Experiment", *American Economic Review* 92 (5), 2002, pp. 1606 – 1617.

[71] Hobbs, J. E., Young, L. M., "Increasing Vertical Linkages in Agro-food Supply Chain: A Conceptual Model and Some Preliminary Evidence", Research Discussion Paper No. 35, Montana State University, Bozeman, August, 1999.

[72] Hou, J., Hou, B., "Farmers' Adoption of Low-carbon Agriculture in China: An Extended Theory of Planned Behavior Model", *Sustainability* 11 (5), 2019, p. 1399.

[73] Hou, J., Ying, R., Hou, B., "Factors Influencing the Stability of Contract Farming: An Empirical Study in China", *Agricultural Research* 8

(3), 2019, pp. 403 –410.

[74] Hueth, B., Hennessy, D. A., "Contracts and Risk in Agriculture: Conceptual and Empirical Foundations", *A Comprehensive Assessment of the Role of Risk in U. S. Agriculture*, 2002, pp. 167 –189.

[75] Hutchinson, J. J., Campbell, C. A., Desjardins, R. L., "Some Perspectives on Carbon Sequestration in Agriculture", *Agricultural and Forest Meteorology* 142, 2007, pp. 288 –302.

[76] IPCC, *Climate Change* 2014: *Mitigation of Climate Change*, Cambridge: Cambridge University Press, UK, 2014.

[77] Ivlevs, A., "Happy Moves? Assessing the Link between Life Satisfaction and Emigration Intentions", *Kyklos* 68 (3), 2015, pp. 335 –356.

[78] Johnson, C. S., Foster, K., "Risk Preferences and Contracting in the U. S. Hog Industry", *Journal of Agricultural and Applied Economics* 26, 1994, pp. 393 –405.

[79] Josef, M., "Study on Agriculture Decision-makers Behavior on Sustainable Energy Utilization", *Journal of Food Agriculture & Environment* 26, 2013, pp. 679 –689.

[80] Just, D. R., Lybbert, T., "Risk Averters that Love Risk? Marginal Risk Aversion in Comparison to a Reference Gamble", *American Journal of Agricultural Economics* 91 (3), 2009, pp. 612 –626.

[81] Kahneman, D., Tversky, A., "Prospect Theory: An Analysis of Decision under Risk", *Econometrica* 47 (2), 1979, pp. 263 – 291.

[82] Karantininis, K., Sauer, J., Furtan, W. H., "Innovation and Integration in the Agri-food Industry", *Food Policy* 35, 2010, pp. 112 –120.

[83] Key, N., McBride, W., "Production Contracts and Productivity in the U. S. Hog Sector", *American Journal of Agricultural Economics* 85 (1), 2003, pp. 121 –133.

[84] Klein, B., Leffler, K. B., "The Role of Market Forces in Assuring Contractual Performance", *Journal of Political Economy* 89, 1981, pp. 615 – 641.

[85] Klein, B., "Why Hold-up Occur: The Self-enforcing Range of Contractu-

al Relationships", *Economic Inquiry* 34, 1996, pp. 444 – 463.

[86] Knoeber, C. R., Thurman, W. N., "Don't Count Your Chickens...: Risk and Risk Shifting in the Broiler Industry", *American Journal of Agricultural Economics* 77 (3), 1995, pp. 486 – 496.

[87] Koenker, R., Bassett, G., "Regression Quantiles", *Econometrica* 46 (1), 1978, pp. 33 – 50.

[88] Kragt, M. E., Dumbrell, N. P., Blackrnore, L., "Motivations and Barriers for Western Australian Broad – acre Farmers toAdopt Carbon Farming", *Environmental Science & Policy* 73, 2017, pp. 115 – 123.

[89] Kreps, D., Wilson, R., "Reputation and Imperfect Information", *Journal of Economic Theory* 27 (2), 1982, pp. 253 – 279.

[90] Kumar, S., Chandra, S., Singh, D. R., Chaudhary, K. R., "Contractual Arrangements and Enforcement in India: The Case of Organic Basmati Paddy Farming", *Indian Journal of Agricultural Economics* 68 (3), 2013, pp. 449 – 456.

[91] Kunte, S., Wollni, M., Keser, C., "Making it Personal: Breach and Private Ordering in a Contract Farming Experiment", *European Review of Agricultural Economics* 44 (1), 2017, pp. 121 – 148.

[92] Laibson, D., "Golden Eggs and Hyperbolic Discounting", *Quarterly Journal of Economics* 112 (2), 1997, pp. 443 – 477.

[93] Lajili, K., Barry, P. J., Sonka, S. T., Mahoney, J. T., "Farmers' Preferences for Crop Contracts", *Journal of Agricultural and Resource Economics* 22 (2), 1997, pp. 264 – 280.

[94] Levinthal, D., March, J. G., "A Model of Adaptive Organizational Search", *Journal of Economic Behavior and Organization* 2 (4), 1981, pp. 307 – 333.

[95] Levitt, S. D., List, J. A., "What do Laboratory Experiments Measuring Social Preferences Reveal about the Real World?" *Journal of Economic Perspectives* 21 (2), 2007, pp. 153 – 174.

[96] Li, H., Mu, C., Yang, J., "Optimal Contract Theory with Time-inconsistent Preferences", *Economic Modelling* 52, 2016, pp. 519 – 530.

[97] Liebenehm, S., Waibel, H., "Simultaneous Estimation of Risk and Time Preferences among Small-scale Cattle Farmers in West Africa", *American Journal of Agricultural Economics* 96 (5), 2014, pp. 1420 – 1438.

[98] Ligon, E., "Optimal Risk in Agricultural Contracts", *Agricultural Systems* 75, 2003, pp. 265 – 76.

[99] Liu, E. M., Huang, J., "Risk Preferences and Pesticide Use by Cotton Farmers in China", *Journal of Development Economics* 103, 2013, pp. 202 – 215.

[100] Liu, E. M., "Time to Change What to Sow: Risk Preferences and Technology Adoption Decisions of Cotton Farmers in China", *Review of Economics and Statistics* 95 (4), 2013, pp. 1386 – 1403.

[101] Liu, J., Ge, Y. X., Wang, A. L., Geng, C. Y., "China's Agricultural Price Risk and Prevention Research", *Research of Agricultural Modernization* 25 (6), 2004, pp. 438 – 441.

[102] Lo, C., "Perishability as a Determinant of Vertical Coordination: The Case of the US Egg, Poultry, and Pork Industries", *China Agricultural Economic Review* 2 (1), 2010, pp. 49 – 62.

[103] Loewenstein, G., O'Donoghue, T., "Animal Spirits: Affective and Deliberative Processes in Economic Behavior", Working Paper, Cornell University, 2004.

[104] Loewenstein, G., Prelec, D., "Anomalies in Intertemporal Choice: Evidence and an Interpretation", *Quarterly Journal of Economics* 107 (2), 1992, pp. 573 – 597.

[105] Lou, X. F., Nair, J., "The Impact of Landfilling and Composting on Greenhouse Gas Emissions—A review", *Bioresource Technology* 100, 2009, pp. 3792 – 3798.

[106] MacDonald, J., Perry, J., Ahearn, M., Banker, D., Chambers, W., Dimitri, C., Key, N., Nelson, K., Southard, L., "Contracts, Markets, and Prices: Organizing the Production and Use of Agricultural Commodities", *Agricultural Economic Report*. No. 837, USDA Economic Research Service, 2004.

[107] Maertens, M., Velde, K. V., "Contract-farming in Staple Food Chains: The Case of Rice in Benin", *World Development* 95, 2017, pp. 73 – 87.

[108] Maertens, M., "Trade, Food Standards and Poverty: The Case of High-value Vegetable Exports from Senegal", Poster Paper Presented at the International Association of Agricultural Economists Conference, Gold Coast, Australia, August, 2006, pp. 12 – 18.

[109] Marenya, P., Smith, V. H., Nkonya, E., "Relative Preferences for Soil Conservation Incentives among Smallholder Farmers: Evidence from Malawi", *American Journal of Agricultural Economics* 96 (3), 2014, pp. 690 – 710.

[110] Mattioli, A., Boscaro, D., Dalla Venezia, F., Correale Santacroce, F., Pezzuolo, A., Sartori, L., Bolzonella, D., "Biogas from Residual Grass: A Territorial Approach for Sustainable Bioenergy Production", *Waste and Biomass Valorization* 8, 2017, pp. 2747 – 2756.

[111] Messner, S. F., Deane, G. D., Anselin, L., B. Pearson-Nelson, J., "Locating the Vanguard in Rising and Falling Homicide Rates across US Cities", *Criminology* 43 (3), 2005, pp. 661 – 696.

[112] Mishra, A. K, Kumar, A., Joshi, P. K., D'souza, A., "Impact of Contracts in High Yielding Varieties Seed Production on Profits and Yield: The Case of Nepal", *Food Policy* 62, 2016, pp. 110 – 121.

[113] Miyata, S., Minot, N., Hu, D., "Impact of Contract Farming on Income: Linking Small Farmers, Packers, and Supermarkets in China", *World Development* 37 (11), 2009, pp. 1781 – 1790.

[114] Monroe, K. B., *Pricing-making Profitable Decisions*, New York: McGraw Hill, 1991, pp. 25 – 27.

[115] Montefrio, M. J. F., Sonnenfeld, D. A., Luzadis, V. A., "Social Construction of the Environment and Smallholder Farmers' Participation in 'Low-carbon', Agro-industrial Crop Production Contracts in the Philippines", *Ecological Economics* 116, 2015, pp. 70 – 77.

[116] Mwambi, M. M., Oduol, J., Mshenga, P., Saidi, M., "Does Contract Farming Improve Smallholder Income? The Case of Avocado Farmers in

Kenya", *Journal of Agribusiness in Developing & Emerging Economies* 6 (1), 2016, pp. 2 – 20.

[117] Ng, T. L. , Eheart, J. W. , Cai, X. M, Braden, J. B. , "An Agent-based Model of Farmer Decision-making and Water Quality Impacts at the Watershed Scale under Markets for Carbon Allowances and a Second-generation Biofuel Crop", *Water Resources Research* 47, 2011, pp. 130 – 139.

[118] Nguyen, Q. , Leung. , P. , "How Nurture can Shape Preferences: An Experimental Study on Risk Preferences of Vietnamese Fishers", *Environment and Development Economics* 15 (5), 2010, pp. 609 – 631.

[119] Nguyen, Q. , "Does Nurture Matter: Theory and Experimental Investigation on the Effect of Working Environment on Risk and Time Preferences", *Journal of Risk and Uncertainty* 43 (3), 2011, pp. 245 – 270.

[120] Nielsen, U. , "Poverty and Attitudes towards Time and Risk-experimental Evidence from Madagascar", Working Paper, Royal Veterinary and Agricultural University of Denmark, 2001.

[121] Niu, B. Z. , Jin, D. , Pu, X. , "Coordination of Channel Members' Efforts and Utilities in Contract Farming Operations", *European Journal of Operational Research* 255 (3), 2016, pp. 869 – 883.

[122] Olesen, J. E. , Trnka, M. , Kersebaum, K. C. , Skjelvåg, A. O. , Seguin, B. , Peltonen-Sainio, P. , Rossi, F. , Kozyra, J. , Micalei, F. , "Impacts and Adaptation of European Crop Production Systems to Climate Change", *European Journal of Agronomy* 34, 2011, pp. 96 – 112.

[123] Otsuka, K. , Nakano, Y. , Takahashi, K. , "Contract Farming in Developed and Developing Countries", *Annual Review of Resource Economics* 8, 2016, pp. 353 – 376.

[124] O'Donoghue, T. , Rabin. , M. , "Doing It Now or Later", *American Economic Review* 89 (1), 1999, pp. 103 – 124.

[125] Page, L. , Savage, D. A. , Torgler, B. , "Variation in Risk Seeking Behaviour Following Large Losses: A Natural Experiment", *European Economic Review* 71, 2014, pp. 121 – 131.

[126] Parry, M. L., Rosenzweig, C., Iglesia, A., Livermore, M., Fischer, G., "Effects of Climate Change on Global Food Production under SRES Emissions and Socio-economic Scenarios", *Global Environmental Change* 14, 2004, pp. 53 – 67.

[127] Pathak, H., Byjesh, K., Chakrabarti, B., et al., "Potential and Cost of Carbon Sequestration in Indian Agriculture: Estimates from Long-term Field Experiments", *Field Crops Research* 20, 2011, pp. 102 – 111.

[128] Pender, J. L., "Discount Rates and Credit Markets: Theory and Evidence from Rural India", *Journal of Development Economics* 50 (2), 1996, pp. 257 – 296.

[129] Pennings, J. M. E., Leuthold, R. M., "The Role of Farmers' Behavioral Attitudes and Heterogeneity in Futures Contracts Usage", *American Journal of Agricultural Economics* 82 (4), 2000, pp. 908 – 919.

[130] Polanyi, K., Conrad, M. A., Harry, W. P., *Trade and Market in the Early Empires: Economics in History and Theory*, Glencoe: Free Press, 1957.

[131] Popkin, S., *The Rational Peasant: The Political Economy of Rural Society in Vietnam*, Berkley: University of California Press, 1979.

[132] Prelec, D., "Decreasing Impatience: Definition and Consequences", Working Paper, Harvard Business School, 1989.

[133] Prelec, D., "The Probability Weighting Function", *Econometrica* 66 (3), 1998, pp. 497 – 528.

[134] Qiu, J. J., Li, C. S., Wang, L. G., "Modeling Impacts of Carbon Sequestration on Net Greenhouse Gas Emissions from Agricultural Soils in China", *Global Biogeochemical Cycles* 23, 2009, pp. 288 – 296.

[135] Rae, J., *The Sociological Theory of Capital*, London: Macmilllan, 1834.

[136] Ragasa, C., Lambrecht, I., Kufoalor, D. S., "Limitations of Contract Farming as a Pro-poor Strategy: The Case of Maize Outgrower Schemes in Upper West Ghana", *World Development* 102, 2018, pp. 30 – 56.

[137] Ramaswami, B., Birthal, P. S., Joshi., P. K., "Efficiency and Distribution in Contract Farming: The Case Study of Indian Poultry Growers",

Discussion Paper 91, MTID, 2006.

[138] Ray, D. K., Gerber, J. S., MacDonald, G. K., West, P. C., "Climate Variation Explains a Third of Global Crop Yield Variability", *Nature Communications* 6, 2015, p. 5989.

[139] Rehber, E., "Vertical Coordination in the Agro-food Industry and Contract Farming: A Comparative Study of Turkey and the USA", Research Report No. 52, Food Marketing Policy Center, University of Connecticut, Storrs, CT, 2000.

[140] Ricciuti, R., "Bringing Macroeconomics into the Lab", *Journal of Macroeconomics* 30, 2008, pp. 216 – 237.

[141] Roth, A. E., "Laboratory Experimentation in Economics: A Methodological Overview", *The Economic Journal* 98, 1988, pp. 974 – 1031.

[142] Runsten, D., Key, N., "Contract Farming in Developing Countries: Theoretical Aspects and Analysis of Some Mexican Case Studies", Report LC/L. 989, Economic Commission for Latin America and the Caribbean, Santiago, 1996.

[143] Saha, A., Shumway, C. R., Talpaz, H., "Joint Estimation of Risk Preference Structure and Technology Using Expo-power Utility", *American Journal of Agricultural Economics* 76 (2), 1994, pp. 173 – 184.

[144] Samuelson, P., "A Note on Measurement of Utility", *Review of Economic Studies* 4 (1), 1937, pp. 155 – 161.

[145] Sartwelle, J., O'Brien, D., Tierney, W., Eggers, T., "The Effect of Personal and Farm Characteristics upon Grain Marketing Practices", *Journal of Agricultural and Applied Economics* 32 (1), 2000, pp. 95 – 111.

[146] Schipmann, C., Qaim, M., "Supply Chain Differentiation, Contract Agriculture, and Farmers' Marketing Preferences: The Case of Sweet Pepper in Thailand", *Food Policy* 36, 2011, pp. 667 – 677.

[147] Schneider, U. A., McCarl, B. A., "Appraising Agricultural Greenhouse Gas Mitigation Potentials: Effects of Alternative Assumptions", *Agricultural Economics* 35, 2006, pp. 277 – 287.

[148] Schultz, T. W., "Transforming Traditional Agriculture", New Haven:

Yale University Press, 1964.

[149] Schulze, B., Spiller, A., Theuvsen, L., "Is more Vertical Integration the Future of Food Supply Chains? Empirical Evidence and Theoretical Considerations from German Pork Production", In: International Agrifood Chains and Networks: Management and Organization, ed. Jos Bijman, Wageningen: Wageningen Press, 2006, pp. 49 – 63.

[150] Schwarz, M. E., Sheshinski, E., "Quasi-hyperbolic Discounting and Social Security Systems", *European Economic Review* 51 (5), 2007, pp. 1247 – 1262.

[151] Scott, J. C., *The Moral Economy of the Peasant: Rebellion and Subsistence in Southeast Asia*, New Haven: Yale University Press, 1976.

[152] Shavit, T., Rosenboim, M., Shani, Y., "Time Preference before and after a Risky Activity-A Field Experiment", *Journal of Economic Psychology* 43, 2014, pp. 30 – 36.

[153] Sheth, J. N., Bruce, I., Newman, B., Gross, L., "Why We Buy What We Buy: A Theory of Consumption Values", *Journal of Business Research* 22 (4), 1991, pp. 159 – 170.

[154] Simmons, P., Winters, P., Patrick, I., "An Analysis of Contract Farming in East Java, Bali, and Lombok, Indonesia", *Agricultural Economics* 33 (Suppl.), 2005, pp. 513 – 525.

[155] Singh, S., "Contracting Out Solutions: Political Economy of Contract Farming in the Indian Punjab", *World Development* 30 (9), 2002, pp. 1621 – 1638.

[156] Smith, P., Bhogal, A., Edgington, P., "Consequences of Feasible Future Agricultural Land-Use Change on Soil Organic Carbon Stocks and Greenhouse Gas Emissions in Great Britain", *Soil Use and Management* 26, 2010, pp. 381 – 198.

[157] Smith, V. L., "An Experimental Study of Competitive Market Behavior", *Journal of Political Economy* 70 (2), 1962, pp. 111 – 137.

[158] Smith, V. L., "Markets as Economizers of Information: Experimental Examination of the Hayek Hypothesis", *Economic Inquiry* 20 (2),

1982, pp. 165 – 179.

[159] Tanaka, T., Camerer, C. F., Nguyen, Q., "Risk and Time Preferences: Linking Experimental and Household Survey Data from Vietnam", *American Economic Review* 100 (1), 2010, pp. 557 – 571.

[160] Taylor, J. W., "The Role of Risk in Consumer Behavior", *Journal of Marketing* 38 (2), 1974, pp. 54 – 60.

[161] Telser, L. G., "A Theory of Self-enforcing Agreements", *Journal of Business* 53, 1980, pp. 27 – 44.

[162] Tereza, P., Miroslava, B., Alexander, K., "Do Farmer, Household and Farm Characteristics Influence the Adoption of Sustainable Practices? The Evidence from the Republic of Moldova", *International Journal of Agricultural Sustainability* 16, 2018, pp. 367 – 384.

[163] Tregurtha, N. L., Vink, N., "Turst and Supply Chain Relationship: A South African Case Study", Annual Conference Paper of International Society for the New Institutional Economics 9, 2002, pp. 27 – 29.

[164] Tripathi, R. S., Singh, R., Singh, S., "Contract Farming in Potato Production: An Alternative for Managing Risk and Uncertainty", *Agricultural Economics Research Review* 18, 2005, pp. 47 – 60.

[165] Tversky, A., Kahneman, D., "Advances in Prospect Theory: Cumulative Representation of Uncertainty", *Journal of Risk and Uncertainty* 5 (4), 1992, pp. 297 – 323.

[166] Vetter, S. H., Sapkota, T. B., Hillier, J., Stirling, C. M., Macdiarmid, J. I., Aleksandrowicz, L., Green, R., Joy, E. J. M., Dangour, A. D., Smith, P., "Greenhouse Gas Emissions from Agricultural Food Production to Supply Indian Diets: Implications for Climate Change Mitigation", *Agriculture, Ecosystems & Environment* 237, 2017, pp. 234 – 241.

[167] Wang, A. Q., Xia, Y., "Study on Breach of Contract and Countermeasures in Agriculture Industrial Management", *Food Research* 1, 2007, pp. 17 – 21.

[168] Wang, H. H., Wang, Y., Delgado, M., "The Transition to Modern Agriculture: Contract Farming in Developing Economies", *American*

Journal of Agricultural Economics 96 (5), 2014, pp. 1257 – 1271.

[169] Wang, H. H., Zhang, Y., Wu, L., "Is Contract Farming a Risk Management Instrument for Chinese Farmers?" *China Agricultural Economic Review* 3 (4), 2011, pp. 489 – 504.

[170] Wang, M., Rieger, M. O., Hens, T., "How Time Preferences Differ: Evidence from 53 Countries", *Journal of Economic Psychology* 52, 2016, pp. 115 – 135.

[171] Wang, W., Sardans, J., Wang, C., Zeng, C., Tong, C., Asensio, D., Peñuelas, J., "Relationships between the Potential Production of the Greenhouse Gases CO_2, CH_4 and N_2O and Soil Concentrations of C, N and P across 26 Paddy Fields in Southeastern China", *Atmospheric Environment* 164, 2017, pp. 458 – 467.

[172] Warning, M., Key, N., "The Social Performance and Distributional Consequences of Contract Farming: An Equilibrium Analysis of the Arachide De Bouche Program in Senega", *World Development* 30 (2), 2002, pp. 255 – 263.

[173] Weber, E. U., "A Descriptive Measure of Risk", *Acta Psychologica* 69 (2), 1988, pp. 185 – 203.

[174] Williams, S., Karen, R., "Agribusiness and the Small-scale Farmer: A Dynamic Partnership for Development", Boulder USA: Westview Press, 1985.

[175] Woodruff, C., "Contract Enforcement and Trade Liberalization in Mexico's Footwear Industry", *World Development* 6, 1998, pp. 979 – 991.

[176] Woodruff, R. B., "Customer Value: The Next Source for Competitive Advantage", *Journal of the Academy of Marketing Science* 25, 1997, pp. 139 – 153.

[177] Zeithaml, V. A., "Consumer Perceptions of Price, Quality, and Value: A Means-end Model and Synthesis of Evidence", *Journal of Marketing* 52 (3), 1988, pp. 2 – 22.

[178] Zhang, J. J., Zheng, X. P., Zhang, X. S., "Farmers' Information Acceptance Behavior in China", *African Journal of Agricultural Research*

3, 2010, pp. 217－221.

[179] Zylbersztajn, D., Nadalini, L. B., "Tomatoes and Courts: Agro-industrial Strategy in the Face of Weak Property Rights", Paper Presented at the 6th International Conference on Chain and Network Management in Agribusiness and the Food Industry, Ede, Netherlands, 2004.

[180] 曹艳爱:《"公司+农户"模式稳定性研究概述》,《广东农业科学》2013年第15期。

[181] 陈明亮:《客户忠诚决定因素实证研究》,《管理科学学报》2003年第5期。

[182] 陈新建、韦圆圆:《风险感知、风险偏好与贫困农户风险管理策略》,《华南农业大学学报（社会科学版）》2019年第1期。

[183] 陈艳、孔晨、于洪鉴:《行为人的舞弊心理及舞弊倾向的实证研究》,《财经问题研究》2014年第9期。

[184] 陈竹:《农产品质量安全的契约选择:基于关系契约理论的分析框架》,《生产力研究》2014年第1期。

[185] 崔宝敏、胡冬亮:《订单农业:违约、风险与治理机制——基于E-R模型的天津市国宗梦得合作社的分析》,《山东财政学院学报》2013年第3期。

[186] 邓宏图、米献炜:《约束条件下合约选择和合约延续性条件分析——内蒙古塞飞亚集团有限公司和农户持续签约的经济解释》,《管理世界》2002年第12期。

[187] 董翀、钟真、孔祥智:《订单农业对农户的影响总是有效吗?——买方垄断和非垄断市场订单农业参与效果的对比研究》,《商业经济与管理》2015年（c）第4期。

[188] 董翀、钟真、孔祥智:《买方垄断市场下农户参与订单农业的效果研究——以生鲜乳市场为例》,《上海经济研究》2015年（b）第3期。

[189] 董翀、钟真、孔祥智:《买方垄断市场下农户参与订单农业的影响因素研究——以生鲜乳市场为例》,《中国市场》2015年（a）第5期。

[190] 窦璐:《旅游者感知价值、满意度与环境负责行为》,《干旱区资源

与环境》2016 年第 30 期。

[191] 方黎明、顾昕：《突破自愿性的困局：新型农村合作医疗中参合的激励机制与可持续性发展》，《中国农村观察》2006 年第 4 期。

[192] 高媛、李红：《基于 Logistic 模型的农户农业订单参与意愿影响因素分析——以乌鲁木齐县乌拉泊村为例》，《广东农业科学》2017 年第 44 期。

[193] 龚光明、曾照存：《公司特有风险、管理者风险特质与企业投资效率——来自中国上市公司的经验数据》，《经济与管理研究》2013 年第 11 期。

[194] 郭红东：《龙头企业与农户订单安排与履约：理论和来自浙江企业的实证分析》，《农业经济问题》2006 年第 2 期。

[195] 郭红东：《农业龙头企业与农户订单安排及履约机制研究》，浙江大学博士学位论文，2005（b）。

[196] 郭红东：《我国农户参与订单农业行为的影响因素分析》，《中国农村经济》2005 年（a）第 3 期。

[197] 郭红东、蒋文华：《龙头企业与农户的订单安排与履约——一个一般分析框架的构建及对订单蜂业的应用分析》，《制度经济学研究》2007 年第 1 期。

[198] 郭红娟、王健、李林：《肉鸡养殖参与订单农业生产的影响因素：基于 201 户养殖户的实证分析》，《贵州农业科学》2009 年第 11 期。

[199] 郭锦墉、胡克敏、刘滨：《影响农户营销合作履约行为因素的理论与实证分析——以江西省农户调查数据为例》，《中国软科学》2007 年（b）第 9 期。

[200] 郭锦墉、刘滨、尹琴、胡克敏：《农产品营销合作中影响农户合同形式选择的因素分析——基于江西省 486 户农户的实证》，《生态经济》（学术版）2007 年（a）第 1 期。

[201] 郭晓鸣、廖祖君：《公司领办型合作社的形成机理与制度特征——以四川省邛崃市金利猪业合作社为例》，《中国农村观察》2010 年第 5 期。

[202] 郭晓鸣、廖祖君、孙彬：《订单农业运行机制的经济学分析》，《农

业经济问题》2006 年第 11 期。

[203] 何可、张俊飚：《农民对资源性农业废弃物循环利用的价值感知及其影响因素》，《中国人口·资源与环境》2014 年第 10 期。

[204] 侯博：《可追溯食品消费偏好与公共政策研究》，社会科学文献出版社，2018。

[205] 侯博、侯晶：《环境约束条件下农户认知与低碳生产行为研究——基于太湖流域的调查数据》，《广东农业科学》2015 年第 4 期。

[206] 侯博、应瑞瑶：《分散农户低碳生产行为决策研究——基于 TPB 和 SEM 的实证分析》，《农业技术经济》2015 年第 2 期。

[207] 侯博、应瑞瑶：《分散农户农药残留认知的省际比较研究》，《统计与信息论坛》2014 年第 2 期。

[208] 侯建昀、霍学喜：《交易成本与农户农产品销售渠道选择——来自 7 省 124 村苹果种植户的经验证据》，《山西财经大学学报》2013 年第 7 期。

[209] 侯晶、侯博：《农户订单农业参与行为及其影响因素分析——基于计划行为理论视角》，《湖南农业大学学报》（社会科学版）2018 年第 1 期。

[210] 侯晶、应瑞瑶，周力：《契约农业能有效提高农户的收入吗？——以肉鸡养殖户为例》，《南京农业大学学报》（社会科学版）2018 年第 3 期。

[211] 侯麟科、仇焕广、白军飞、徐志刚：《农户风险偏好对农业生产要素投入的影响——以农户玉米品种选择为例》，《农业技术经济》2014 年第 5 期。

[212] 侯守礼、王威、顾海英：《不完备契约及其演进：政府、信任和制度——以奶业契约为例》，《中国农村观察》2004 年第 6 期。

[213] 胡定寰、陈志钢、孙庆珍、多田稔：《合同生产模式对农户收入和食品安全的影响——以山东省苹果产业为例》，《中国农村经济》2006 年第 11 期。

[214] 胡克敏、冷小黑：《农产品营销合作中农户履约行为影响因素的理论分析》，《农村经济》2007 年第 10 期。

[215] 华红娟、常向阳：《农业生产经营组织对农户食品安全生产行为影

响研究——基于江苏省葡萄种植户的实证分析》,《江苏社会科学》2012年第6期。

[216] 黄梦思、孙剑:《"农业龙头企业+农户"模式的关系风险与交易治理》,《华南农业大学学报》(社会科学版)2018年第1期。

[217] 黄梦思、孙剑、陈新宇:《"农业龙头企业+农户"模式中治理机制与农户续约意愿》,《华中农业大学学报》(社会科学版)2018年第4期。

[218] 黄梦思、孙剑、曾晶:《"农业龙头企业+农户"营销渠道:契约功能、伙伴合作与交易绩效》,《南京农业大学学报》(社会科学版)2017年第5期。

[219] 黄泽颖、王济民:《契约农业,地区差异与养殖信心恢复——以H7N9禽流感事件为例》,《资源科学》2017年第4期。

[220] 黄宗智:《长江三角洲小农家庭与乡村发展》,中华书局,1992。

[221] 黄宗智:《华北的小农经济与社会变迁》,中华书局,1986。

[222] 黄祖辉、张静、Kevin Chen:《交易费用与农户契约选择——来自浙冀两省15县30个村梨农调查的经验证据》,《管理世界》2008年第9期。

[223] 蒋东生:《关于培育农民合作社问题的思考》,《管理世界》2004年第7期。

[224] 焦民赤、薛兴利:《订单农业中农户违约行为的博弈分析与规避策略》,《山东社会科学》2015年第6期。

[225] 孔晨:《基于行为经济学的国有企业高管职务舞弊行为研究》,东北财经大学博士学位论文,2016。

[226] 李彬:《"公司+农户"契约非完全性与违约风险分析》,《华中科技大学学报》(社会科学版)2009年第3期。

[227] 李长生、张文棋:《信贷约束对农户收入的影响——基于分位数回归的分析》,《农业技术经济》2015年第8期。

[228] 李道和、陈江华:《农民专业合作社农户履约行为影响因素分析——基于江西省农户的调查》,《农林经济管理学报》2015年第2期。

[229] 李东进、杨凯、周荣海:《消费者重复购买意向及其影响因素的实

证研究》,《管理学报》2007 年第 5 期。

[230] 李爽:《行为经济学与实验经济学综述及在中国的应用和发展》,《广播电视大学学报》(哲学社会科学版) 2015 年第 3 期。

[231] 李文兵:《古村落游客忠诚模型研究——基于游客感知价值及其维度视角》,《地理研究》2011 年第 1 期。

[232] 刘凤芹:《不完全合约与履约障碍——以订单农业为例》,《经济研究》2003 年第 4 期。

[233] 刘建徽、张应良:《订单农业模式中主体纵向协作选择行为分析》,《农业技术经济》2017 年第 11 期。

[234] 刘胜林、王雨林、卢冲、西爱琴:《感知价值理论视角下农户政策性生猪保险支付意愿研究——以四川省三县调查数据的结构方程模型分析为例》,《华中农业大学学报》(社会科学版) 2015 年第 3 期。

[235] 刘晓鸥、邸元:《订单农业对农户农业生产的影响——基于三省(区) 1041 个农户调查数据的分析》,《中国农村经济》2013 年第 4 期。

[236] 刘永贤等:《广西低碳农业发展现状与对策》,《南方农业学报》2011 年第 4 期。

[237] 刘宇、匡耀求、黄宁生:《农村沼气开发与温室气体减排》,《中国人口·资源与环境》2008 年第 3 期。

[238] 刘云茹:《"合作社 + 农户"模式下蔬菜生产者标准化生产行为研究——基于辽宁省的调查》,沈阳农业大学博士学位论文,2016。

[239] 卢昆、马九杰:《农户参与订单农业的行为选择与决定因素实证研究》,《农业技术经济》2010 年第 9 期。

[240] 陆迁、王昕:《农户参与订单农业的影响因素分析——以陕西省奶牛养殖产业为例》,《华中农业大学学报》(社会科学版) 2012 年第 4 期。

[241] 罗俊、汪丁丁、叶航、陈叶烽:《走向真实世界的实验经济学——田野实验研究综述》,《经济学》(季刊) 2015 年第 3 期。

[242] 马小勇、周博:《小规模农户背景下的契约农业及其对中国农业发展的意义》,《贵州社会科学》2011 年第 2 期。

[243] 毛飞、霍学喜:《农户参与订单农业意愿的影响因素分析——基于陕西21个村果农调查数据的分析》,《北京航空航天大学学报》(社会科学版)2010年第4期。

[244] 聂辉华:《最优农业契约与中国农业产业化模式》,《经济学》(季刊)2013年第1期。

[245] 潘丹、孔凡斌:《养殖户环境友好型畜禽粪便处理方式选择行为分析——以生猪养殖为例》,《中国农村经济》2015年第9期。

[246] 朋文欢、黄祖辉:《契约安排、农户选择偏好及其实证——基于选择实验法的研究》,《浙江大学学报》(人文社会科学版)2017年第4期。

[247] 恰亚诺夫:《农民经济组织》,中央编译出版社,1996。

[248] 钱忠好:《节约交易费用:农业产业化经营成功的关键——对江苏如意集团的个案研究》,《中国农村经济》2000年第8期。

[249] 屈小博、霍学喜:《交易成本对农户农产品销售行为的影响——基于陕西省6个县27个村果农调查数据的分析》,《中国农村经济》2007年第8期。

[250] 生秀东:《订单农业的契约困境和组织形式的演进》,《中国农村经济》2007年第12期。

[251] 史冰清、钟真:《农户参与不同产销组织的意愿及影响因素研究——基于鲁、宁、晋三省(区)调研数据的分析》,《中国农村经济》2012年第9期。

[252] 史建民:《提高农业订单履约率的法学分析》,《农业经济问题》2001年第12期。

[253] 宋金田、祁春节:《交易成本对农户农产品销售方式选择的影响——基于对柑橘种植农户的调查》,《中国农村观察》2011年第5期。

[254] 孙兰生:《关于订单农业的经济学分析》,《农业发展与金融》2006年第6期。

[255] 孙亚范、余海鹏:《农民专业合作社成员合作意愿及影响因素分析》,《中国农村经济》2012年第6期。

[256] 孙艳华:《江苏省肉鸡行业垂直协作关系研究》,南京农业大学博士学位论文,2007。

[257] 孙艳华、应瑞瑶、刘湘辉:《农户垂直协作的意愿选择及其影响因素分析——基于江苏省肉鸡行业的调查数据》,《农业技术经济》2010年第4期。

[258] 孙志红、王亚青:《农产品期货、涉农主体与订单农业违约风险的规避》,《世界农业》2016年第7期。

[259] 唐步龙、周应恒:《江苏林农对杨树苗购买环节密切协作的意愿研究》,《农业技术经济》2007年第4期。

[260] 田敏、张闯、夏春玉:《契约型农产品渠道中私人关系对交易关系稳定性的影响》,《财贸研究》2014年第3期。

[261] 万俊毅:《准纵向一体化、关系治理与合约履行——以农业产业化经营的温氏模式为例》,《管理世界》2008年第12期。

[262] 万俊毅、欧晓明:《产业链整合、专用性投资与合作剩余分配:来自温氏模式的例证》,《中国农村经济》2010年第5期。

[263] 万俊毅、曾丽军、陈冰淋:《合同农业发展的美国经验》,《世界农业》2016年第11期。

[264] 王桂霞、吴文欣:《吉林省肉牛产业发展的实证分析》,《吉林农业大学学报》2006年第3期。

[265] 王海涛、王凯:《养猪户安全生产决策行为影响因素分析——基于多群组结构方程模型的实证研究》,《中国农村经济》2012年第11期。

[266] 王珊珊、张广胜:《非农就业对农户碳排放行为的影响研究——来自辽宁省辽中县的证据》,《资源科学》2013年第9期。

[267] 王亚飞、黄勇、唐爽:《龙头企业与农户订单履约效率及其动因探寻——来自91家农业企业的调查资料》,《农业经济问题》2014年第11期。

[268] 王亚飞、唐爽:《农业产业链纵向分工制度安排的选择》,《重庆大学学报》(社会科学版)2013年第3期。

[269] 王延中、江翠萍:《农村居民医疗服务满意度影响因素分析》,《中国农村经济》2010年第8期。

[270] 王瑜、应瑞瑶:《契约选择和生产者质量控制行为研究——基于农户风险偏好视角》,《经济问题》2007年第9期。

[271] 王瑜、应瑞瑶：《养猪户的药物添加剂使用行为及其影响因素分析——基于垂直协作方式的比较研究》，《南京农业大学学报》（社会科学版）2008年第2期。

[272] 韦佳培、张俊飚、吴洋滨：《农民对农业生产废弃物的价值感知及其影响因素分析——以食用菌栽培废料为例》，《中国农村观察》2011年第4期。

[273] 温斐斐、王礼力：《农民专业合作社社员履行契约行为的影响因素——基于陕西省关中地区的实证分析》，《江苏农业科学》2014年第10期。

[274] 温涛、王小华、杨丹、朱炯：《新形势下农户参与合作经济组织的行为特征、利益机制及决策效果》，《管理世界》2015年第7期。

[275] 温涛、朱炯、王小华：《中国农贷的"精英俘获"机制：贫困县与非贫困县的分层比较》，《经济研究》2016年第2期。

[276] 吴明隆：《结构方程模型-AMOS的操作与应用》（第2版），重庆大学出版社，2010。

[277] 吴秀敏：《养猪户采用安全兽药的意愿及其影响因素——基于四川省养猪户的实证分析》，《中国农村经济》2007年第9期。

[278] 吴玉鸣：《中国经济增长与收入分配差异的空间计量经济分析》，经济科学出版社，2005。

[279] 谢欣、周向阳：《农户参与订单生产对其收入影响的实证研究——以湖北省建始县和重庆市黔江区为例》，《中国物价》2016年第2期。

[280] 辛翔飞、王济民：《产业化对肉鸡养殖户收入影响的实证分析》，《农业技术经济》2013年第2期。

[281] 徐家鹏、李崇光：《蔬菜种植户产销环节紧密纵向协作参与意愿的影响因素分析》，《中国农村观察》2012年第4期。

[282] 徐健、汪旭晖：《订单农业及其组织模式对农户收入影响的实证分析》，《中国农村经济》2009年第4期。

[283] 徐健、汪旭晖：《订单农业中的弱势农户歧视研究》，《社会科学辑刊》2011年第3期。

[284] 徐健、张闯、夏春玉：《农户人际关系网络结构、交易成本与违约倾向》，《财贸经济》2010年第12期。

[285] 徐健、张闯、夏春玉：《契约型渠道关系中农户违约倾向研究——基于社会网络理论和渠道行为理论的视角》，《财经问题研究》2012年第2期。

[286] 徐雪高、沈杰：《订单农业履约困境的根源及发展方向——以黑龙江省某企业"期货+订单"为例》，《华中农业大学学报》（社会科学版）2010年第1期。

[287] 徐志刚、张骏逸、吕开宇：《经营规模、地权期限与跨期农业技术采用——以秸秆直接还田为例》，《中国农村经济》2018年第3期。

[288] 徐忠爱：《农业产业准一体化经营探析》，《南都学坛》2007年第3期。

[289] 许统邦、梁嘉成、夏剑龙：《B2C模式下的顾客感知价值研究》，《商场现代化》2006年第2期。

[290] 严静娴、陈昭玖：《资源禀赋、交易费用与农户销售契约的选择》，《商业经济研究》2016年第17期。

[291] 杨明洪：《"公司+农户"违约反应的静态理论模型》，《财经科学》2011年第3期。

[292] 杨明洪：《农业产业化龙头企业的扶持：一般性的理论分析框架》，《南京社会科学》2009年第5期。

[293] 杨明洪、李彬：《中国订单农业违约风险因素评估——来自山东的经验》，《财经科学》2009年第12期。

[294] 杨荫、蒋寒迪：《"公司+农户"经济组织模式的违约行为与对策研究》，《科技进步与对策》2008年第9期。

[295] 姚宏、李延喜、高锐、张晶晶：《信息结构、风险偏好与盈余操纵行为——一次实验研究的结论》，《会计研究》2006年第5期。

[296] 姚文、祁春节：《茶叶主产区订单农业有效性及契约稳定性研究——以西南地区茶叶生产为例》，《农业现代化研究》2017年第1期。

[297] 叶德珠、蔡赟：《高管人员信息披露造假的行为经济学分析》，《财经科学》2008年第1期。

[298] 叶德珠、王聪、李东辉：《行为经济学时间偏好理论研究进展》，《经济学动态》2010年第4期。

[299] 尹云松、高玉喜、糜仲春：《公司与农户间商品契约的类型及其稳定性考察——对5家农业产业化龙头企业的个案分析》，《中国农村

经济》2003 年第 8 期。

[300] 应瑞瑶、王瑜：《交易成本对养猪户垂直协作方式选择的影响——基于江苏省 542 户农户的调查数据》，《中国农村观察》2009 年第 2 期。

[301] 应瑞瑶、薛莘绮、周力：《基于垂直协作视角的农户清洁生产关键点研究——以生猪养殖业为例》，《资源科学》2014 年第 3 期。

[302] 俞雅乖：《农业产业化契约类型及稳定性分析——基于资产专用性视角》，《贵州社会科学》2008 年第 2 期。

[303] 虞义华、邓慧慧：《基于空间 Probit 模型的农村家庭低碳产品购买决策研究》，《求索》2017 年第 12 期。

[304] 张兵、胡俊伟：《"龙头企业 + 农户"模式下违约的经济学分析》，《现代经济探讨》2004 年第 9 期。

[305] 张春勋：《关系契约与农产品交易稳定性研究》，重庆大学博士学位论文，2010。

[306] 张春勋：《农产品交易的关系治理：对云南省通海县蔬菜种植户调查数据的实证分析》，《中国农村经济》2009 年第 8 期。

[307] 张洪：《考虑部分违约的"公司 + 农户"供应链合作模式研究》，《物流技术》2014 年第 19 期。

[308] 张昆、王海涛、王凯：《垂直协作模式与农户生产绩效：基于交易成本与风险的视角》，《江海学刊》2014 年第 4 期。

[309] 张玲、周霞、齐菲：《交易成本约束下肉鸡产业"公司 + 农户"关系契约稳定机制研究》，《山东农业大学学报》（社会科学版）2015 年第 1 期。

[310] 张明月、郑军、薛兴利：《农户参与"农超对接"供应链满意度及影响因素研究——基于全国 15 省 591 个农户的调查》，《农村经济》2017 年第 8 期。

[311] 张婷、吴秀敏：《绿色食品生产农户履约行为影响因素》，《江苏农业科学》2015 年第 12 期。

[312] 张翼翾：《清洗喷雾器械时残存农药对环境的潜在影响》，《世界农药》2008 年第 3 期。

[313] 赵翠萍：《农户参与粮食订单影响因素的实证分析——以河南省小麦订单为例》，《农业经济问题》2009 年第 10 期。

[314] 赵连阁、蔡书凯：《农户 IPM 技术采纳行为影响因素分析——基于安徽省芜湖市的实证》，《农业经济问题》2012 年第 3 期。

[315] 赵伟峰、张昆、王海涛：《合作经济组织对农户安全生产行为的影响效应——基于皖、苏养猪户调查数据的实证分析》，《华东经济管理》2016 年第 6 期。

[316] 赵西亮、吴栋、左臣明：《农业产业化经营中商品契约稳定性研究》，《经济问题》2005 年第 3 期。

[317] 赵晓飞、李崇光：《"农户—龙头企业"的农产品渠道关系稳定性：理论分析与实证检验》，《农业技术经济》2007 年第 5 期。

[318] 赵志龙：《"公司+农户"的现状与问题：文献回顾与评论》，《学海》2008 年第 4 期。

[319] 钟文晶、罗必良：《契约期限是怎样确定的？——基于资产专用性维度的实证分析》，《中国农村观察》2014 年第 4 期。

[320] 钟颖琦、黄祖辉、吴林海：《农户加入合作社意愿与行为的差异分析》，《西北农林科技大学学报》（社会科学版）2016 年第 6 期。

[321] 周力：《禽流感风险下中国家禽产业链的转型选择——以扬州立华模式为例》，《农业经济问题》2016 年第 3 期。

[322] 周立群、曹利群：《农村经济组织形态的演变与创新——山东省莱阳市农业产业化调查报告》，《经济研究》2001 年第 1 期。

[323] 周曙东、戴迎春：《供应链框架下生猪养殖户垂直协作形式选择分析》，《中国农村经济》2005 年第 6 期。

[324] 周业安、左聪颖、陈叶烽、连洪泉、叶航：《具有社会偏好个体的风险厌恶的实验研究》，《管理世界》2012 年第 6 期。

[325] 朱新华、蔡俊：《感知价值、可行能力对农户宅基地退出意愿的影响及其代际差异》，《中国土地科学》2016 年第 9 期。

[326] 祝宏辉：《新疆番茄产业实施订单农业生产方式的效果评析》，《农业技术经济》2007 年第 3 期。

[327] 祝宏辉、王秀清：《新疆番茄产业中农户参与订单农业的影响因素分析》，《中国农村经济》2007 年第 7 期。

[328] 祝华军、田志宏：《低碳农业技术的尴尬：以水稻生产为例》，《中国农业大学学报》（社会科学版）2012 年第 4 期。

后　记

　　本书是在博士学位论文的基础上修改完善而成的，是我学术生涯中的第一部学术专著。从选题、框架构思、撰写、修改完善到定稿，历时4年。在本书出版之际，我要向所有关心、支持和帮助过我的老师、同事和家人表示衷心的感谢！

　　首先要感谢我的博士生导师应瑞瑶教授。应老师是一位极富学识和涵养的老师，其渊博的知识、敏锐的才思、深邃的洞察力、严谨的治学态度和高尚的品格都深深地影响并感化着我，他是我学习的榜样！无论是在学术上，还是在生活上，应老师都给予了我无微不至的关心与帮助，并时刻激励着我不断进取。尤其是当我写作面临困惑、迷茫时，应老师的耐心指点与悉心教导使我的思路豁然开朗，他的谆谆教诲和温暖鼓舞更是让我重拾信心。能成为应老师的学生，是我人生之幸！在此，谨向恩师致以我最诚挚的敬意和由衷的感谢，感谢应老师多年的培养与教诲，学生永生铭记！

　　我要特别感谢南京农业大学的周力教授。我从博士生一年级开始跟随周老师的研究团队做研究、学知识。周老师敏锐的洞察力、毫无保留传授写作技巧的精神令我深受启迪并受益终身。能够跟随周老师做学问，是我的荣幸！由衷感谢周老师在我学术入门阶段给予的耐心指导和悉心帮助。特别感谢周老师研究团队与课题组（项目编号NSFC71573130）在问卷调查和数据收集等方面的大力支持。

　　我还要感谢南京农业大学经济管理学院多位老师的无私指导和帮助。感谢钟甫宁教授、朱晶教授、徐志刚教授、周应恒教授、易福金教授、孙顶强教授、田旭教授、林光华教授、苏群教授、常向阳教授、纪月清教授等对我博士论文撰写的耐心指点。还要特别感谢江南大学的吴林海教授在本专著撰写和修改过程中给予的指点、支持和无私帮助。

感谢江苏师范大学商学院的诸位领导与同事。学校和学院良好的学术氛围以及和谐的同事关系给予了我极大的鼓舞和实实在在的支持与帮助，使我得以全身心投入书稿写作及教学科研工作中。在此对诸位领导和同人表示衷心的感谢！同时特别感谢江苏高校优势学科建设工程资助项目对本专著的大力支持。

感谢研究团队、同学与朋友，他们的陪伴与帮助让我的生活绚丽多彩。感谢课题组伙伴们在我写作过程中给予的鼓励与帮助，感谢我的博士同门师兄弟、师姐妹在学术研究上给予我的积极引导，以及在生活上给予我的关心。

最后，特别向我家人表示深深的敬意与由衷的感谢。正是他们默默无闻的奉献以及一贯的理解、支持与鼓励，才使我有信心和毅力完成博士学业并继续在学术的道路上砥砺奋进！感谢所有关心、呵护、支持和帮助我的人，感谢成长路上我所经历的一切。未来任重道远，我将怀着感恩之心继续前行！

侯 晶

2019 年 11 月

图书在版编目(CIP)数据

订单农业的契约关系研究：基于行为经济学视角 / 侯晶著. -- 北京：社会科学文献出版社，2020.5
 ISBN 978-7-5201-6484-9

Ⅰ.①订… Ⅱ.①侯… Ⅲ.①农户经济-研究-中国 Ⅳ.①F325.1

中国版本图书馆 CIP 数据核字（2020）第 057793 号

订单农业的契约关系研究
——基于行为经济学视角

著　　者 / 侯　晶

出 版 人 / 谢寿光
责任编辑 / 颜林柯

出　　版 / 社会科学文献出版社·经济与管理分社（010）59367226
　　　　　　地址：北京市北三环中路甲 29 号院华龙大厦　邮编：100029
　　　　　　网址：www.ssap.com.cn
发　　行 / 市场营销中心（010）59367081　59367083
印　　装 / 三河市东方印刷有限公司

规　　格 / 开　本：787mm × 1092mm　1/16
　　　　　　印　张：17.25　字　数：283 千字
版　　次 / 2020 年 5 月第 1 版　2020 年 5 月第 1 次印刷
书　　号 / ISBN 978-7-5201-6484-9
定　　价 / 158.00 元

本书如有印装质量问题，请与读者服务中心（010-59367028）联系

▲ 版权所有 翻印必究